BRITISH AMERICAN TOBACCO

YINGMEI YAN GONGSIZAIHUA XIAOSHOU YANJIU

英美烟公司在华销售研究

（1902—1952）

全群旺 著

合肥工业大学出版社

摘　要

英美烟公司在华企业是近代外国大型跨国公司在华企业的代表，对中国近代烟草产业以及社会的经济、风俗等都产生了重要的影响。英美烟公司在华企业取得了巨大的销售业绩和利润，除与引进其本国先进生产模式、实行产供销一体化、实现规模效应和市场内部化有关外，更主要的是因其成熟稳健、因地制宜的销售策略和销售模式。本书全面分析了英美烟公司在华企业的销售环境、市场调查、销售组合、销售渠道、抵货运动中的销售、销售本土化、销售数量和利润，揭示了英美烟公司在华企业的销售策略、销售状况和销售行为，并得出有益的经验和教训。

第一章，绪论。本章对选题的缘起和意义、研究综述、研究的理论和方法、篇章结构、资料来源和创新之处进行了说明。分析近代外国在华企业的销售模式和销售策略，剖析近代外国在华企业的本土化战略，为今天中国烟草行业应对进入中国市场的外国大型烟草跨国公司提供历史借鉴是本书的三大主旨。马克思主义销售理论和市场营销理论是本书研究的基本理论方法。

第二章，分析英美烟公司在华企业的销售环境。中国近代同外国签订的不平等条约是英美烟公司在华企业在中国设厂销售的前提条件；众多的吸烟人口为英美烟公司在华企业提供了庞大的消费市场；近代中国交通事业的发展为英美烟公司在华企业的产品运输和销售在物流方面提供了便利；烟草设备、印刷设备及其他机械设备的发明创造是英美烟公司在华企业批量生产、批量销售从而降低成本增加利润的技术条件。英美烟公司在华企业处在中国民族烟草企业和外国在华烟草企业的竞争之中，竞争者的资金、品牌、产品质量和产量、销售模式等对英美烟公司在华企业制定销售战略和策略具有重要的参照意义。

第三章，分析英美烟公司在华企业的市场调查。英美烟公司在华企业成立了市场调查机构和销售机构合一、市场调查人员和推销人员合一的调查系统，采用了一系列的市场调查工具，规定了调查内容，使公司上海总部可以及时了解全国各地的政治经济状况，了解公司自身和竞争对手的销售情况。市场调查是英美烟公司在华企业了解销售环境，进行产品的生产、定价、分销、促销，应对抵货运动，实现销售本土化和全球化相结合的前提。

第四章，主要分析英美烟公司在华企业的销售组合。产品、价格、渠道和促销是销售组合的四个组成部分。鉴于英美烟公司在华企业销售渠道的重要性和特殊性，本书专辟一章进行剖析，本章主要分析销售组合的产品、价格和促销三个部分。英美烟公司在华企业优质的原料、先进的技术设备和管理模式为其生产高质量的产品准备了条件。英美烟公司在华企业还注重产品的市场细分以满足中国各个阶层的需求。英美烟公司在华企业产品的价格统一由英美烟公司在华企业上海总部制定，实行区域价格制，严禁经销商擅自变更价格。价格战是英美烟公司在华企业同其他竞争厂家进行竞争的有力武器。英美烟公司在华企业在人员推销、营业推广和广告促销三个方面都做出了极大的努力，取得了辉煌的业绩。在公共关系方面，英美烟公司通过结交中国政府官员、赞助中国慈善事业、交涉降低卷烟税收，为公司的销售创造了良好的政治、经济、社会环境。

第五章，剖析了英美烟公司在华企业的销售组织、销售制度和销售渠道。通过分析英美烟公司在华企业销售组织和销售渠道在中国50年间的变迁，认为其变迁是和当时中国以及世界的政治、经济、战争状况以及法律环境等密切相关的。英美烟公司在华企业中央集权制为特征的销售组织和严密的销售制度以及颇具特色的货栈制度和督销制是其取得销售业绩的制度和组织保障。在渠道激励和控制方面，英美烟公司在华企业把原则性和灵活性结合起来，保证了渠道运转的高效率。

第六章，分析英美烟公司在华企业在抵货运动中的销售。在近代中国历次抵货运动中，英美烟公司在华企业都遭到不同程度的抵制和冲击。英美烟公司在华企业对中国上至政府官员和地方势力，下至普通民众进行了强有力的公关和宣传。同时，通过激励经销商促进了产品的销售，通过改变公司名称和卷烟牌号来避开抵货运动的锋芒。这些措施使公司度过了销售危机，产品销售未受到太大影响。

第七章，分析英美烟公司在华企业销售的本土化。语言文化差异和中外职员薪金差异是英美烟公司在华企业销售本土化的主要因素。英美烟公司在华企业在销售机构、销售人员、促销手段等方面实现了全面的本土化。

第八章，分析英美烟公司在华企业的销售数量和销售利润，以及市场占有率和销售利润率。英美烟公司在华企业的高市场占有率和高销售利润率保证了英美烟公司在华企业可以获得很高的销售额和巨额利润。

第九章，结论。对英美烟公司在华企业的销售制度、市场调查、本土化、广告策略、公关活动、产品质量、反抵制措施进行了总结，并得出自己的观点。

关键词：英美烟公司在华企业；销售模式；销售策略；本土化

图表索引

目　　录

第一章 绪 论

第一节 选题的目的和意义

英美烟公司（British-American Tobacco Company）[①] 成立于1902年，是有百年历史的跨国企业，至今仍是世界上第二大烟草公司，生产“三五”“健牌”“希尔顿”等著名品牌香烟。英美烟公司1902年进入中国，其在华企业的最初投资仅21万元，只有上海浦东的一个小厂，职工仅170多人。但到抗战前，驻华英美烟公司的资本就达到21554万元，增长了1000多倍。驻华英美烟公司先后在上海、汉口、香港、沈阳、哈尔滨、天津、青岛、营口建立了11家烟厂、6家印刷厂、6家复烤厂、1家烟机厂和1家包装材料厂，职工人数达25000人。英美烟公司自1902年以来直到1941年，产销量一直占中国烟草产销总量的60%以上，有些年份高达70%～80%，在中国近代的烟草产销中形成垄断。[②] 英美烟公司是中国烟草工业的真正开拓者，它开发了中国的卷烟市场，并间接为中国的民族烟草工业提供了技术和人才。从1905年南洋

① 本书研究的是英美烟公司在华企业的销售。自1902年英美烟公司在华企业进入中国到1952年撤出中国，英美烟公司在华企业的名称经过了几次变化。1902—1919年，公司名称为大英烟公司，1919—1934年，公司名称为驻华英美烟公司，1934年后到1952年公司分为颐中烟草公司和颐中运销烟公司。为行文方便，英美烟公司在华期间的名称除特指某公司外，一律合称英美烟公司，英美烟公司伦敦总部称为英美烟公司伦敦总公司。

② 上海社会科学院经济研究所编：《英美烟公司在华企业资料汇编》第4册，中华书局1983年版，第2-3页。

兄弟烟草公司成立开始，陆续出现了许多民族卷烟企业。这些企业在技术、人才方面都直接间接和英美烟公司有关系。抗日战争结束后，英美烟公司鉴于局势不稳，开始逐步撤出中国。1952年初，中华人民共和国轻工部接收了英美烟公司在华的全部企业，成立了中国烟草公司，负责管理英美烟公司在上海、天津、青岛等地的卷烟厂。“上、青、天”是中华人民共和国成立后我国烟草业的主要支柱，成为我国烟草业发展的基础。

十一届三中全会后，中国逐步实行改革开放的政策，英美烟公司希望重新进入中国市场。近年来，英美烟公司在中国做了多方面的努力，为重新进入中国做准备。英美烟公司和中国多家卷烟厂合资生产香烟，向中国卷烟企业进行技术渗透，在中国种植美种烤烟，在中国各大城市设立办事处，实行人才本土化战略。由于中国禁止烟草广告，英美烟公司转而通过赞助中国的体育、文娱活动，进行体育营销、事件营销。中国加入WTO后，英美烟公司更加强了在中国的公关力度和投资力度，力图恢复其在近代中国卷烟市场上的地位。

烟草是我国税收的主要来源，一直以来高居行业纳税的首位，每年约占中国税收总额的十分之一，烟草经济和国计民生的关系极为密切。中国加入WTO后，英美烟公司又卷土重来。面对年产量1600多万箱，占全球市场15%的英美烟公司，即使中国最大的烟草企业红塔集团（年产销量仅为200万箱，占全国卷烟市场的8%左右）也难与之抗衡。中国目前实行的仍是烟草专卖政策，但在经济全球化、国内市场国际化的世界大潮中，在WTO规则和协议的制约下，烟草市场的对外开放只是迟早的事。英美烟公司、菲·莫公司和日本烟草公司这三大国际烟草巨头都把中国作为其目标市场。这三大公司在技术设备、资金、品牌、管理、产量、营销网络等方面的优势都不是目前中国国内的烟草企业能望其项背的。

由于英美烟公司重新进入中国后在销售的策略和手段方面与其在中国近代的表现有着惊人的相似，所以研究近代英美烟公司在华的销售，可以帮助中国烟草企业应对重新进入中国的英美烟公司和其他外国卷烟巨头，使民族烟草业在世界经济一体化的过程中立于不败之地，同时可以保证国家的烟草税收和财政安全。这是本书研究的目的之一。

中国近代经济不是只管生产不管销售的产品经济，其中也存在着激烈的竞争。中国近代的每个行业都存在着中国民族企业和外国企业的竞争。英美烟公司在激烈的市场竞争中立于不败之地，并长期处于垄断地位，在原料供应、产品生产和销售方面都形成了对中国烟草业的垄断。这种垄断地位的形成，固然与其资金雄厚、技术设备先进有关，但更与其在销售管理上的制度化、规范化有关，与其全球化和本土化相结合的销售策略有关，与其遍布全国、高效运行的销售网络有关。英美烟公司是近代大型的外国在华公司，其销售模式和销售策略有很强的代表性，因此研究英美烟公司的销售可以对近代外资企业在华的销售有一个比较清晰的认识，同时可以了解外资企业的销售模式对中国民族工业的示范作用。这是本书研究的目的之二。

今天，世界500强的跨国公司绝大部分都在中国投资设厂或销售产品。对于这些外国企业，如何适应中国的国情民情从而能够有效地进行生产和销售是其进入中国所面临的首要问题。是坚持全球化销售战略，还是坚持本土化销售战略，还是坚持二者的结合？三者没有优劣之分，关键与其公司在世界上所处的地位、所销售的产品、所定位的消费者有关。研究英美烟公司在中国近代的销售策略、销售模式和销售管理的形成和变迁，研究其国际化与本土化的关系，对于今天在华的跨国公司和走向世界的中国跨国公司都有着很强的借鉴意义。这是本书研究的目的之三。

第二节 学术史回顾

对英美烟公司的研究主要涉及对中国经济的掠夺、英美烟公司的买办、销售、与南洋公司的斗争、促销、对民族企业的商标侵权的诉讼、企业的内部化等几个方面。

早期对英美烟公司的研究主要集中在英美烟公司对中国的经济掠夺上，对其采取了简单的政治化的批判态度。萧祝文的《天津英美烟公司的经济掠夺》，希超的《英美烟公司对于中国国民经济的侵蚀》，汪熙的《从英美烟公司看帝国主义的经济侵略》，阿英的《帝国主义在旧中国的香烟市场之争》，陈子谦的《英美烟公司在旧中国的掠夺》，史济今的《英美烟公司在旧中国干了些什么?》，经史英的《英美烟公司的掠夺活动》，施良的《在华英美烟草托拉斯之研究》，唐垂裕的《从烟业看帝国主义对华的经济侵略》，杜振华的《英美烟公司与重庆卷烟市场》，这些文章受当时政治影响，主要对英美烟公司在中国的原料掠夺、劳工剥削、市场垄断、打击民族卷烟工业等进行了政治性批判，学术价值较低。[①]

进入20世纪80年代后，对英美烟公司的研究逐渐趋向理性。关于英美烟公司在华销售网络的研究是研究英美烟公司的一个重要方面。陈曾年发表《英美烟公司的销售网》，对英美烟公司销售网络的建立、对经销商的控制进行了分析。[②] 徐有礼、朱兰兰发表《“五卅”前后英美烟公司在河南的活动及影响》，对英美烟公司在河南省销售网络的建立进行了论述。[③] 王磊的《试论近代中国的英美烟公司销售组织与销售制度》认为英美烟公司销售组织和制度的全球化与本土化的结合是其成功营销的关键。马爱东的《英美烟公司的经营活动及其对山东的影响》对20世纪上半叶英美烟公司在山东的经营活动、活动特点以及对山东烟草业的影响进行了分析。[④] 张晓辉的《近代西方大公司的华南销售网——以石油、烟草业为例》对英美烟公司先进的公司管理结构和广泛的华商关系网络进行了分析。[⑤] 吴翎君的《珍珠港事件前美国企业在华北的投资活动——以大来和英美烟公司为例，1939—1941》从企业、政府和中日战争的角度对大来公司和英美烟公司在华北的投资活动进行了分析。[⑥] 王强的《近代外国在华企业商业情报活动初探——以英美烟公司为中心的考察》认为英美烟公司的商业情报活动具有内容多样性、渠道网络化和活动制度化的特点。[⑦] 李冠杰的《英美烟公司在华后期经营状况之考察

---

① 萧祝文：《天津英美烟公司的经济掠夺》，《天津文史资料选辑》第三辑，天津人民出版社1979年版；希超：《英美烟公司对于中国国民经济的侵蚀》，《中国经济论文集》第一集，生活书店1935年版。汪熙：《从英美烟公司看帝国主义的经济侵略》，《历史研究》1976年第4期；阿英：《帝国主义在旧中国的香烟市场之争》，《人民日报》1960年12月19日；陈子谦：《英美烟公司在旧中国的掠夺》，《光明日报》1963年10月29日；史济今：《英美烟公司在旧中国干了些什么?》，《解放日报》1963年5月3日；经史英：《英美烟公司的掠夺活动》，《上海的故事》，人民出版社1979年版；施良：《在华英美烟草托拉斯之研究》，《中央日报》1947年6月2日、6月9日；唐垂裕：《从烟业看帝国主义对华的经济侵略》，《历史教学》1957年第12期；杜振华：《英美烟公司与重庆卷烟市场》，《中华文史资料文库·经济工商编》，中国文史出版社1995年版。

② 陈曾年：《英美烟公司的销售网》，《学术月刊》1981年第1期。

③ 徐有礼、朱兰兰：《“五州”前后英美烟公司在河南的活动及影响》，《商丘师范学院学报》2004年第3期。

④ 马爱东：《英美烟公司的经营活动及其对山东的影响》，中国海洋大学2008届硕士毕业论文。

⑤ 张晓辉：《近代西方大公司的华南销售网——以石油、烟草业为例》，《广东社会科学》2011年第5期。

⑥ 吴翎君：《珍珠港事件前美国企业在华北的投资活动——以大来和英美烟公司为例，1939—1941》，《社会科学研究》2012年第2期。

⑦ 王强：《近代外国在华企业商业情报活动初探——以英美烟公司为中心的考察》，《社会科学辑刊》2013年第1期。

（1937—1949 年）》对 1937—1949 年英美烟公司在华经营状况进行了述评。[①] 吴明菊的《英美烟公司在华的销售制度》认为英美烟公司利用买办建立了完整的销售管理体系和仓库体系，买办商人经销系统和“督销”制度使英美烟公司垄断了中国的卷烟市场。[②] 张洁的《市场内部化的历史启示——从英美烟公司在近代中国的经销方式看现代企业制度》，从制度经济学的视角分析了英美烟公司在中国的产供销一体化过程。[③]

研究英美烟公司的以广告为主的促销手段的文章开始涌现。经盛鸿发表《民国年间香烟市场的广告战》，对英美烟公司在广告战中的优势地位及对民族卷烟业的影响进行了分析。[④] 张小莉发表《英美烟公司在华促销策略初探》，认为促销手段的运用和对公共关系也即是对政府官员和地方权势人物的关系的良好处理是英美烟公司在华企业迅速发展的重要原因。[⑤] 崔海霞发表《英美烟公司在近代中国的广告营销》，对广告在英美烟公司营销中的地位和作用进行了分析。[⑥] 樊卫国发表《近代上海的市场竞争与工业企业的生存发展》，其中对由于英美烟公司的营销策略所造成的民族卷烟工业的营销困境进行了分析。[⑦] 王海虹发表《近代中外卷烟业商家广告竞争述论》，对广告在中外卷烟厂商的营销与竞争上所起的作用进行了分析。[⑧] 王海虹发表《中国近代外商广告营销手段及特色——以英美烟公司为例》，对英美烟公司的广告特色和在营销中所起的作用进行了分析。[⑨] 李惠芬的《20 世纪 20 年代中后期英美烟反抵制销售策略研究》，对这一时期英美烟公司反抵制的营销策略和措施进行了分析。[⑩] 陈艳球的《近代上海外资企业的广告经营策略——以英美烟公司

---

① 李冠杰：《英美烟公司在华后期经营状况之考察（1937—1949 年）》，东华大学 2007 届硕士毕业论文。

② 吴明菊：《英美烟公司在华的销售制度》，安徽师范大学 2007 届硕士毕业论文。

③ 张洁：《市场内部化的历史启示——从英美烟公司在近代中国的经销方式看现代企业制度》，《南开经济研究》2001 年第 5 期。

④ 经盛鸿：《民国年间香烟市场的广告战》，《民国春秋》1998 年第 5 期。

⑤ 张小莉：《英美烟公司在华促销策略初探》，《北京师范大学学报》2001 年第 2 期。

⑥ 崔海霞：《英美烟公司在近代中国的广告营销》，《安庆师范学院学报》2003 年第 6 期。

⑦ 樊卫国：《近代上海的市场竞争与工业企业的生存发展》，《档案与史学》1998 年第 3 期。

⑧ 王海虹：《近代中外卷烟业商家广告竞争述论》，《株洲师范高等专科学校学报》2004 年第 1 期。

⑨ 王海虹：《中国近代外商广告营销手段及特色——以英美烟公司为例》，《皖西学院学报》2003 年第 1 期。

⑩ 李惠芬：《20 世纪 20 年代中后期英美烟反抵制销售策略研究》，《商丘师范学院学报》2003 年第 6 期。

为例》认为英美烟公司的广告策略代表了当时最先进的营销方式。① 姚爱强的《英美烟公司广告设计教育经验（1902—1937)》梳理了英美烟公司的广告设计教育经验。② 黄德泉的《驻华英美烟公司影片部考略》对1919—1936年期间驻华英美烟公司的电影广告宣传和影片部情况进行了考证和分析。③

关注中外卷烟厂家（主要是英美烟公司和南洋兄弟烟草公司）之间的竞争特别是销售竞争的文章逐渐增多。王安珠发表《简氏兄弟“实业救国”——记南洋兄弟烟草公司与英美烟公司的斗争》，周哲民发表《南洋兄弟与英美烟草的香烟大战》，茂清发表《南洋兄弟大战英美洋商》，对南洋兄弟与英美烟草公司的斗争历程进行了概述。④ 南京师范大学李慧芬的硕士论文《二十世纪上半叶英美烟公司与南洋兄弟烟草公司营销策略比较研究》，从销售网络对比、市场信息与情报战、价格战、广告战、商标战、经销商利用战、质量对比、利用民情之国货战、拉拢官员之特权战、英美烟之反抵制策略、改善形象之公益事业、其他不正当竞争等几个方面比较了英美烟公司的营销策略。刘野的《20世纪初南洋兄弟烟草公司与英美烟草公司的广告竞争》对英美烟公司和南洋兄弟烟草公司的广告竞争进行分析，认为英美烟公司在广告宣传效果上超过南洋兄弟烟草公司。⑤ 杨玉洁的《近代中外企业竞争对中国民族企业的促进——以英美烟公司与南洋兄弟烟草公司竞争为例》从组织管理、市场策略、原料争夺等方面对英美烟公司与南洋兄弟烟草公司的市场竞争进行了分析，认为竞争对南洋兄弟烟草公司的组织形式、运行机制、市场体系、营销渠道起了促进作用。⑥ 秦其文的《近代中外卷烟企业间的广告竞争——以英美烟公司和南洋兄弟烟草公司为例》，从广告宣传的重要性和宣传技巧以及争取受众方面说明广告竞争是英美烟公司和南洋兄弟烟草公司营销竞

---

① 陈艳球:《近代上海外资企业的广告经营策略——以英美烟公司为例》,《装饰》2006年第11期。

② 姚爱强:《英美烟公司广告设计教育经验（1902—1937)》,《装饰》2015年第2期。

③ 黄德泉:《驻华英美烟公司影片部考略》,《当代电影》2014年第2期。

④ 王安珠:《简氏兄弟“实业救国”——记南洋兄弟烟草公司与英美烟公司的斗争》,《民国春秋》1995年第3期；周哲民:《南洋兄弟与英美烟草的香烟大战》,《商业文化》1996年第1期；茂清:《南洋兄弟大战英美洋商》,《文史精华》1996年第1期。

⑤ 刘野:《20世纪初南洋兄弟烟草公司与英美烟草公司的广告竞争》，东北师范大学2006届硕士毕业论文。

⑥ 杨玉洁:《近代中外企业竞争对中国民族企业的促进——以英美烟公司与南洋兄弟烟草公司竞争为例》，四川师范大学2007届硕士毕业论文。

争成败的关键因素之一。[①]

英美烟公司销售的本土化也是学者关注的重点。仝群旺的《近代外国在华企业促销本土化分析——以英美烟公司为例》认为英美烟公司在促销方面实现了全面的本土化，包括广告促销本土化、作为促销手段的电影内容本土化、品牌本土化、利用中国传统节日促销四个方面。英美烟公司在华企业促销本土化是其取得良好销售业绩的重要条件。[②] 仝群旺的《近代外国在华企业销售人才本土化分析——以英美烟公司为例》对英美烟公司在华企业销售人才本土化的原因、表现及其效果进行了分析，认为语言文化障碍、薪金差异、抵货运动是其实行销售人才本土化的主要原因，主要表现在督销的本土化，普通经销商的本土化和广告人员的本土化等几个方面。英美烟公司销售人才本土化是其取得在华垄断地位的极其重要的原因。[③] 王强的《近代外国在华企业本土化研究——以英美烟公司为中心的考察》对英美烟公司在华经营的本土化过程进行了研究。[④] 皇甫秋实的《中国近代卷烟市场研究（1927—1937）——以企业发展、消费文化、经济危机为中心》认为英美烟公司为应对1930至1934年销量持续下跌的问题，节约成本，在供、产、销各个环节实现本土化，并借经济危机形成进一步垄断局面。[⑤] 王强的《从英美烟公司广告看近代外国企业的本土化意识》对英美烟公司的广告所具有的本土化意识进行了分析，认为广告本土化策略是英美烟公司低社会经营成本的重要因素。[⑥] 孙会的《近代英美烟草公司在华广告本土化战略初探》分析了英美烟公司垄断中国烟草市场近半个世纪的原因在于广告传播的本土化战略。[⑦]

在英美烟公司区域销售研究方面也有学者做出了一些成绩。宋少白的

① 秦其文：《近代中外卷烟企业间的广告竞争——以英美烟公司和南洋兄弟烟草公司为例》，《怀化学院学报》2006年第1期。

② 仝群旺：《近代外国在华企业促销本土化分析——以英美烟公司为例》，《历史教学》2007年第11期。

③ 仝群旺：《近代外国在华企业销售人才本土化分析——以英美烟公司为例》，《历史教学》2008年第11期。

④ 王强：《近代外国在华企业本土化研究——以英美烟公司为中心的考察》，复旦大学2008届博士毕业论文。

⑤ 皇甫秋实：《中国近代卷烟市场研究（1927—1937）——以企业发展、消费文化、经济危机为中心》，复旦大学2012届博士毕业论文。

⑥ 王强：《从英美烟公司广告看近代外国企业的本土化意识》，《史学月刊》2007年第5期。

⑦ 孙会：《近代英美烟草公司在华广告本土化战略初探》，《河北建筑科技学院学报》2006年第4期。

《武汉英美烟公司概述》和刘立诚的《汉口英美烟公司经营片断》对汉口英美烟公司的区域地位、员工薪资、营销管理和营销竞争进行了叙述，对汉口英美烟公司的经营方法以及与南洋兄弟烟草公司的竞争进行了分析。① 陈琳的《英美烟草（中国）公司东北市场发展战略研究（1904—1931）》对英美烟公司在东北的投资、兼并和销售策略进行了研究，对英美烟公司在哈尔滨的发展背景、广告宣传以及与日俄烟厂商的竞争进行了分析。② 辽宁省档案馆档案开放鉴定处的《奉天英美烟草公司》对奉天（沈阳）英美烟公司的发展状况进行了介绍。③

在买办与英美烟公司的关系和作用方面，有部分学者进行了研究。谭贾的《为帝国主义服务的买办商人》，程仁杰的《英美烟公司买办郑伯昭》，刘金源的《“洋烟销售大王”郑伯昭》，对郑伯昭如何成为英美烟公司的督销和最杰出的大经销商进行了叙述和分析。④ 王永宏的《买办与英美烟公司在华企业》对英美烟公司在20世纪初期进入中国市场招募的买办类型和控制笼络手段进行了研究。⑤ 李鹏程的《买办在英美烟公司中的作用》对20世纪上半叶英美烟公司买办在烟草种植与收购、卷烟销售、政企关系三方面所起的作用进行了研究。⑥

一些学者还对英美烟公司在华的原料供应及对当地的影响进行了研究。朱兰兰的《20世纪初至30年代英美烟公司与河南烟草业》对英美烟公司对河南烟草业和卷烟业的垄断进行了详尽的剖析，但主要侧重河南烟草的种植和销售方面。⑦ 张红峰的《1912—1937年的河南烟草业》，分析了英美烟公司

---

① 宋少白：《武汉英美烟公司概述》，《武汉文史资料》2006年第1期；刘立诚：《汉口英美烟公司经营片断》，《武汉文史资料》2006年第5期。

② 陈琳：《英美烟草（中国）公司东北市场发展战略研究（1904—1931）》，哈尔滨师范大学2015届硕士毕业论文；陈琳：《浅析英美烟草公司在哈尔滨发展之背景》，《黑龙江史志》2014年第21期；陈琳《浅析英美烟草公司在哈与日俄烟厂商之竞争》，《黑龙江史志》2014年第23期；陈琳：《浅析英美烟草公司在哈尔滨之广告宣传》，《黑龙江史志》2015年第1期。

③ 辽宁省档案馆档案开放鉴定处：《奉天英美烟草公司》，《兰台世界》2016年第20期。

④ 谭贾：《为帝国主义服务的买办商人》，《大公报》1961年9月19日；中国人民政治协商会议全国委员会文史资料委员会编：《文史资料选辑》第一辑，中国文史出版社1978年版；刘金源：《“洋烟销售大王”郑伯昭》，《民国春秋》1998年第5期。

⑤ 王永宏：《买办与英美烟公司在华企业》，《生产力研究》2013年第2期。

⑥ 李鹏程：《买办在英美烟公司中的作用》，广西师范大学2014届硕士毕业论文。

⑦ 朱兰兰：《20世纪初至30年代英美烟公司与河南烟草业》，郑州大学2004届硕士毕业论文。

对河南烟草种植业在品种改良和产品收购方面的状况。[①] 颜英利的《“公司+基地+农户”生产模式的历史思考——以英美烟公司在华建立的原料基地为例》分析了英美烟公司“公司+基地+农户”的生产模式对英美烟公司原材料供应所起的作用。[②] 王洪刚、刘静的《文明冲突视野下的近代皖北烟草业之演进——以门台孜烤烟厂为例》对英美烟公司在安徽凤阳创立门台孜烤烟厂进行了研究，认为该烟厂具有促进当地经济发展和剥削烟农的双重作用。[③] 马爱东的《英美烟公司的经营活动及其对山东的影响》和《英美烟公司与山东烤烟产销体系的形成——以20世纪20、30年代为中心》对20世纪20、30年代英美烟公司与山东潍县为中心的烤烟产销体系的进程进行了分析，认为英美烟公司烤烟基地对山东经济作物商业化起着重要作用。[④] 王强的《近代英美烟公司在皖北烟叶收购活动述论》对英美烟公司在安徽凤阳烤烟种植和收购活动进行了分析，认为英美烟公司烟草收购起着改善农业生产结构，增加农民收入的作用。[⑤] 李彩、景兴武的《许昌英美烟公司旧址》对英美烟公司在许昌的烟草种植、收购等活动进行了介绍。[⑥] 王海梅的《近代山东烟草业研究》对英美烟公司在山东省进行的烟草种植和收购活动及其经济社会作用进行了研究。[⑦]

在英美烟公司对中国民族卷烟厂家的商标侵权方面，也有了比较深入的研究。赵娟霞发表《从英美烟公司对民族烟厂的侵权案件看近代中国知识产权制度的失效》，从知识产权的角度分析了英美烟公司与民族卷烟企业的商标纠纷，认为中国近代知识产权的失效是造成英美烟公司在商标战上屡屡得逞的重要原因。[⑧] 李惠芬发表《英美烟公司对南洋兄弟烟草公司的商标侵权》，

---

① 张红峰：《1912—1937年的河南烟草业》，河南大学2007届硕士毕业论文。

② 颜英利：《“公司+基地+农户”生产模式的历史思考——以英美烟公司在华建立的原料基地为例》，《江苏工业学院学报》2008年第2期。

③ 王洪刚、刘静：《文明冲突视野下的近代皖北烟草业之演进——以门台孜烤烟厂为例》，《阜阳师范学院学报》2016年第1期。

④ 马爱东：《英美烟公司的经营活动及其对山东的影响》，中国海洋大学2008届硕士毕业论文；马爱东：《英美烟公司与山东烤烟产销体系的形成——以20世纪20、30年代为中心》，《中国海洋大学学报》2008年第2期。

⑤ 王强：《近代英美烟公司在皖北烟叶收购活动述论》，《安庆师范学院学报》2011年第3期。

⑥ 李彩、景兴武：《许昌英美烟公司旧址》，《中国文化遗产》2011年第1期。

⑦ 王海梅：《近代山东烟草业研究》，安徽大学2014届硕士毕业论文。

⑧ 赵娟霞：《从英美烟公司对民族烟厂的侵权案件看近代中国知识产权制度的失效》，《江西财经大学学报》2004年第1期。

分析了英美烟公司对南洋兄弟烟草公司商标侵权的状况，认为外国资本企业在中国的特权地位是英美烟公司在商标战上多次获胜的最重要原因。①

协定烟税是英美烟公司取得市场垄断地位的重要手段。王志军的《论英美烟公司与旧中国的“协定烟税”》和吴明菊的《烟税特权与英美烟公司在华优势地位的形成》对英美烟公司利用和民国历届政府协定烟税来垄断中国卷烟市场，打击中国民族卷烟业进行了分析。②

国外对英美烟公司在华企业的研究方面，高家龙首屈一指。美国学者高家龙的《中国的大企业——烟草工业中的中外竞争（1890—1930）》是国外研究英美烟公司在华企业的最有分量的著作。在著作中，他分析了英美烟公司能够迅速渗透中国市场的原因。他认为其原因除了不平等条约和外国在华税收特权外，还在于它将香烟、烟叶、资本、技术和管理技能从西方输入中国，重视华人在香烟的生产、销售、广告宣传方面的重要作用。他提出了中外竞争是否公平和中国是否存在企业家精神的问题，分析了英美烟公司和南洋的三次合并以及合并未成功的原因。他指出了经济民族主义的两重性，最后对帝国主义、民族主义和企业家精神按中国的国情加以重新定义。该书关照国际国内的政治、经济形势和卷烟业状况，使读者对英美烟公司在华的生产和销售策略有一个全面立体的了解。该书是企业史研究的上乘之作。经济史知名学者李金铮认为“该书的问世使中国近代企业史尤其是中外企业关系史的研究达到了一个新的高度，《中国的大企业》也具有了范本意义和方法论意义”。③ 但由于资料和框架的原因以及销售理论发展的阶段，该书并未对英美烟公司的销售单独做全面深入的剖析。④ 最近高家龙又出版了《大公司与关系网——中国境内的西方、日本和华商大企业》一书，主要选择了美孚石油公司、英美烟公司、三井物产株式会社、内外棉株式会社、申新纱厂、大中华火柴公司等四个外国企业和二个中国企业进行研究比较。在英美烟公司的研究中，主要分析了以英美公司为代表的科层体制和中国的关系网之间在生产

① 李惠芬：《英美烟公司对南洋兄弟烟草公司的商标侵权》，《中华商标》2001 年第 10 期。

② 王志军：《论英美烟公司与旧中国的“协定烟税”》，《许昌学院学报》2006 年第 3 期；吴明菊：《烟税特权与英美烟公司在华优势地位的形成》，《成都教育学院学报》2006 年第 12 期。

③ 李金铮：《问题、结构与阐释：〈中国的大企业〉的方法论意义》，《中国社会经济史研究》2015 年第 1 期。

④ ［美］高家龙：《中国的大企业——烟草工业中的中外竞争（1890—1930）》，樊书华，程麟荪译，商务印书馆 2001 年版。

和销售方面的冲突和互补，认为应给予中国的传统关系网在生产和销售中的地位以恰当的评价。[①]

英国学者霍华德·考克斯的《全球香烟：英美烟公司的起源和演变（1880—1945）》是最近出版的研究英美烟公司的力作。该书共分四部分，第一部分介绍组成英美烟公司的美英两国烟草企业的发展史，并就英美烟公司形成的动机展开了分析。他认为，英美烟公司是英美两国烟草企业妥协的产物，公司的组成有利于两国烟草业在世界范围内市场的拓展。第二部分对英美烟公司在一战以前如何形成世界范围的多国公司的历程、构成英美烟公司的英美两国公司的内部冲突、公司的管理模式进行了研究。第三部分主要分析英美烟公司在亚洲主要是在中国和印度两个国家内的生产和销售，分析销售网络的形成和管理模式、民族主义对英美烟公司的影响以及日本烟草企业在中国和英美烟公司的竞争。该部分还比较了英美烟公司在中印两国的异同。第四部分分析了英美烟公司在西半球、赤道国家、英国、东南亚和中东等国家和地区业务的开展和同其他烟草公司的竞争，分析了欧文体制的利弊和英美烟公司对欧洲的垄断，分析了经济不稳定以及英帝国的衰退对英美烟公司的影响。最后作者剖析了烟草工业国际化本质的变革，并对二战前英美烟公司如何管理这一大型的跨国公司给出了自己的见解。该书资料丰富，利用了大量英美烟伦敦总公司的档案，杜克大学档案馆的档案，英国商务部和外交部的档案。该书将经济学、管理学和历史学的理论和方法相结合，对英美烟公司展开了理论和实证分析。但该书关于中国部分的研究比较简略，尤其是关于销售网络和销售管理的论述，很大程度上借鉴了高家龙的成果，创新不够。[②] 霍华德·考克斯的《学会在中国做生意：英美烟公司香烟经销网的演变，1902—1941》将英美烟公司的商业和战略作为一个整体来考察其在中国的运营情况，考察了英美烟公司的管理人员在中国卷烟市场上的地位，分析了英美烟公司采取的特殊的销售管理模式，即在公司内部引入竞争。[③]

以上书籍和论文大部分是从英美烟公司和南洋兄弟烟草公司竞争的角度

---

① ［美］高家龙：《大企业与关系网——中国境内的西方、日本和华商大企业》，程麟荪译，上海社会科学院出版社 2002 年版。

② ［美］霍华德·考克斯：《全球香烟：英美烟公司的起源和发展（1880—1945）》，牛津大学出版社 2000 年版。

③ ［英］霍华德·考克斯：《学会在中国做生意：英美烟公司香烟经销网的演变，1902—1941》，皇甫秋实译，《近代中国》第十八辑，上海社会科学院出版社 2008 年版。

进行研究的，再就是对以广告为主的促销进行分析，其研究多大同小异。对驻华英美烟公司在销售环境、销售组合、销售渠道、抵货运动中的销售、销售本土化、销售数量和利润方面等方面至今还没有过系统的研究，本书力图在这些方面有所突破。

第三节　研究的理论与方法

一、马克思主义的销售理论

马克思认为，商品销售是商品内在矛盾发展的必然结果，商品的内在矛盾在于商品的使用价值又是交换价值的物质承担者。[①] 商品的使用价值是为社会生产的，为交换生产的，也即为他人生产的。因此，商品的生产者必须注意满足市场需求，也即顾客需求。使用价值和交换价值的矛盾通过在市场上进行交换而得到解决。商品销售要比商品购买更加困难，商品价值由实体变为货币，“是商品的惊险的跳跃。这个跳跃如果不成功，摔坏的不是商品，但一定是商品所有者”。[②]

马克思注意到市场是不断变化的，因此，商品必须适应不断变化的市场才能适销对路。马克思认为，“某种产品今天满足一种社会需要，明天就可能全部地或部分地被一种类似的产品排挤掉”。[③] 产品有生命周期，市场有激烈竞争，只有关注顾客需求，根据顾客需求来设计和生产产品，确定产品的层次和花色品种，才能适应目标市场的需要。企业必须重视市场调研，了解市场需求，通过双向交流沟通实现企业与顾客的共赢。

商品买和卖的脱节是资本主义经济危机产生的表现形式。商品在质量和花色品种上，在商品市场的数量上，在商品价格上不能为市场所认同，产品销不出去，商品不能完成“惊险一跃”，价值不能实现，就会对社会生产和社会资源造成极大的浪费。

---

① 《马克思恩格斯全集》第 23 卷，人民出版社 2006 年版，第 48 页。
② 《马克思恩格斯全集》第 23 卷，人民出版社 2006 年版，第 54 页。
③ 《马克思恩格斯全集》第 23 卷，人民出版社 2006 年版，第 125 页。

二、营销的概念和营销实践的阶段划分

本研究主要以市场营销的相关理论和方法为研究方法。一般营销学者认为，现代营销起源于20世纪50年代，但营销实践已经持续了几千年，和人类社会相伴而生，而用“营销（Marketing）”这一概念描述商业活动中的商品或服务买卖行为则在19世纪末被广泛采用，关于市场营销的研究则开始于20世纪初。[①]

“营销（Marketing）”的定义有一个逐步演变的过程，早在16世纪，“营销”即出现在字典中，指购买和销售的市场过程。1897年，“营销”被定义为通过广告和推销从生产者向消费者移动的过程。[②]

在欧洲和中国的古代和近代都有很多关于商品品牌、包装、广告和零售标牌的例证，这表明“营销”是一种自古至今在全球范围内普遍存在的现象。“营销”的范围随着市场规模的扩大而扩大，工业革命造成的社会化大生产和社会分工的加速使得商品交换成为经济发展的必然要求。

早期的营销学者根据“营销”的发展特征对营销阶段进行了划分。Robert Keith（1960）将营销阶段划分为：生产导向时期（1869—1930），其特点是“关注生产过程”；销售导向时期（1930—1950），其特点是通过投资于新产品研发和广告来说服消费者购买；营销导向时期（1950—1960），其特点是关注消费者现有需求和潜在需求。Robert Keith（1960）坚持营销进化论，认为大部分企业的营销发展是由生产阶段到销售阶段再到营销阶段。[③] Fullerton（1988）对营销发展史进行了更详细的划分：古代时期（1500—1750），这一时期以自给自足的农产品生产和消费为主，低消费，商业作用较小；起源时期（1750—1870），这一时期由于英国工业革命和更多的城镇人口，刺激需求的说服策略更受关注；营销机构发展时期（1850—1929），很多大型的营销机构和现代营销实践产生于这一时期；营销的细化和形成时期（1930—1988），这一时期营销原理进一步发展和细化，营销实践进一步发

---

① Brian Jones, D. G. and Shaw, E. H., The History of Marketing Thought. Handbook of Marketing, Weitz, R. and Wensley, R. (eds), London, UK, 2003, p. 50.

② https://en.wiktionary.org/wiki/marketing#English.

③ Deshpande, R., Developing a Market Orientation. Thousand Oaks, CA, Sage, 1999, p. 11.

展。① 此外，Dibb & Simkin（2004）将营销发展历程分为生产导向时期、金融导向时期、推销导向时期、营销导向时期、顾客导向时期、竞争导向时期、功能导向时期7个时期。Lancaster & Reynolds（2005）将营销发展历程分为生产导向时期、推销导向时期、营销导向时期3个时期。Blythe（2005）把营销发展历程分为生产导向时期、产品导向时期、推销导向时期、顾客导向时期、社会导向时期、关系导向时期6个时期。Drummmond & Ensor（2005）把营销发展历程分为生产导向时期、产品导向时期、推销导向时期、金融导向时期、营销导向时期5个时期。Morgan（1996）从哲学的角度把营销发展历程分为成本哲学、生产哲学、产品哲学、推销哲学、不确定哲学、营销哲学、社会营销哲学7个阶段。②

由营销发展历程的以上分期可以看出，营销发展主要包括生产导向、推销导向、市场导向、社会导向、关系导向5个阶段。

生产导向阶段：生产导向是营销发展的第一个阶段，从19世纪60年代到20世纪30年代。生产是人类社会的基本功能和依托，任何社会不生产即意味着消亡。营销学意义上的生产阶段是指在短缺经济下，产品供不应求，生产者不必担心产品的销售，只要专注于生产、制造和效率，实现规模经济、范围经济，取得经验效应即取得成功。生产者认为供给创造需求，产品生产出来就不担心销售。企业只专注于有限的技术研究，不用关心客户的需求。这个阶段基本没有促销和广告。企业生产主要注重产品品质，通过技术研发和经营管理来提高企业生产率，生产物美价廉的商品。这种导向通过降低成本和售价适应了供不应求的市场形势，是“卖方市场”条件下的必然产物。

推销导向阶段：1929—1933年的经济危机使资本主义国家的产品严重供过于求，企业经营管理的重点由扩大生产规模，提高生产效率转到推销产品方面。企业主认为，产品的销售和对消费者的刺激关系紧密，广告促销和其他各种促销方式成为企业家制胜的法宝。企业家开始重视市场需求，市场调研工作开始起步。推销导向仍然以生产者为中心，对消费者的消费需求缺乏关注。

市场导向阶段：二战后特别是20世纪50年代以后，市场定位和营销理

① Gilbert, D. and Bailey, N., The Development of Marketing: A Compendium of Historical Approaches. Quarterly Review of Marketing, vol. 15, no. 2, 1990, pp. 6 - 13.

② Dainora Grundey, The Marketing Philosophy and Challenges for the New Millennium. Scientific Bulletin-Economic Sciences: Marketing, Commerce and Tourism, Vol. 9, no. 15, 2010, p. 170.

念开始出现。二战后军事技术广泛应用于民用工业，大大促进了生产率的提高和生产规模的扩大。同时，高工资、高消费和高福利使得消费者的购买力和购买欲望大大增强。市场导向将对顾客的需求、欲望和行为的透彻理解作为所有营销决策的中心，营销工作必须与客户需求协调一致，新产品研发必须以广泛的市场分析和产品测试为依据。“卖方市场”转化为“买方市场”，对消费者需求的重视成为企业制胜的关键。企业所有的行为都来源于市场，又以市场为归宿。产品的差异化、多样性成为必须。只有满足消费者的需求，企业才能生存和发展。

社会导向阶段：社会导向在20世纪70年代由现代营销之父 Phillip Kotler 提出。社会导向源于人们环保意识的增强，人们认识到过度营销带来的消极后果，如过度消费造成的能源和社会资源的浪费以及环境污染等。社会导向认为企业产品生产和营销不仅要注重消费者现有需求和欲望，还要考虑到消费者和社会的长远利益。消费者利益、企业发展、社会和环境发展应三者统一，促进人类社会的可持续健康发展。

关系导向阶段：关系导向开始于20世纪90年代，重点是维持公司和客户的长期关系。维持现有客户的成本是搜寻新客户成本的五分之一，因此维护客户长期关系可以大大降低营销成本。公司与客户关系的维持基于双方的信任和承诺。关系导向能为企业在未来创造尽可能多的价值。关系导向注重买卖双方的关系，对客户终身价值进行投资，而不着眼于单个交易。关系导向注重产品利益和客户价值，通过高客户服务、高客户承诺、高客户接触来维持与客户的良好关系。关系导向让客户参与企业的经营管理，认真听取客户的意见和建议，为客户生产个性化的定制产品。

三、营销理论的发展演变

营销理论来源于营销实践，并能够指导营销实践。有些营销史家认为营销理论产生于1900年之前，有些则认为营销理论直到20世纪才开始出现，其标志是营销学作为一门学科在大学中确立。最早的营销学课程于1904—1905年就在宾夕法尼亚大学设立了。在这之前，营销理论被认为是经济学理论的分支，是为了解决经济学理论实用性、针对性差，现实解释力弱的问题。市场、交易、成本、价格是营销学和经济学共同关心的问题，而早期营销学比经济学更具有实用性。

Robert Bartels 以10年为一个阶段对20世纪70年代之前营销理论的发展

阶段及特点进行了分析和归纳，他认为把营销理论分为营销的基本概念和含义的发现期（1900—1910）；营销理论概念化、分类化和术语确定期（1910—1920）；营销基本原则的整合期（1920—1930）；营销理论专业化和演变时期（1930—1940）；依据管理主义、社会发展和定量方法重新概念化时期（1940—1950）；基于管理主义、整体论、环保主义、系统论和国际主义的分化时期（1950—1960）；营销对社会化的调试期（1960—1970）。这种以年代划分营销理论发展阶段的方式受到一些营销史家的批评。Malley and Lichrou 把营销理论分为功能学派、商品学派、机构学派、管理学派、营销系统学派、消费者行为学派、宏观营销学派、交换学派和营销史学派。①

四、营销的基本理论

（一）市场调研

市场调研是营销计划和策略制定的前提，对产品策略、价格策略、分销策略和促销策略的制定具有基础性的作用。市场调研是为解决营销过程中产生的问题，总结上一阶段的营销经验和教训，制定下一阶段的营销计划服务的。知己知彼方能百战百胜。企业要了解市场宏观环境和微观环境，了解顾客、合作者、竞争者，了解产品销售状况，了解营销人员的能力和业绩，必须要通过市场调研。市场调研可以为企业生产和营销提供决策信息，弥补先前信息的不足，使企业了解市场环境的变化，为制定科学的营销战略和策略提供依据。

营销调研在研究方法上包括定性和定量两种类型，在研究领域中可以分为渠道、媒介、产品、价格、公共关系等几种类型。早期市场调研主要通过线下调研，现在市场调研很多通过网络进行在线调研。

营销调研不管是企业自身开展还是委托第三方专业咨询公司进行调研，都必须制定调研计划，计划首先要说明调研的必要性，确立调研目标，制定详细的调研方案，确定调研信息的类型和来源，确定搜集资料的方式，然后进行问卷设计和确定样本抽样方案，在完成资料收集后对资料进行整理分析，最后撰写调研报告。

调研方法主要分为文案调研和实地调研两种类型。文案调研主要是二手资料，主要来源是图书馆和网络。实地调研是一手资料，包括询问法、观察

---

① White, D. Steven, The Evolution of Marketing. Retrieved 11, July 2011.

法和实验法三种类型。询问法指调研者通过面谈、座谈或问卷调查的方法进行调研。如对专家的深度访谈，相关人士的座谈，目标群体的问卷调查等。询问法需要调研者掌握必要的调研技巧，特别是与人沟通的能力，要考虑调研的环境、氛围等对被调研者的影响。因此，询问法具有相当的难度，需要在实际调研中多加磨炼。观察法指调研人员在现场或通过仪器观察顾客的购买行为或营销人员的营销行为。观察法的特点在于顾客和营销人员并不知情，因此这种方法能够比较客观地了解顾客的购物心理和营销人员的营销能力与工作态度。实验法则主要用于新产品的试销和新的营销方案的试行，包括产品的特征、价格、分销和促销，对有代表性的小范围、小规模的营销活动进行调研。实验法的目的在于对新产品是否适销对路或新的营销方案是否能够取得预期效果进行测试。通过实验符合预期的产品就可以大规模投入市场，符合预期的营销计划就可以普遍实行。

（二）4Ps 营销组合理论

4Ps 理论即将营销分为产品（Product）、价格（Price）、分销（Place）、促销（Promotion）四个要素。4Ps 理论由美国密歇根大学 E. Jerome Mccarthy 教授于 1960 年提出，有利于营销理论的记忆和传播。4Ps 营销组合具有可控性、动态性、整体性的特点。

产品，是营销的基础，既包括实体产品，也包括虚拟产品。产品的设计、质量、花色品种是营销能否成功的基础，货真价实、物美价廉才能够适销对路。企业家必须致力于技术创新和新产品研发，致力于产品的准确定位。

价格，在产品质量相差无几的情况下，价格往往成为决定营销成败的关键因素。物美价廉作为市场营销的不二法门，价廉在人们收入较低的情况下要比物美更占优势。价格有多种确定方法，如成本导向、需求导向和竞争导向三种定价方法。价格是营销四要素中唯一盈利的因素。定价过高产品难以销售，定价过低又难以收回成本。因此，如何定价需要企业在市场调研的基础上认真衡量。

分销，也被称为渠道或通路。社会化大生产和交通、信息技术的发展以及金融、保险等辅助行业的出现使得产品生产集聚化的趋势越来越显著，作为连接生产者和消费者的渠道也越来越重要，“渠道为王”成为企业和商家的共识。分销渠道有多种模式，并随着科技的进步和社会的发展而不断演化。

促销，包括人员推广、广告促销、公共关系促销和销售促进四个方面。人员推广是促销的最早期模式，在促销中占主导地位。广告作为商家攻城略地的武器，在营销中起着巨大的作用，广告费已作为企业和商家的一项必要开支而列入成本。公共关系包括企业与消费者、政府、合作伙伴、竞争者、当地民众等多方面的关系，良好的公共关系可以使促销事半功倍。销售促进作为一种古老的促销行为通过价格折扣和赠品以及免费体验等让利于消费者，吸引消费者购买并培养忠实的客户。

（三）4Cs 营销理论

4Cs 营销理论由美国营销学家 R. F. Lauterborn 于 1990 年提出，和 4Ps 营销组合理论相对应，4Ps 营销理论以生产者为出发点，4Cs 营销理论以消费者需求为出发点。4Cs 营销理论是市场由卖方市场转化为买方市场的产物，企业要站在顾客的角度设计营销方案。其四要素和 4Ps 营销理论四要素相对应，产品需要满足消费者需求（Consumer's Needs），价格要考虑到顾客的意愿支付成本（Cost），分销要考虑到顾客购物的便利性（Convenience），促销要考虑到和顾客的双向交流和沟通（Communication）。

顾客需求是企业一切经营管理活动的基本出发点，是企业制胜的关键，也是企业营销首先考虑的因素。顾客的显性和隐性需求需要企业去满足和引领。通过市场调研，了解顾客需求，制定产品策略和营销策略，通过创新满足顾客需求，企业才能在激烈的竞争中立于不败之地。针对顾客需求的不同种类和不同层次生产不同品种和档次的产品，才能真正满足顾客需求，赢得顾客的品牌忠诚。

顾客成本是顾客购买和使用产品所付出的时间、精力、金钱的总和。消费者购买商品总是将所要付出的成本和从打算购买的商品中取得的价值相比较，物美价廉、物超所值是顾客购物的出发点。交易的完成需要双方在产品价格和产品价值之间进行博弈，最终的成交价格即是双方博弈的均衡点。对于不同的顾客，其愿意花费的时间成本、学习成本、机会成本、使用转换成本及其他额外成本并不一致。有的顾客时间宝贵，不在乎价格高一点，或者购物去明码标价的销售场所。有的顾客更关注价格，会花费更多的时间、精力货比三家，了解产品未来的价格走势。使用转换成本实际上是顾客的信息成本，买卖双方信息的不对称使得消费者忠诚于已经使用的产品品牌，不敢尝试新的品牌。有的产品售价不高，但后续费用高昂，如机械设备或使用大量耗材的办公设备等，后续成本也是顾客需要考虑的因素。

顾客便利即为顾客提供购物和使用的便利。顾客便利主要通过企业在产品售前、售中和售后服务来为顾客提供。便利包括销售场所和地理位置、商品陈设和选择、交易等方面。特别是对服务性行业，顾客的消费便利或易接近性成为企业成功的必要因素。产品生产和销售的区域布局，销售场所的密度等都是厂家在营销方面需要考虑的因素。

顾客沟通即企业开展同顾客的双向沟通交流，建立双方的共同利益。企业在为顾客创造价值的同时也使自身利益得到实现，双方的关系是共赢的关系而不是损害其中某一方。市场调研、人员推广、公共关系推广等都致力于沟通双方的信息，促进买卖双方相互了解。电信和网络技术的发展为顾客沟通创造了良好的条件。

（四）营销管理理论

营销管理（Marketing Management）是“选择目标市场，并通过创造、交付和传播优质的顾客价值来获得顾客、挽留顾客和提升顾客的科学与艺术”。[①] 营销管理对营销目标进行分析、计划、实施和控制。营销管理实质上是对顾客需求的管理，是为了更好地满足顾客的实际需求。

营销管理要使营销政策满足企业、消费者、经销商、终端、销售队伍五个方面的需求，按对消费者需求的管理分为扭转性营销、刺激性营销、开发性营销、平衡性营销、恢复性营销、维护性营销、限制性营销、抑制性营销八种类型。营销管理的具体实施过程分为分析市场机会，选择目标市场，制定市场营销组合，对市场营销进行组织、执行和控制等环节。营销管理要建立一套完善的管理体系，包括结果管理、销售计划管理和客户管理三个部分。营销管理模式包括集中式管理模式、分散式管理模式和虚拟集中式管理模式三种类型。

（五）全球化营销和本土化营销

全球化营销和本土化营销是跨国公司营销的两种不同模式，这两种模式相互补充、相互融合，共同促进跨国公司营销活动的开展和营销目的的达成。

全球营销是指跨国企业在全球范围内对其在各地的营销活动进行布局和协调，以获得全球性竞争优势，取得最高的利润。全球营销要在全球范围内进行营销的运作、协调和竞争，全球营销以各国消费产品的相近性为前提，可以获得规模经济的优势。

本土化营销指跨国企业在进入一个国家市场时，要考虑不同国家的文化

---

① ［美］菲利普·科特勒、凯文·莱恩·凯勒：《营销管理》第 13 版，王永贵、于洪彦、何佳讯、陈荣译，格致出版社、上海人民出版社 2009 年版，第 32 页。

习俗、消费水平等因素而制定差异化的营销策略。本土化营销通过产品差异化、营销人员差异化、营销渠道差异化、促销方式差异化、营销管理差异化来更好地满足不同国家和地区对某种商品的差异化需求。

英美烟公司作为近代西方著名的大企业，在开始进入中国时就大力采用其在美国进行生产和销售的手段。钱德勒认为，担任英美烟公司董事长的杜克之所以在美国取得成功，“源于他认识到要开发帮萨克卷烟机所生产的产品的市场，需要一个全球性的营销系统”。① 英美烟公司不仅在开办工厂方面，而且在产品的销售方面也基本按照杜克在美国的销售模式来进行运作。中国的工业发展水平、政策法令、人口收入、风俗习惯等方面与美国有着很大差异，但经济全球化带来的市场全球化使英美烟公司能够在行政层面基本按照美国的方式进行运作。同时，英美烟公司在华的销售模式经历了一个本土化的过程，实现了全球化与本土化的统一。英美烟公司充分运用美国兴起的市场营销理论，在应对销售环境、进行市场调查、改进销售组合等方面取得了很大的成就，为营销理论的进一步发展提供了现实依据。

本书总的指导原则是以马克思主义经典作家的销售理论为指导，主要应用现代西方市场营销理论和经济学理论，通过定性研究和定量研究、实证分析和规范分析，力图全面剖析英美烟公司在华的销售模式和销售战略。

第四节　篇章结构、资料说明和创新之处

本书共分九章，主体共分七个部分，全面分析了英美烟公司的销售环境、市场调查、销售组合、销售渠道、抵货运动中的销售、销售本土化、销售数量和利润，力图揭示英美烟公司的销售状况和销售模式，并得出有益的经验和教训。

第一章，绪论。本章对选题的缘起和意义、研究综述、研究的理论和方法、篇章结构、资料来源和创新之处进行了说明。分析近代外国在华企业的销售模式和销售策略，剖析近代外国在华企业的本土化战略，为今天中国烟草行业应对进入中国市场的外国大型烟草跨国公司提供历史借鉴是本书的三

① ［美］小艾尔弗雷德·钱德勒：《看得见的手》，商务印书馆 1987 年版，第 382 页。

大主旨。马克思主义销售理论和市场营销理论是本书研究的基本理论方法。

第二章，分析英美烟公司的销售环境。销售环境对英美烟公司的销售具有十分重要的意义，是英美烟公司向中国出口、在中国生产和销售香烟的客观条件。《马关条约》是外国企业也是英美烟公司在华设厂并进行生产和销售的法律依据。《辛丑条约》进一步扩大了《马关条约》中关于外国在华设厂和销售的特权。中国近代以来，由于战争和饥荒，人口增长缓慢，但庞大的基数和一定的人口增长成为英美烟公司在华销售烟草的主要参照指标。中国近代交通事业特别是铁路和航运的发展为英美烟公司运输原料和产品，畅通物流提供了必要条件。卷烟机械、印刷设备及其他技术的发明和进步是英美烟公司得以迅速成长壮大的技术条件。只有实现了机械化，才能建立起批量生产和批量销售相结合的全球、全国范围的销售系统。中国自明初以来的烟草消费习俗及近代崇洋心态的形成为英美烟公司在华销售提供了潜在的庞大的消费群体，当人们体会到纸烟相对于传统的鼻烟、水烟、烟丝的好处时，英美烟公司在中国的消费市场就牢牢地建立起来了。中国的烟草市场是英美烟公司开拓的，其在市场上一直处于垄断地位，但也存在来自美国、英国、日本等国外资企业和中国民族卷烟企业的激烈竞争。竞争者的资金、品牌、产品质量和产量、销售模式和管理方法等对英美烟公司制定销售战略和策略有重要的参照意义。

第三章，分析英美烟公司的市场调查。英美烟公司对市场调查和收集信息十分重视，建立了市场调查机构和销售机构、市场调查人员和推销人员合一的调查系统，制定了一系列的市场调查工具，规定了调查内容，使公司上海总部可以及时了解全国各地的政治经济状况，了解公司自身和竞争对手的销售情况，真正做到了知己知彼。市场调查是英美烟公司了解销售环境，进行产品生产、定价、分销、促销，应对抵货运动，实现本土化和全球化相结合战略的前提。

第四章，主要分析英美烟公司的销售组合。产品、价格、渠道和促销是销售组合的四大部分。鉴于英美烟公司销售渠道的重要性和特殊性，本书专辟一章进行剖析，本章主要分析销售组合的产品、价格和促销三个部分。英美烟公司极其注重产品质量，其优质的原料、先进的技术设备和管理模式也为其生产高质量的产品准备了条件。英美烟公司在华的50年里，产品从未出过质量问题，不能不说是奇迹。英美烟公司还注重产品的市场细分，出产了高、中、中下、低四种品牌和档次的香烟，满足了中国各个阶层的需求。英美烟公司的价格统一由英美烟公司上海总部制定，实行区域价格制，严禁经销商变更价格。市场需求是价格波动的决定因素。价格战是英美烟公司同其他竞争厂家进行竞争的有力武器，凭借雄厚的资本和较高的产品质量，英美烟公司往往是价格战的胜利者。英美烟公司在促销的人员推销、营业推广和广告促销三个方面都做出了极大的努力，取得了辉煌的成绩，足以成为当时外资企业促销的典范，成为民族企业学习的榜样。事实上，当时中国的卷烟企业在销售方面和英美烟公司亦步亦趋，学得了英美烟公司促销的精髓。公共关系方面，通过结交中国政府官员、赞助中国慈善事业、交涉降低卷烟税收，英美烟公司取得了良好的效果。

第五章，剖析了英美烟公司的销售组织、销售制度和销售渠道。本章首先分析了英美烟公司销售组织和渠道在中国50年间的变迁，认为其变迁是和当时中国以及世界的政治、经济、战争状况、法律环境等密切相关的。接着，本章对英美烟公司中央集权制为特点的销售组织和严密的销售制度以及颇具特色的货栈制度和督销制进行了分析。在渠道激励和控制方面，英美烟公司把原则性和灵活性结合起来，保证了渠道运转的高效率。

第六章，分析在近代风起云涌的抵货运动中，英美烟公司如何克服抵货运动的巨大压力，促进产品销售。在中国近代，抵货运动是民族主义的一种表达方式，其目的是通过经济的手段抵制外国侵略剥削、维护民族独立和国家权利。英美烟公司由于是美英两国的合资公司，所以无论是反对美国还是反对英国的抵货运动，其都是主要目标之一，因此，英美烟公司遭受的抵货运动十分频繁。在抵货运动中，英美烟公司对中国上至政府官员和地方势力，下至普通民众，都进行了一系列辩解说服的活动，展开了强有力的公关。同时，英美烟公司通过激励经销商，改变公司名称和卷烟牌号避开抵货运动的锋芒。英美烟公司的反抵制措施使公司度过了危机，使产品销售未受太大影响。

第七章，分析英美烟公司销售的本土化。本土化问题是外国公司进入中国后面临的首要问题。本章首先分析了语言文化差异和中外职员薪金差异是英美烟公司本土化的主要因素，接着对英美烟公司销售机构、销售人员、促销手段的本土化进行分析。英美烟公司的本土化是其适应中国国情的一种表现，是近代外资企业在华本土化的典型。

第八章，分析英美烟公司的销售数量和销售利润，以及市场占有率和销售利润率。通过分析，可以使读者对英美烟公司的销售成果有直观的印象。

英美烟公司的高市场占有率和高销售利润率保证了英美烟公司可以获得很高的产品销售数量和巨额利润。

本书资料的说明：本书涉及资料广泛。其中上海社会科学院经济研究所编的《英美烟公司在华企业资料汇编》四册为本书提供了基本的史料。《英美烟公司在华企业资料汇编》资料来源包括：（1）原颐中烟草公司（1934 年起英美烟公司在华主要机构）上海总公司的档案；（2）上海和英美烟公司设厂各地档案馆保管的资料，以及各地工商局、工商联和卷烟厂保存的资料和编写的卷烟行业史和厂史；（3）访问资料，包括英美烟公司及其各厂的老工人和老职员、英美烟公司的买办、民族卷烟厂的资本家等的回忆和访问记录，以及各种专题座谈的记录；（4）书刊报纸资料，除利用颐中烟草公司档案中的中文剪报外，摘录了英文《北华捷报》和《字林西报》的有关资料。[①] 资料汇编的主要部分是上海社会科学院张仲礼研究员和同事用了三年时间查阅摘录了近千箱、近万卷档案（大部分是英文档案）才完成的。汇编保持了档案和访问资料、书刊资料的原貌，并进行了初步的分门别类。《英美烟公司在华企业资料汇编》在产品的生产、运输、存储、销售、广告、烟税等方面为笔者提供了丰富的原始资料。

《南洋兄弟烟草公司史料》是另一本比较重要的资料，同样由上海社会科学院经济研究所编辑。该书资料丰富，全书共 60 万字，所辑资料包括 1915—1936 年香港公司档案、1918 年起历届董事会记录和历次股东大会记录、1937—1957 年上海总公司档案、1920—1957 年上海总公司账册、1942—1945 年重庆业务管理委员会的档案、与公司有关的其他单位的档案、访问资料等。[②] 其中对南洋与英美烟公司在销售方面的竞争状况，英美烟公司的产品质量、广告宣传、销售网络方面涉及较多，也是一本很有价值的资料汇编。

《中国烟业史汇典》是杨国安历经 20 余年搜集、整理而编纂的一部汇集明、清主要是民国期间有关烟草业发展的文献典籍的专业书。该书所收文献包括明清烟草专著和散见资料、民国时期中央政府和行业组织的文件、档案和报刊、书籍所载重要文章，很多是鲜为人知的。其中关于国民政府在烟草

---

① 上海社会科学院经济研究所编：《英美烟公司在华企业资料汇编》第 1 册，中华书局 1983 年版，第 29 页。

② 上海社会科学院经济研究所编：《南洋兄弟烟草公司史料》（编辑说明），上海人民出版社 1958 年版，第 1 页。

方面的征税、法令条令尤为详尽，对有关近代中外卷烟厂家的分布、消长及与政府机关的关系资料也收集无遗。关于英美烟公司，该书也专辟一章收集了相关的资料。该书为研究英美烟公司在中国的销售环境和同中国政府的关系等方面提供了很多有价值的资料。

孙毓棠主编的《中国近代工业史资料》（1840—1895），汪敬虞主编的《中国近代工业史资料》（1895—1914），陈真等主编的《中国近代工业史资料》（1912—1949）收集了近代中外关于英美烟公司的研究资料，对英美烟公司的生产、运输、原料和销售方面都有所涉及。

美国学者高家龙的《中国的大企业——烟草工业中的中外竞争（1890—1930）》，《大公司与关系网——中国境内的西方、日本和华商大企业》，英国学者霍华德·考克斯的《全球香烟：英美烟公司的起源和演变（1880—1945）》引用了大量国内难以见到的英美烟公司在英国和美国的档案、书籍、刊物，为本书的写作提供了宝贵的资料。

以上是本书的基本资料。此外，关于英美烟公司研究的诸多著作和论文也为本书提供了丰富的二手资料。

本书在吸收前人研究成果，广泛占有资料，掌握现代销售理论的基础上，力图在以下几点有所创新：

（一）运用经济学、管理学和新闻学的相关理论第一次全面系统地对近代外国在华企业销售的各个方面（销售环境、销售组合、销售制度和销售渠道、销售数量和利润）进行剖析；

（二）对英美烟公司与中国民族主义主要是抵货运动的关系进行分析和评价；

（三）对英美烟公司在华的本土化表现以及本土化与全球化之间的关系进行分析和定位。

第二章　英美烟公司销售环境分析

营销环境是指与企业营销活动有潜在关系的内部和外部因素的集合。营销环境分为内部环境和外部环境。市场营销环境是存在于企业营销系统外部的不可控制的因素和力量，这些因素和力量是影响企业营销活动及目标实现的外部条件。[①]

企业销售的外部环境可分为宏观环境和微观环境，宏观环境主要包括政治-法律环境、人口环境、技术环境、物流环境；微观环境主要包括消费者环境和竞争者环境。英美烟公司作为一个外资公司，在中国面临着复杂的环境问题。下面分别就英美烟公司销售的宏观环境和微观环境进行分析。

第一节　英美烟公司销售的宏观环境

一、政治-法律环境

政治和法律环境的变化会在相当程度上影响销售环境。市场营销决策在很大程度上受政治和法律环境变化的影响。政治和法律环境是“由法律、政府机构和在社会上对各种组织及个人有影响和制约的压力集团构成的”。[②]

1840 年的鸦片战争以及以后的二次鸦片战争、中法战争及签订的一系列条约为外国资本主义进入中国打开了大门。1895 年《马关条约》的签订，使

① 吴健安：《市场营销学》，高等教育出版社 2011 年版，第 65 页。

② ［美］菲利普·科特勒：《营销管理——分析、计划、执行与控制》，上海人民出版社 1999 年版，第 149 页。

西方资本主义改变了以商品输出为主的获取利润的方式，开始在中国开厂办矿，进行大规模的资本输出。1895—1911 年，全国资本在 10 万元以上的新设外资工厂达 91 家，接近 1840—1895 年外资在华设厂数的总和。1911 年外资企业的生产总值在棉纺、缫丝、面粉、卷烟、火柴、制药、机器、电力 8 个生产行业达到 3543. 9 万元，比 1895 年的 322. 1 万元增加 10 倍以上。①

《马关条约》及以后签订的《中日通商行船条约》、各国在华《内港行船章程》等不平等条约从 5 个方面保证了外商在中国通商口岸设厂、在内地销售的权利。

1. 允许外资企业在通商口岸设立工厂，为英美烟公司在通商口岸设厂提供了法律依据。

《马关条约》第六款第四项规定："日本臣民得在中国通商口岸城邑，任便从事各项工艺制造"②，这是中国政府在近代以来第一次以条约形式允许外商在通商口岸开办工厂。根据列强最惠国待遇利益均沾的原则，这一规定同样适用于其他各国。英美烟公司于 1902 年开始在华设立工厂，其设立工厂的城市上海、汉口、天津、青岛都是条约规定开辟的通商口岸。这些口岸设有外国租界和领事馆，可以为英美烟公司开办企业提供保护。

2. 允许自由输入机器设备并对机器设备实行特惠税率，有利于英美烟公司进口机器设备。

甲午战争以前，清政府对外商机器进口特别加以限制。凡是属于"改造土货"转而出口的工厂不准建造，此类机器在海关不准进口。对于改造土货的机器，随着洋务运动的兴起，也形成了"非官办不准验收"的惯例。③ 而《马关条约》第六款则规定了允许日本臣民"得将各项机器任便装运出口"的条文。同时对于进口设备的税率也作了"只交所订进口税"的规定。④ 由于机器设备不同于一般的工业品，后者只能在输入后的一次销售中获利，而机器设备可以长期用于生产，连续获利，因此对其征收的税率应高于一般的工业品，但条约不但把机器设备的税率等同于一般的进口商品，而且还规定机器设备和产品运销内地免交子口税，以条约的形式保证了外资企业在华输

---

① 杨惠萍：《〈马关条约〉与中国近代经济》，《大连大学学报》1995 年第 3 期。

② 《李鸿章全集》（二），人民出版社 1986 年版，第 652 页。

③ 《李鸿章全集》（二），人民出版社 1986 年版，第 654 页。

④ 王铁崖编：《中外旧约章汇编》第 1 卷，三联书店 1957 年版，第 616 页。

入机器设备和运销产品方面的特权。

英美烟公司的生产设备、印刷设备、电影设备都是从美英两国进口的，以上条例为其进口机器设备扫除了障碍。低进口税和运销内地免交子口税，减轻了其生产成本，提高了其产品的市场竞争力。

3. 取得内河航运的特权，有利于英美烟公司在中国获取原料和销售产品。

《马关条约》第六款第二项规定："日本轮船得驶入下开各口，附搭行客，装运货物：一、从湖北宜昌溯长江以至四川省重庆府；二、从上海驶进吴淞口及运河以至苏州府、杭州府"。[①] 1896 年 7 月签订的中日《通商行船条约》第五款又进一步规定中国准许日本停泊的港口不管是现在的还是将来准许的，"均准日本船卸载货物、客商"。同时还规定："日本臣民任从自雇船只、驳运货客，不论何项船只，雇价银两听其与船户自议，中国政府官吏均无庸干涉。其船不得限定只数，并不准船户、挑夫及各色人等把持、包揽运送等情"。[②]《马关条约》不仅将宜昌至重庆段也纳入外国长江航行权，还使得外轮得以进入长江以外的中国内河。到 20 世纪初，外国取得了长江干线和各支流、两广境内的西江、珠江等中国内河的航行权。内河航运的开放使外商的势力可以渗透到中国内地，方便了其运送中国内地的原料和把商品在内地运销。英美烟公司的货物运输，由航运和铁路两部分完成，南方主要通过轮船，内河航运的开放为其产品销售提供了交通便利。

4. 对外国输入中国的商品实行优惠关税，减轻了英美烟公司进口的原料和产品的税负，提高了竞争力。

《马关条约》第六款第二项规定："日本臣民在中国内地购买经工物件，若自生之物，……欲暂存货栈，除勿庸输纳税钞、派征一切诸费外，得暂租栈房存货"；"在中国制造一切货物，其于内地运送税、内地税、钞课、杂派以及在中国内地沾及寄存栈房之益，即照日本臣民运入中国之货物一体办理，至应享优例豁除……"中日《通商行船条约》又规定："日本臣民运进中国或由日本运进中国"之货物，由此通商口运至彼通商口时，……所有税赋、钞课、厘金、杂派各项，一概豁免。"[③] 这些规定大大减轻了英美烟公司产品的进口税和在中国制造的产品的税负，提高了其盈利水平和同民族企业的竞争力。

---

① 王铁崖编：《中外旧约章汇编》第 1 卷，三联书店 1957 年版，第 616 页。

② 王铁崖编：《中外旧约章汇编》第 1 卷，三联书店 1957 年版，第 663 页。

③ 王铁崖编：《中外旧约章汇编》第 1 卷，三联书店 1957 年版，第 664 页。

5. 允许外商企业自由雇佣劳动力，使英美烟公司可以廉价雇佣中国劳工。

资本和劳动力是近代工业的两个生产要素，利用中国的廉价劳动力，可以减少外资企业产品的成本，增加利润，提高竞争力。中日《通商行船条约》第七款规定："日本臣民在中国通商各口岸，可雇佣中国人民办理合例事务，中国政府和官吏不得阻碍禁止。"①

英美烟公司在华的各个工厂都雇用了大批的中国工人，总数最高达25000人。驻华英美烟公司执行董事唐默思认为，伦敦英美烟公司董事长杜克之所以选择在中国生产香烟，主要的原因是中国的劳动力比美国低廉。在美国，杜克主要靠资本集约技术进行生产，"杜克在烟草工业中引进机器生产，很显然是他做出的最重大的创新"。但在中国，劳动力的低廉使劳动密集型比资本集约型成本更低，仅在1915年就有13000人从事手工采择烟叶和包装香烟。1915年，唐默思向伦敦总公司汇报说："我们拥有一支优秀、低廉而高效率的劳动力队伍，没有工会的帮助，每天工作长达18小时"。② 可见，中国低廉的劳动力为英美烟公司节约了成本，提高了产品的竞争力。

总之，《马关条约》的签订大大加快了外资企业在中国的扩张步伐，其在中国工业投资的重点也由辅助内外贸易转到发展在中国市场上销售产品的轻工业上面。《马关条约》和其后签订的不平等条约的规定和保护，为英美烟公司在华从事卷烟的生产和销售提供了政治和法律上的保障。

二、人口环境

对于卷烟这种商品，人口的经济收入、年龄结构、性别结构、民族类别等都不是重要的因素，人口数量才是影响烟草销售的最重要因素。

我国人口在第一次鸦片战争后至解放战争时期总体呈现缓慢增长的态势，但其增长是不均衡的。其中太平天国与清政府的战争以及自然灾害使得中国人口急剧下降，1850—1968年19年的时间，中国人口减少约1.7亿，由1850年的约4.30亿人下降到1868年的约2.58亿人。此后，人口逐步恢复，直到1928年中国人口才恢复到1850年的状态，1947年增加到约4.6亿人（如表2-1所示)。③

---

① 王铁崖编：《中外旧约章汇编》第1卷，三联书店1957年版，第664页。

② ［美］高家龙：《中国的大企业——烟草工业中的中外竞争（1890—1930)》，樊书华、程麟荪译，商务印书馆2001年版，第39-40页。

③ 杨子慧主编：《中国历代人口统计资料研究》，改革出版社1996年版，第17-23页；刘彦威：《中国近代人口与耕地状况》，《农业考古》1999年第3期。

表 2-1　近代中国人口数字统计　　单位：千人

年　份	1840	1850	1868	1886	1910	1928	1947
人口总数	412817	429932	257925	326880	367821	441842	462798

资料来源：1. 严中平：《中国近代经济史统计资料选辑》，科学出版社 1955 年版，第 365 页；2. 许道夫：《中国近代农业生产及贸易统计资料》，上海人民出版社 1983 年版，第 2-5 页。3. ［英］伍德海主编：《中华年鉴》（L 册），北京图书馆出版社 2010 年版，第 91-92 页。转引自刘彦威：《中国近代人口与耕地状况》，《农业考古》1999 年第 3 期。

众多且逐步增长的人口为英美烟公司在华销售卷烟提供了庞大的消费群体。英美烟公司董事长杜克认为，只要培养起人们的消费习惯，英美烟公司就拥有了一个巨大的消费市场。自 1881 年帮萨克卷烟机在美国发明后，杜克就一直关注中国的人口数字，虽然当时卷烟在美国也是新奇的东西，但杜克已经敏锐地觉察到了其在中国的巨大潜力。他得知卷烟机发明后的第一句话就是“给我拿地图来”，但他拿到地图不是寻找中国的哪个区域，而是看地图下面的说明，当他看到地图下面传奇般的数字：人口 4.3 亿时，他说：“那儿就是我们要去推销香烟的地方”。在 1905—1922 年担任英美烟公司中国公司的执行董事的唐默思，当时任杜克公司海外部经理，最初他也是通过想象中国的人口数字来计算香烟的销售量的。他想象“中国的 4.5 亿人口将来平均每人每天会吸一枝烟”，那么其在中国一天的销量就将达到 9000 箱（5 万支装），一个月的销售量将达到 27 万箱，这是一个惊人的数字。虽然杜克和唐默思对中国卷烟市场的消费潜力估计有些过高，但现实并没有让他们太失望。自 1890 年英美烟公司的前身之一杜克的美国烟草公司第一次把香烟运到中国后，香烟销量开始缓慢增长，到 20 世纪初期其销售量开始迅速增长，1916 年销售量达到 120 亿支，30 万箱。1915 年，美国销往中国的香烟比销往世界其他国家的总和还要多。1916 年，中国香烟的消费数量就达到了美国香烟消费量的五分之四（1916 年美国卷烟的消费量为 157.5 亿支）。此后，英美烟公司的香烟销量增长更快，到 1937 年突破了百万箱大关，达到 1118616 箱。中国成为世界上仅次于美国的卷烟消费大国。[①]

三、物流环境

英美烟公司的货物运输主要靠铁路和轮船来完成，只是运到内地后，才

① ［美］高家龙：《中国的大企业——烟草工业中的中外竞争（1890—1930）》，樊书华、程麟荪译，商务印书馆 2001 年版，第 16-17 页。

由汽车、马车、小船等载运。下面分别介绍近代中国的铁路和轮船航运状况。

(一) 铁路

铁路是英美烟公司卷烟和原料运输的主要途径，中国近代铁路的发展为英美烟公司运输和销售提供了便利条件。

1895 年后十余年间，俄、德、法、英、法、比、德、美、日等国在华投资建成了中东（包括南满）、胶济、滇越、京奉、广九、道清、津浦、京汉、正太、广三、安奉、新奉、吉长等铁路。这一时期中国集资修建了新宁、漳厦、潮汕、苏路、浙路、南浔等铁路和粤汉铁路的部分区段。这十余年中国共修筑铁路 8900 余公里。北京国民政府时期，日本在东北地区修建了四洮、郑洮、天图、洮昂吉敦等铁路。张作霖也主持修建了大通、沈海、呼海等铁路。其他地区修建的主要是前期未完工程，如粤汉路、陇海路、京张路的未完路段或延长线；新设线路只有碧石铁路。国民党政府统治期间修建的铁路包括粤汉、陇海、浙赣、江南、淮南、苏嘉、齐克、洮索和同蒲、湘黔、湘桂、滇缅、川滇、黔桂等。这一时期中国共修建铁路 6300 多公里。日本从 1931—1945 年在华建筑铁路约 6700 公里（如表 2 - 2 所示）。①

表 2 - 2　中国近代铁路建设（1880—1949）　　单位：公里

年份	新建	累计
1880	9	9
1881—1894	438	447
1895—1900	718-99（台湾铁路随台湾割让给日本）	1066
1901—1911	8226	9292
1912—1927	3855	13147
1928—1937	4356+4258（日本在东北所筑铁路）	21761
1938—1945	1803+2176（日本在华北所筑铁路）+924（日本在台湾所筑铁路）	26682
1946—1949	175	26857（实存路线 22000）

资料来源：《中国近代铁路建设》，见沈阳地铁网：http：//www. sysubway. cn/data/2005/1230/article_ 815. htm.

① 《中国近代铁路建设》，见沈阳地铁网：http：//www. sysubway. cn/data/2005/1230/article_ 815. htm.

（二）航运

《马关条约》及其后签订的条约，开放了中国沿海沿江众多通商口岸，允许外国轮船在中国内河航运，外资轮船公司开始在华兴建。1895—1913 年的 18 年中国成立的外资轮船公司达 14 个，是 1894 年之前外资轮船公司的总和。到 1949 年，外资轮船公司在华设立了 44 家。1930 年，中国各通商口岸进出的中外轮船共 135206 艘，计 151700235 吨，其中外国轮船共 94073 艘，约占总数的 70%，其吨位达 125561921 吨，占总吨数的 82.8%。1935 年，中国有轮船 3895 艘，其中千吨以上有 208 艘，仅占轮船总数的 5%，而百吨以下者有 3132 艘，占轮船总数的 61%。①

中国航运事业的发展，方便了英美烟公司运输原料和货物，在抵货运动期间，由于铁路禁止运送英美烟公司的货物，航运更成为卷烟运输的主要渠道。物流的畅通为英美烟公司的产品销售提供了重要的保障。

四、技术环境

技术环境对生产的发展具有变革性的作用。英美烟公司的技术环境主要体现在其采用当时世界上最先进的卷烟机械和印刷机械上。

英美烟公司从进入中国的第一天起，就垄断了美国“帮萨克”卷烟机以及后来更先进的“标准”卷烟机在中国的使用权。“帮萨克”卷烟机的独家使用权一开始为花旗烟公司所有，1902 年英美烟公司在收购花旗烟公司浦东工厂时，在收购合约上就规定一并收买了该厂独家使用“帮萨克”卷烟机的专利权。此后，英美烟公司对帮萨克卷烟机，包括它的零配件的图纸都处于严密保护状态。以上情况从颐中烟草公司通北路厂叶子车间的职工吴建椿的回忆中可以得到证实。“从我的经验来看，英美烟新发明的卷烟生产设备，英美烟有独家使用之权，可能英美烟与这些制造厂家有密约，只准供应其独家，因英美烟在全世界有分支厂，机器的购买量也很大。例如英国马林式切丝机，当时在远东只有 25 台，全数供应英美烟，……。直到解放后，我在清点公私合营厂的机器时，没有见到华商厂有这种新式机器的。”② 同时，英美烟公司

① 史春林、吴长春：《试论〈马关条约〉对中国近代航运业的影响》，《历史教学》，1995 年第 11 期；朱荫贵：《从中两国近代航运业发展状况的不同看国家政权在近代化过程中的作用》，《教学与研究》1994 年第 2 期。

② 上海社会科学院经济研究所编：《英美烟公司在华企业资料汇编》第 1 册，中华书局 1983 年版，第 231 页。

采取一切措施对其生产设备进行保密。1938 年 12 月 5 日，英美烟公司通北路厂的经理向下属各部门通告："过去各个部曾安排中国工作人员绘制所需订货的机器零件图纸这件事引起了本人的注意。以后中国工作人员不得绘制机器零件图纸，除非获得厂经理帮手的特别许可。中国雇员离开工厂时，如发现带有粗描或细绘的厂内机器图纸，应立即予以开除处分。关于制造的笔记和详图等都是公司的财产，没有特别许可，在任何情况下都不能从工厂带走。"至于机器设备的说明书，英美烟公司更作为保密品处理，两份说明书一份放到总公司工程部的铁柜里，一份放到车间的写字台里，绝不准向外流传。甚至对于报废的机器，英美烟公司也全部销毁作为废铁处理。英美烟公司的工厂谢绝参观，除了英国伦敦的董事视察外，外人不让进入。① 相比较而言，华商烟厂使用的大多是陈旧落后的卷烟设备，后在英美烟公司工作多年的史鹤鸣根据英美烟的机器设备自己制造出了中国第一台卷烟机，以后华商烟厂多使用这种卷烟机，但该机器依然远远落后于英美烟公司的新式机器。

除了制造设备外，英美烟公司的印刷设备也是当时世界上最先进的。英美烟公司的印刷厂是"世界上最大的最好的彩印厂之一"。②

第二节　英美烟公司销售的微观环境

一、消费者环境

中国历史悠久的吸烟传统、庞大的吸烟群体、崇洋的消费心理是英美烟公司在中国迅速打开销路，获取巨额销售利润的有利条件。

自明初烟草从吕宋（菲律宾）传到中国后，社会上逐渐养成了吸烟的风气。据历史记载，到明崇祯末年已经发展到"三尺之童，无不吸烟"的地步了。

---

① 上海社会科学院经济研究所编：《英美烟公司在华企业资料汇编》第 1 册，中华书局 1983 年版，第 232 页。

② ［美］高家龙：《大公司与关系网——中国境内的西方、日本和华商大企业》，程麟荪译，上海社会科学院出版社 2002 年版，第 202 页。

清代前期陆耀的《烟谱》记载了当时的吸烟盛况。“烟草处处有之。……人以代酒代茶，终身不厌”。“近世士大夫无不嗜烟，乃至夫人、孺子亦皆手执一管。酒食可阙也，而烟绝不可阙。宾主酬酢，先以此物为敬。”“烟有宜吃者八事：睡起宜吃，饭后宜吃，对客宜吃，作文宜吃，观书欲倦宜吃，待好友不至宜吃，胸有烦闷宜吃，案无酒肴宜吃。”①

清嘉庆年间文人金学诗在《无所用心斋琐语》一文中，更是绘声绘色地描绘了苏州妇女吸烟的景况：“苏州风俗妇女每耽安逸，晋绅之家尤甚。日高，春犹有酣寝未起者，簪花理发，举动而人，妆毕向午，始出闺房，吸烟草数筒……”

首刻于1826年的蔡家琬《烟谱》记载渔洋山人的《乡居笔记》，“今世公卿士大夫，下逮舆隶妇女，无不嗜烟草者。田家种之连畛，颇获厚利。”“烟最宜于饭后，谚云：饭后一筒烟，快活似神仙。”“谚云：一日吸烟钱，多似一日吃盐钱。此语询然。”②

清代沈李龙在《食物本草会纂》中说：“普天之下，好饮烟者无分贵贱，无分男妇，用以代敬代酒，刻不能少，终身不厌……”

清代尤侗的《艮斋倦稿》中有戏咏吃烟诗五首，其一云：童子烟筒奉主人，客来满座气氲氤。可怜步担贫穷汉，也向街头买一文。③

由上可见，早在清代，吸烟已成为上至公卿士大夫下至一般穷苦人的嗜好，妇女吸食烟草也比较普遍。

1890年，外国香烟开始进入上海，由于香烟吸食方便，不用装烟丝，干净卫生，价廉物美，逐步成为人们的生活必需品。1904年前后，不仅大小商行以纸烟作为待客的物品，就是年轻人也都争相购买，追求“时髦”。“纸卷香烟广及之，年轻争买口含之。沪商多学洋人款，知己相逢赠一枝”。④

1914年8月，英美烟公司为增加产品影响，促进销售，在河南向人们免费分发香烟，引起轰动。河南当地的官员富绅按照民间喜闻乐见的三句半俚曲编成赞烟三句半新词，横看是介绍香烟的好处，纵看每行的首字组成“要学吸烟”四字。

① 杨国安编著：《中国烟业史汇典》，光明日报出版社2002年版，第12－13页。
② 杨国安编著：《中国烟业史汇典》，光明日报出版社2002年版，第16－18页。
③ 杨国安编著：《中国烟业史汇典》，光明日报出版社2002年版，第24页。
④ 阿英：《帝国主义在旧中国香烟市场之争》，《人民日报》1960年12月19日。

要说烟伤人，尽是瞎胡论，干活吸支烟——提神！
学会吸烟支，朋场讲仁义，见人先让烟——和气！
吸烟大街上，一摇又三晃，伸手递根烟——排场！
烟友聚一桌，有谈笑哈哈，没事喷几口——快乐！①

可见这一时期香烟已成为人们提神、待客、讲排场的必备佳品。

1923 年上海广益书局初版的胡朴安的《中华全国风俗志》记载了北京的吸烟风俗："北京妇女……极幼之女童亦吸纸烟。北京人于纸烟一项颇讲究，上海之上流社会以三炮台为应酬名者，北京则视若平常。中上之家，多以金星牌等昂贵香烟享客，毫不吝惜，其奢侈可见一斑。"北京烟店多悬四面幌子，书"东台片，西易州，南湖广，北昌平"。最具特色的是卖自卷烟卷的，业者携小型手卷烟器，当街设摊，随卷随卖，零支、装包随意。②

中国北方婚宴之际新郎向来宾敬烟新娘点火成为一种风俗。《中华全国风俗志》记载："沈阳农家之歌谣'发湾金钗头贴钿，亲劳玉手为装烟，晚来簿子分明记，多少何人出拜钱'"。当时让新娘为宾客点烟已成为了一种习俗。可见香烟的普及影响了中国传统的婚俗习惯。

二、竞争者环境

众多的中外烟草企业是英美烟公司的竞争对手，构成了英美烟公司的竞争环境。

19 世纪 80 年代后，英美两国卷烟制造企业采取卷烟输入和在中国投资设卷烟厂两种方式来占领中国市场。1892—1902 年上海先后开业的外资卷烟厂有：美商茂生洋行、菲律宾福和烟公司、美国烟草公司、美国纸烟公司、土耳其泰培烟厂、日本村井烟厂、英美烟草公司。1906 年以后出现的外资烟厂有锦华烟公司、安利泰烟厂、杜柯烟厂、希腊健身烟公司，美花旗烟厂、美迪烟厂、大美烟公司、日本东亚烟厂、裴尔登烟厂、法国亨斯达烟公司、俄资光明烟厂、中比合资华北烟厂和意大利宝大烟厂等。1933 年上海外资烟草企业有英商英美烟公司、美商大美烟公司、花旗、美迪、希腊商锦烟公司、

① 傅立民、贺名仑主编：《中国商业文化大辞典·商品文化卷》，中国发展出版社 1994 年版，第 339 页。

② 傅立民、贺名仑主编：《中国商业文化大辞典·商品文化卷》，中国发展出版社 1994 年版，第 336 页。

杜柯、健身和意大利商宝大，法定资本总额合计4216.6万元，实有资产4亿元以上。1933年上海华商烟厂共50余家，法定资本总额1540多万元，实际资产7730万元。除上海以外，其他地方如天津、武汉、青岛、河南等地也成立了一些外资烟草企业。①

随着外国卷烟企业的侵入，中国民族卷烟企业也开始创办，天津、上海、烟台、北京、汉口等地创办了一批民族卷烟企业，其中最著名的是北洋烟草公司和南洋烟草公司。1919年以前主要民族卷烟企业有：人和雪茄烟厂、德伦烟厂、广州烟草厂、临记卷烟公司、仁增盛烟草厂、大通公司、里奇卷烟公司、禾盛烟公司、两宜纸烟厂、茂生纸烟厂、利兴烟厂、裕华卷烟公司、振胜烟厂、大达烟公司、汇利烟厂、千祥烟厂、五兴烟草公司、美星烟厂、大陆烟公司、中央烟厂、生生卷烟公司、兴业烟公司、振华卷烟公司、华昌烟公司、启明烟公司、四达烟公司、晋和烟厂、启昌雪茄烟厂等。1925年"五卅"运动使国货卷烟销量大增，刺激了民族卷烟工业的发展。到1927年，民族卷烟企业发展到180家。1928年以后，民族卷烟企业逐年减少，1932年下降到60家。②

中国卷烟工业是中外资本竞争最激烈的行业之一。英美烟公司主要的竞争对手——民族厂家前期主要是北洋烟草公司和三星烟草公司，后期主要是南洋兄弟烟草公司和华成烟公司，其他外国公司主要是大美烟公司、花旗烟公司和日本东亚烟厂。英美烟公司运用种种手段和策略，在中国逐步占据了垄断地位，一般年份占有卷烟销售总量的60%以上。其他卷烟公司特别是民族卷烟厂家在抵货运动的帮助下在一段时期内打击了英美烟公司的销售，但英美烟公司在抵货运动过后，迅速占领了丢失的销售阵地。

---

① 杨国安：《中国烟业史汇典》，光明日报出版社2002年版，第841－842页。

② 杨国安：《中国烟业史汇典》，光明日报出版社2002年版，第843－845页。

第三章　英美烟公司的市场调查

市场调查，又称市场调研、市场研究、营销调研。市场调查分为狭义和广义两种。“狭义的市场调研主要是针对消费者所作的调查，即以购买商品、消费商品的个人、团体或企事业单位为对象，以探讨商品的购买、消费等各种状况、评价及动机。广义的市场调研包括从认识市场、收集整理与分析相关数据资料、开发并试销产品，直到制定营销决策的全过程。”① 市场调查是一种有目的、有计划、有组织的过程，要运用科学方法，客观真实、及时有效地反映市场信息。开展市场调查是市场营销的前提和基础，是企业制定营销战略的主要依据。英美烟公司对市场调查十分重视，设立了相应的调查机构，雇佣专门人员进行调查，并制定了调查制度，规定了调查内容。

第一节　调查机构与人员

英美烟公司市场调查和信息搜集机构的设置和销售机构的设置是相一致的，也分总公司、部、区、段、分段五个等级。在上海英美烟公司总部和其他各部、区都有相应的敌牌部和法律部，负责调查本区的情况。敌牌部负责调查中国卷烟市场的动态，了解中国民族卷烟企业和其他外国在华卷烟企业的产品质量、品牌、价格、销售渠道、生产和销售数量等，以便采取相应措施对其进行打击，以夺取市场份额，取得更多的销售利润。法律部主要管理

---

① 姚小远，杭爱明主编：《市场调查：原理、方法与应用》，华东理工大学出版社 2015 年版，第 2 页。

诉讼和对中国政府和外国政府的行政交涉，其主要的职能之一是调查民族卷烟企业和手工卷烟厂家或作坊的冒牌并进行诉讼，以维护公司的权益。表3－1是英美烟公司各级销售机构中敌牌部和法律部及段办事处在市场调查和收集情报方面的具体职责。

表3－1　英美烟公司调查机构及其职能

机构名称	调查职能
上海总部敌牌部和法律部	负责收集整理全国各地汇总上来的情报，得出初步结论后汇报给公司董事，重要情况公司董事还要汇报给伦敦总部加以裁决
各部敌牌部和法律部	汇总各区搜集的情报
各区敌牌部和法律部	汇总所属各段段长和办事处主任搜集来的情报
段办事处	情报搜集的重要机构，起承上启下的作用，对上负责汇报情报，对下领导检查员、旅行推销员兼检查员进行情报调查

资料来源：上海社会科学院经济研究所编：《英美烟公司在华企业资料汇编》第2册，中华书局1983年版，第514－539页。

由上表可见，英美烟公司的市场调查和情报收集机构十分完善，实行的是中央集权制的管理制度，使英美烟公司高层在上海就能够迅速而详细地了解到全国各地的政治经济情况，农作物的收成及上市的情况，同行的状态、汇总行市和市场情况，卷烟和主要商品的市场价格、经销商和经销店的各种情况，军阀战争、捐税增减变化、地方军政长官调动、地方势力等情况，地方人口数、当地生产烟叶情况，本牌烟销路数量价格、购买者对烟的评价、敌牌烟销路牌名数量、某字号经理推销方法、吸者评价等情况。在对市场情况充分了解的前提下，“上海总公司根据全中国以往的需要量再斟酌当时的政治经济情况来判断，在认为最有利的方针之下，决定各种香烟及其数量和价格，指示各区各段”。[①] 由于英美烟公司对全中国政治和经济形势总能做出正确判断，当时国内盛传英美烟公司起着英国特务机构的作用，可见英美烟公司市场调查的科学周密与有效。

不仅英美烟公司市场调查和信息搜集机构的设置和销售机构的设置相一致，其进行市场调查的人员也主要是公司各级推销人员，他们能够接触基层

① 上海社会科学院经济研究所编：《英美烟公司在华企业资料汇编》第2册，中华书局1983年版，第518页。

市场，了解到最真实可信的情报。

英美烟公司刚开始进入中国时，就派遣了大批欧美籍职员到中国各地旅行，一方面是为了开拓市场，在中国各地建立销售据点；另一方面，搜集情报也是这些旅行推销员的重要职责。在《英美烟公司月报》里，有许多关于欧美籍人员到中国各地旅行的记载。“以往在英美烟公司工作过的许多外国人都有这样往各地旅行的丰富经验，他们这样搞了20—30年的漫长时间，所以从中国的政治经济情形以至风俗习惯，无不熟悉，并且努力同许多中国人交朋友”。除欧美籍旅行推销员外，上海总公司的董事也“经常巡视地方办事处，以鼓励地方职员，并改进或增加地方市场的知识”。[①] 可见其高级职员同样具有以身作则，不怕艰苦的精神，更可见其对市场调查的重视。

随着英美烟公司在华本土化的加深，负责实际调查工作的旅行推销员多由中国人来担任，这些旅行推销员相对于外国人更熟悉中国各地的政治经济状况和商业风俗习惯，通过每周报告表和每月报告表及时地将调查内容汇报给段，由段主任汇总后汇报给区，区汇总后汇报给上海总部。

第二节　调查工具

为方便各地推销员、段、区等汇报调查情况，英美烟公司特制了几种表格。其中主要包括每周报告表和每月报告表、163号单（即贸易统计表）、第15号单（即保单）、第16号单（即本公司与烟商订立之储货发货契约）、销售数量日报表112－A和93号销售月报表等，此外，旅行推销员还要提供调查报告。

一、每周报告表和每月报告表

段办事处是搜集市场情报的重要机关，除负责推销货物，监督大经理和小经理以及零售商外，搜集情报是其最重要的职能，段办事处每周和每月要定时向上级提交每周报告表和每月报告表，这些周报和月报采取备忘录的形式。[②] 每周报告表主要由各段旅行推销员兼检查员填写，由段办事处主任或段

---

① 上海社会科学院经济研究所编：《英美烟公司在华企业资料汇编》第2册，中华书局1983年版，第518－519页。

② 上海社会科学院经济研究所编：《英美烟公司在华企业资料汇编》第2册，中华书局1983年版，第518、524页。

长汇总。每周报告表的主要内容包括：

（1）当地农业生产收成的丰歉，自然灾害以及其他特殊情况。

（2）地方安宁，军阀战争，捐税增减变化，地方军政长官调动，地方势力等情况。

（3）地方人口数。

（4）当地生产烟叶情况。

（5）本牌烟销路，数量价格，购买者对烟的评价。

（6）敌牌烟销路，牌名、数量、某字号经理推销方法，吸者评价等情况。

每周报告表汇报给段之后，段根据汇报的情况，再参照当地人民的购买力和人口分布情况、吸烟者的消费心理来制定出推销办法。检查员每周必须提交这个报告，段办事处在接到这个报告后，立即翻译成英文，汇总后报告给区。[①]

以下是一份英美烟公司外籍旅行推销员兼检查员 W. T. 史密斯所作的详细的英美烟公司每周报告表：[②]

1918 年 11 月 23 日太原 W. T. 史密斯致枕头芦汉区经理报告：

每周报告　　　芦汉区

报告人：W. T. 史密斯　　　本周最后一天：1918 年 11 月 23 日

工作地点：山西省太原城

工作人员包括：欧洲人，翻译——中国推销员

调查城镇	人口	商店数	大经销商人数	逗留日数	发货地点	给旅行推销员的小钱兑换率	经销商取货来源	当地人富有否
平遥县	25000	500		1	榆次	1510	当地仓库	富有
太古县	20000	500	1	1	榆次	1490	榆次	富有
太原府	100000	12000	1	3	枕头	1480	当地仓库	很富有

兑换率　　小钱换铜元：10

小钱换银元：1510，1490，1480

铜元换银元：151，149，148

---

① 上海社会科学院经济研究所编：《英美烟公司在华企业资料汇编》第 2 册，中华书局 1983 年版，第 521－525 页。

② 上海社会科学院经济研究所编：《英美烟公司在华企业资料汇编》第 2 册，中华书局 1983 年版，第 544－546 页。

小角子换银元：12，10

运费　从……到……每5万支装箱……一元

厘金　枕头与太原之间1.5%每5万支装箱

厘金　枕头与榆次之间1.5%每5万支装箱

入境捐　进入每一城市之间2.55%每5万支装箱

雇用工人　星期一、星期二、星期三、星期四、星期五、星期六　合计工资

工作性质　一般工作　8.00元

天气情况　雨天日数……晴天日数……全周皆晴天

分发的广告资料／说明牌子和数量	星期一	星期二	星期三	星期四	星期五	星期六
样品数量：说明牌子和数量 销售数量：说明牌子和数量						

内地运输方式：火车，马车和骡车　作物：谷类

畅销各牌：品海第一，老刀第二，鸡牌第三……

显著增减（指出牌子）我们的　增　减

敌牌　增　减

波动原因	
畅销敌牌每周销售量（千支）	
市场或仓库滞销牌号详细情况	无
本周内出现何种新牌，其制造商、价格、推销奖励办法及成功程度	见太谷项下的评语

经销商是否满意，如不满意，为什么？

平遥地区的普遍情况，即因这些普遍的不满情况与汾州府十分相似。仓库保管员已于11月17日撤销并正在重新安排之中。

当地主管推销员已于11月30日解雇，因他的行为有损于本公司和仓库保管员之间的利益。

大经销商是否令人满意？如不满意，为什么？

上述情况已由哈丁根先生通知区办公室。你提出了哪些有助于改进业务的建议？

当平遥的新仓库整顿好时，它将需要一个外国推销员来本地区及汾州府地区进行一次视察，以便指派并重新组织小经销商，同时进行样品试销和推销工作。提供样品，特别要提供“鸡牌”香烟。因为贫苦阶级在本地区居民中占很大比重，他们只能吸用便宜的香烟。目前，他们用烟管吸用土烟。

评语：太谷县

每年冬天这月的 13 日在太谷开放定期市集并继续 30 天左右。上星期大批的人群向该城镇蜂拥而来，从迹象表明，任从哪一方面看它都将是极成功的一件事。

下列与我们有竞争的香烟于本周第一天由太原府的一个与我们相对抗的经销商源丰号装运给该地我们的一个小经销商裕兴行：

1 万支 10 支装“弗罗解”听：价格 130 元，每 1 万支装箱回扣 5 元，零售价每听大洋 0. 13 元。

万支 10 支装“爱达”，细节同上。

万支 10 支装“山神”，细节同上。

5 万支 10 支装“金城”，上海振胜烟草厂生产。价格 210 元，每 5 万支装箱回扣 9 元，零售每包 7 个铜元。

5 万支 100 支装“黄包车牌”，生产者同上述，价格 120 元。每 8 万支装箱回扣 5 元。零售每包 36 个铜元。

5 万支 5 支装“鹊桥”，生产者同上述，价格 70 元，每 5 万支装箱回扣 5 元，零售价每包 12 个小钱。

5 万支“美国”和“女孩”由花旗烟公司销售，价格 200 元，每箱回扣 9 元，零售每包 6 个铜元。

在市场上这些香烟分布情况颇好，特别是适应集市场地上的需要的，然而这些牌子的销售除了“美国”和“女孩”偶尔得到一些成功外，都是不成功的，就是这两种牌子的推销也是少得令人不必为之担忧的。

“黄包车牌”是以散装卖给消费者的，但只有少数人买 1 支或 2 支香烟，每支价格 4 个小钱……这使得 5 支香烟要价 20 小钱……比一包“鸡牌”多 4 个小钱。“鹊桥”香烟的包装和烟草质量是劣等的，这种牌子不会有什么销路。

“品海”和“双刀”在这个市场上已确立了它们的地位，它们能轻而易举地与“金城”“美国”和“女孩”相竞争。

大达烟草公司的三种牌子是作为土耳其香烟在市场上销售的，但是本地区对这种类型的烟叶并无需求，因而要获得成功的机会是极微小的。

当地推销员在太谷地区的工作中已注意到这个竞争，并看到所有的叫卖小贩都有这些香烟，因而我们的各种牌子也一应俱全。在某些情况下，对方在集市场地上安排一些专门的小贩，我们的推销员也就从附近的小经销商那里派出了小贩。

这份每周报告表是比较标准的，基本涵盖了英美烟公司需要调查的内容，甚至更加细致。报告表包括平遥、太谷、太原三地的人口数量、经济状况、当地农作物、大经销人数、发货地点、经销商取货来源、各种钱币之间的兑换率、货物的运输方式、运费、厘金、入境捐、天气情况、广告材料的分发情况、英美烟公司在当地的畅销品牌、经销商的满意度、对经销商的监督和调整、适合贫民吸食的香烟品牌、新牌香烟的推广和促销措施、敌牌的畅销品牌和经销商、敌牌的销售状况等，其调查已达到详尽无遗的程度，这是今天中国的许多大企业在进行市场调查时都难以做到的。

区收到报告后，马上汇报给上海英美烟公司总部，重要问题绝对保密。以天津部和区办事处为例，对报告中关于“对各段以上的范围广泛的全部市场操纵问题，……，对各区、段销售的品种、数量及其价格”，“则采取极端保密制度，用密码电报或其他方式进行，而密码本仅葛兰史才有，故公司内部情况其他任何人也无从知道”。“密码电报及其译文阅读后，立即毁灭”。[①]

二、163 号单和第 15、16 号单

除了周报表和月报表外，163 号单（即贸易统计表）和第 15 号单（即保单）、16 号单（即本公司与烟商订立之储货发货契约），是其市场调查的主要工具。这三种表格也都是由英美烟公司执行董事唐默思创制的。163 号单即贸易统计表，是公司及联业各公司的特别记账制度，“最宜于纸烟及烟草营业之用。此种制度，系将全体账目分成数部，且括有许多统计上之报告，试阅此种报告，则本公司各地方贸易之状况，可以一目了然。各工厂皆有规划精详之账簿，所制造之纸烟，每包成本若干，一望即知。货物运至内地各处，运费若干，亦有精确之记载。每区域推销各牌纸烟，每牌每月共耗去用费若干，

---

① 上海社会科学院经济研究所编：《英美烟公司在华企业资料汇编》第 2 册，中华书局 1983 年版，第 519－520 页。

则有每月之报告。各种货物存于本公司，在中国各省所设之栈房中者若干，在大经理手中者若干，每月均有记载。全国各大经理、小经理所欠本公司之款项，每月亦有记载。此外又有种种之簿记，将本公司之一切交易，详载无遗。其种类之多繁，不可胜数”。[①] 163 号单“如编排得法，切于实在状况，则一业中行市利益之升落情形，可以一览即得。夫营商首重精密计算，但如全部烟叶市情，即已搜罗无遗，尚嫌未足，必须从表上数字与事实图报酬之取得，方不虚焉”。通过这种全面的统计，可以对英美烟公司的营业状况有全面的了解，从而可以知晓自身存在的问题和需要改进的地方，还可以了解市场需求状况，发现“市上之确所缺乏者供给之，以利用焉”。[②]

三、销售数量日报表和销售月报表

英美烟公司还制定了销售数量日报表 112 - A 和 93 号销售月报表，要求各工厂和经销商定期汇报销售数量。上海英美烟公司还在每月的最后一天通过电报向伦敦英美烟总公司汇报每月各种牌号香烟的销售数量及其总数，其汇报应用密码 22 - QQU，严格保密。下面是英美烟公司的一份 93 号销售月报表：

第 93 号　销售月报表（1946 年 8 月）[③]

所有各区

由美国进口的各牌香烟，238；由英国进口的各牌香烟，1098；使馆，411；黄金，1132；哈德门，1027；翠鸟，1648；五华，952；老刀，2405；紫金山，2999；红狮，1060；红锡包，1499；鸡牌，1084；绿叶，1514；司太飞，423；仙女，501；其他，694；合计（5 万支装），18685 箱。沈阳火灾项目 317 箱估计损失建筑物 8000 磅，建筑物内东西 400 磅。

这份销售月报表报告了英美烟公司各种品牌香烟的销售数量和销售总量，还汇报了沈阳火灾造成的损失情况。销售月报表报告的内容属于商业机密，

---

① 上海社会科学院经济研究所编：《英美烟公司在华企业资料汇编》第 2 册，中华书局 1983 年版，第 543 - 544 页。

② 上海社会科学院经济研究所编：《英美烟公司在华企业资料汇编》第 2 册，中华书局 1983 年版，第 544 页。

③ 上海社会科学院经济研究所编：《英美烟公司在华企业资料汇编》第 2 册，中华书局 1983 年版，第 549 页。

英美烟公司采取密码发送的方式，确保了商业安全。

四、旅行调查报告

除了以上几种统计表格外，英美烟公司在各地的旅行推销员还向英美烟公司销售部提出调查报告，内容和每周报告表相似，但较为简略。以下对英美烟公司旅行推销员提供的几份调查报告进行述评。

英美烟公司 E. B. 格雷戈里和 W. C. 莫尔 1911 年在去内地推销香烟时详细记录了西安到兰州之间旅行时的情形，为英美烟公司销售部提供了调查报告。报告主要包括市场开拓、敌牌情况、推销卷烟情况和广告情况。E. B. 格雷戈里和 W. C. 莫尔在由西安到兰州所走的南路注意到英美烟公司还没有开拓市场，没有广告牌，也没有香烟。报告提到了日本烟草公司的“蜜蜂牌”香烟在这段路途中的销售情形，虽然销量不多，但日本人采取了在满洲惯用的手法，即“从地区的后方打进来，以影响我们已经建立起来的推销地区”，因此两个推销员担心“当我们想从已建立起来的地区扩展出去时，我们发现那些日本牌子已经出名了，这样，就势必要花时间和艰苦工作来树立起我们自己的牌子”，所以他们提醒公司要密切注意日本香烟的动向。在赠送称人牌、三炮台和双刀牌香烟进行推销和获取顾客评价的过程中，他们注意到不管是骡夫、小旅馆老板、农民，还是地方官员，都对这些香烟给予了高度称赞，因此他们相信他们的推销工作会取得一定的效果，也说明这一地区存在着广阔的销售市场。由于沿途各地广告极少，因此建议要广发传单。鉴于该地区普遍吸食土产烟草和小雪茄，因此要通过广泛散发香烟样品来进行促销，取代这些商品。虽然沿途各城镇人口不多，但他们的收入比较高，是“从事各种农业的有钱的人”，所以，对这些地区按照建议的方法进行广告促销和分发香烟样品是值得的。①

可见，旅行调查报告的内容和每周报告表的内容大体相似，一般由外籍人员提供，是英美烟公司早期市场调查的产物，以后逐渐为每周和每月报告表所取代。

---

① 上海社会科学院经济研究所编：《英美烟公司在华企业资料汇编》第 2 册，中华书局 1983 年版，第 428－429 页。

第三节　调查内容

由英美烟公司的调查表格和报告可以看出，英美烟公司的调查内容包罗万象，包括方方面面。其调查内容按大类主要分为对竞争厂家的调查和对其自身的调查两种。

一、对竞争厂家的调查

对敌牌（中外竞争厂家）的调查是英美烟公司调查的主要内容之一。调查主要涉及敌牌卷烟的销售情况，在报告中往往还包括建议公司打击敌牌所应采取的措施。

1924 年 10 月 3 日，香港英美烟公司在对上海英美烟公司的信函中提到，市场上的敌牌“富国牌”是英美烟公司香烟销售的最大障碍。因此，香港英美烟公司建议“集中力量推销带积累空壳换烟计划的 10 支装‘结义’牌”进行竞争。[①] 1925 年 11 月 13 日，石家庄英美烟公司向上海英美烟公司的董事汇报了 1925 年 10 月芦汉区（今山西、河北西部一带）的销售情况，统计了英美烟公司和永泰和公司、南洋兄弟烟草公司、大美烟公司、花旗烟公司、华北烟草公司的销售数量以及在总销量中所占的比重。通过统计，英美烟公司包括永泰和的销售数量稍微降低了一些，但依然占 88%，敌牌香烟除大美烟公司的红屋牌香烟外，其他都不需要特别注意，红屋牌香烟因为售价便宜，所以才能到处畅销。[②] 1926 年 3 月 3 日，湖南常德的英美烟公司向长沙英美烟公司湖南区经理汇报，由于“五卅”运动以来对英美烟公司香烟的抵制，民族卷烟厂家的中级香烟占据了常德的市场。南洋兄弟烟草公司 50 支罐装的“白金龙”香烟由于在每罐里装进 1 元钱进行促销，所以尽管消费者了解英美烟公司相同价格的香烟比“白金龙”烟味更好，但人们对“白金龙”仍“特

① 上海社会科学院经济研究所编：《英美烟公司在华企业资料汇编》第 2 册，中华书局 1983 年版，第 441－442 页。

② 上海社会科学院经济研究所编：《英美烟公司在华企业资料汇编》第 2 册，中华书局 1983 年版，第 442－443 页。

别狂热”，所以其在常德销售情况最好。美国花旗烟公司在常德的营业不多，尽管它为“红狮”牌香烟进行了三天的上街宣传，但效果不大。英美烟公司原甲级经销商常德楚南烟公司“不久将放弃为大美烟公司当经销商”，但“他们的买卖做得很差劲”。1926 年 3 月 8 日，宜昌英美烟公司向英美烟公司汉口部经理汇报：花旗公司、大美烟公司和捷运烟公司在 2 月份没有进行销售。新华烟厂仅能售掉一箱私运到四川省的“新华门”香烟。南洋兄弟烟草公司在 2 月份的销售量比起去年同期大幅度下降，2 月份总共售出 18.4 箱香烟，而去年同期他们售出了 130.5 箱。1 月份则售出 20.5 箱。除了“大富国”牌子外，南阳兄弟烟草公司的营业额月月下降。“大富国”在 2 月份售出 15 箱，全部是运到外地出售而没有在宜昌当地出售。对于“大富国”，宜昌英美烟公司将尽力打下去。南阳兄弟烟草公司的商标在市场上的展示十分拙劣。1926 年 3 月 20 日，重庆英美烟公司向上海英美烟公司董事会报告：敌牌的销售额比英美烟公司在重庆地区的销售额减少更多。南洋兄弟烟草公司只能在宜昌卖出 15 箱“大富国”，“这是他们在整个区的几乎全部的营业”。永泰和的“美鹰”和“双马”牌香烟几乎全部限于在重庆当地出售，在其他地方这些牌子并未取得成功。在四川市场上几乎没有其他竞争者的牌子。1926 年 4 月 30 日，河南英美烟公司向汉口英美烟公司河南区经理汇报：由于英美烟公司对于敌牌的密切注视，所以敌牌在河南是没有立足或发展的机会的。除了永泰和的“第一”牌外，“大美烟公司的‘名人’和‘红屋’、南洋兄弟烟草公司的‘爱国’、‘大富国’等中国华商烟草公司的一些牌子只有在我们缺货时才能脱手，当我们的牌子在市场上出现时，他们就全部消失了”。1926 年 4 月 30 日，湖北沙市英美烟公司向汉口英美烟公司湖北部经理汇报：南洋兄弟烟草公司来自汉口的代表与沙市的经销商在经过长期的讨论后达成协议，取得如下安排：经销商们手头 10000 元的货由南洋的代表运回汉口，其他 3000 元的货则移交给南洋的代表们。目前南洋在沙市没有甲级经销商，但其试图通过发放大笔信贷，大约是 200000 元的贷款给经销商以赢得经销商的好感，然后进行一场大的推销运动。因此英美烟公司必须密切关注南洋的“每一点动向，……。一旦我们走错一步路，我们就不可能再挽回”。同时，还要“利用一切时间和城里的商人进行联络，为的是使他们准备好随时充当我们抵制外来侵犯者的武器”。1926 年 7 月 6 日，宜昌英美烟公司向汉口英美烟公司经理汇报：虽然南洋兄弟烟草公司尽了很大的努力采取向去年五卅运动一样的手段，即标榜自己是“中国的国货”或“中国民族卷烟公司”，并通过张贴标语或散发传单来抵制英美烟公司，这些标语或传单通过其收买的学生进行张贴。但这些不过是浪费其精力和钞票。去年6月份，南洋卖出了49箱货，今年同期却仅卖出6箱，这主要是因为其货物质量差，“没有人想浪费钞票来购买他们出售的无用的货物”。新华烟草公司在6月份仅卖出了0.56箱“扬子江”和0.50箱“火车”牌香烟，其中大部分由卷烟商店和小贩接受去托销。东方烟厂则只出售了0.50箱的“五星”牌香烟，是由代表该公司的在宜昌新开办的商行帮助出售的。①

除了搜集竞争厂家在各地的销售情况外，伦敦英美烟公司还要求搜集竞争厂家的商业机密，如业务数字，销售统计表、成本、股息等。

1928年11月2日，伦敦英美烟公司致上海英美烟公司函，函中认为英美烟公司“要获得在全世界除我们的机构外的卷烟和烟草制造商的业务统计数字，如可能的话我们要想得到到现在为止的至少10年内的关于销售数量、使用成本、每年净收入、支付的股息和未分的利润等的详细情况。如果能够弄到一些资产负债表的副本，我们也要”。同时，伦敦英美烟公司还需要中国较重要的商行的较大制造商的详情，如果还有其他的详情，也要及时汇报给伦敦英美烟公司。1928年12月18日，上海英美烟公司福司脱向伦敦英美烟公司汇报：现在在中国有100多个中国卷烟公司，由于中国公司不像英国公司那样发布和公布数字或资产负债表，因此不能得到伦敦英美烟公司所要求得到的情报。但上海英美烟公司还是获得了下列情报：南洋兄弟烟草公司1927年的报告和账目，1926年的没有弄到，但估计南洋在1926年获得了300万元的纯利，股息为3.5%。还获得了华成烟草公司1927年利润的情报。虽然关于“我们竞争者的销售数字可以从你们的中国部那儿得来，因为这些数字每个月都送交给他们的，但因为我们手边有这些数字，我们现附寄上一份关于近10年来这些公司的销售数字报告”。1929年5月30日，上海英美烟公司福司脱再次提供给伦敦英美烟公司1928年华成烟草公司和中南烟草公司的资产负债表和关于南洋兄弟烟草公司的一些情报。1930年7月22日，上海英美烟公司福司脱向伦敦英美烟公司寄去其竞争对手1929年的报表，包括中和烟草

① 上海社会科学院经济研究所编：《英美烟公司在华企业资料汇编》第2册，中华书局1983年版，第674-677页。

公司、中国山东烟草公司、中国中南烟草公司、江浙烟草公司、中国三兴烟厂。①

知己知彼方能百战百胜，英美烟公司深谙这个道理，由以上事例可以看出，其对竞争厂家的调查甚为详尽，包括销售数量、使用成本、每年净收入、支付的股息和未分的利润、资产负债表等各个方面。通过这些调查，英美烟公司才能有针对性地展开产品的宣传和促销，占领市场，打败竞争厂家。

二、对公司自身的调查

英美烟公司对其自身销售状况的调查范围广，涉及全国各地，内容非常详细，包括销售渠道、经销商、畅销或滞销原因、广告宣传、市场占有率等各个方面。

1925 年 12 月 20 日，库仑英美烟公司向张家口英美烟公司边疆区经理报告了英美烟公司产品在库仑的销售情况，包括销售数量、消费者习惯、经销商进货渠道等，并提出了增设仓库的建议。库仑“所有商店和小贩手头都已搞到大量老巴夺（英美烟公司和俄侨合办的烟草企业）的带烟嘴香烟，并把它们大量陈列出来”。库仑的俄国人一般吸带烟嘴的香烟，一般人主要选较便宜的“翠鸟牌”香烟，库仑和买卖城两地的小贩，平均每日销量是“半纸板盒的翠鸟和一包老巴夺带烟嘴的香烟”。在库仑销售最好的牌子是大号“强盗牌”香烟，在买卖城销售最好的却是“红锡包”。买卖城的香烟都由做小本生意的小贩销售。由于买卖城只有“红锡包”能够进货，“强盗牌”却要到库仑去进货，这样一来小贩由于运费等原因要多花一元钱，这样就影响了“强盗牌”的销路，因此库仑的英美烟公司建议在买卖城设立一个小经销商以方便小贩进货。② 1933 年 1 月 5 日，北京英美烟公司经理 F. C. 赵尔丹经过调查，得出了香烟销售迟滞的原因，他认为并不是竞争者夺取了市场，因为英美烟公司还是“拥有惯常那么大的百分比”，其主要原因是因为中国同样经受世界经济危机的不利影响。③

① 上海社会科学院经济研究所编：《英美烟公司在华企业资料汇编》第 2 册，中华书局 1983 年版，第 677－679 页

② 上海社会科学院经济研究所编：《英美烟公司在华企业资料汇编》第 2 册，中华书局 1983 年版，第 443－444 页。

③ 上海社会科学院经济研究所编：《英美烟公司在华企业资料汇编》第 2 册，中华书局 1983 年版，第 456－457 页。

1933 年 5 月，天津办事处的 M. C. 李柏面在山东德州段所辖范围巡视后，向天津英美烟公司经理汇报，他先后到过德州、桑园、临清州、南馆陶、冠县、武城、郑家口、平原和禹城等地。经过调查，他对英美烟公司香烟的销售和市场占有率表示满意。虽然由于世界经济的不景气，造成这一地区农业、商业、金融都处于衰退状态，但是英美烟公司的生意却没出现任何衰退迹象。“唯一能看得出的变化是价格较高的香烟，如‘婴孩牌’已不及那些价格较廉的牌号更为消费者欢迎，例如‘翠鸟牌’‘鸡牌’‘双刀牌’等”。竞争在临清州、南馆陶和冠县等地实际上是不存在的，香烟销售额英美烟公司占 87%，永泰和占 12%，加起来占这一地区销售总额的 99%。①

对于英美烟公司的广告和促销状况，英美烟公司也进行了详细的调查，并提出合理的建议。1933 年 7 月 8 日，上海英美烟公司上海部 H. S. 梁在经过对旅馆俱乐部、赌场等销售场所的调查后，提出了广告和推销策略的建议。对于旅馆，他认为，公司做广告不仅要考虑设有跳舞厅的旅馆，对于不设跳舞厅的旅馆也可以利用烟灰缸、火柴夹以及桌号指示等为公司做广告。因此他建议公司应该能够大量供应这些东西给他们。俱乐部方面，由于英美烟公司给予了 5% 的折扣，英美烟公司的香烟已占到俱乐部销售总额的 80%。为了进一步加强公司香烟在俱乐部中的地位，他建议公司可以考虑向给予旅馆相同的广告物件给俱乐部，还可以把香烟盒送给俱乐部的重要成员，这种措施花费不多，而具有很好的广告效果。由于各香烟厂家的互相竞争以及世界经济萧条的影响，英美烟公司在市场上的营业“感到非常困难而且极不稳定”，但公司在俱乐部和轮船上的小卖部的营业中占有绝对的优势地位。由于竞争对手为夺取香烟业务不惜高价，因此公司应采取灵活的策略。公司的“五华牌”香烟失败后，英美烟公司在市场上的这一等级的香烟只有“大前门”一种，这是远远不够的，因此公司应该再拿出一两种牌号的香烟来充实这一等级，这样才能赢得这一等级香烟的市场。②

统计公司销售数量并汇报给上海英美烟公司，是各地经理每月必须履行的职责。1928 年 6 月 19 日，上海东方区代经理 F. S. 史密斯向英美烟公司董

① 上海社会科学院经济研究所编：《英美烟公司在华企业资料汇编》第 2 册，中华书局 1983 年版，第 457 页。

② 上海社会科学院经济研究所编：《英美烟公司在华企业资料汇编》第 2 册，中华书局 1983 年版，第 458－459 页。

事汇报了1928年4月份各种牌号香烟销售量所占比重，由于北伐战争带来的不利影响，在各种牌号香烟总销售量为17440箱的情况下，英美烟公司的销售只占其中的7.27%，永泰和由于以华商面目出现，销售量则占到总销售量的43.09%，敌牌的销售量也占到49.64%，英美烟公司和敌牌都约占市场销售量的比重一半。①

1828年1月汉口英美烟公司的调查报告称，湖北省每月销售香烟约9000箱，其中6300箱系英美烟公司出品，700箱为花旗烟公司出品，2000箱为华商出品。最行销的是英美烟公司的哈德门，武昌、汉口两地月销约2000箱，其中4000箱分销全省其他各地。它的最大竞争者是上海和兴烟公司出产的时髦牌，在汉口及邻近各地月销约1000箱。英美烟公司在湖北的业务非常发达，独占汉口市总销售额的四分之三，占湖北省其他地区的八至九成。湖北省最行销的香烟是英美烟公司汉口厂生产的哈德门牌，已如上述。其销售额占英美烟公司销售总额的95%至99%，占全省各种香烟总销售额的75%至80%。最近三个月平均每月销售6163箱，具体说，10月份销5193箱，11月份6117箱，12月份7179箱。其他牌号销售有限。②

1933年11月9日，天津英美烟公司司马康向天津英美烟公司北方区经理一一汇报了英美烟公司和竞争者主要香烟牌子的销售情况，用附表的形式直观地表现出来。同时比较了英美烟公司、永泰和和其他烟草公司1933年10月和1932年10月占市场销售总额的比例（如表3-2所示）。

表3-2　英美烟公司与非英美烟公司市场份额比较

	英美烟公司		永泰和		其他	
	1933年10月	1932年10月	1933年10月	1932年10月	1933年10月	1932年10月
百分比比较	54.00%	46.80%	19.68%	11.70%	26.32%	41.50%
	增加7.20%		增加7.98%		减少15.18%	

资料来源：上海社会科学院经济研究所编：《英美烟公司在华企业资料汇编》第2册，中华书局1983年版，第459页。

① 上海社会科学院经济研究所编：《英美烟公司在华企业资料汇编》第2册，中华书局1983年版，第459页。

② 上海社会科学院经济研究所编：《英美烟公司在华企业资料汇编》第2册，中华书局1983年版，第460-461页。

由上表可以看出英美烟公司和永泰和的香烟销售额在同期都增长7%以上，显出了强劲的增长势头，其他烟草企业销售额迅速下降，只有去年同期销售额的63.4%。

英美烟公司通过市场调查，能够做到知己知彼，这是其制定销售战略、定价、设立分销渠道、进行产品促销、打击竞争对手夺取市场、实现全球化和本土化的结合等的前提条件。英美烟公司之所以在中国取得如此重大的成就，除了资金、技术、人才以及条约和法律的保护外，市场调查系统的建立、完善及有效运转是一个极其重要的原因。

第四章　英美烟公司的销售组合

产品、价格、渠道和促销是销售组合的四个组成部分。鉴于英美烟公司销售渠道的重要性和特殊性，本书专辟一章进行剖析，本章主要分析销售组合的产品、价格和促销三个部分。

第一节　产品质量与品牌

产品是能够提供给市场以满足需要和欲望的任何东西。产品是将生产者和消费者联系起来的媒介。生产者通过出售产品获得货币，消费者通过购买产品获得产品的用途。

一、产品质量

产品质量是保证企业销售产品获取利润的最根本保证，是企业长久发展的根本所在。影响产品质量的主要因素有产品的原料来源和质量，技术设备先进程度，严格的生产管理等几个方面。

（一）原料来源和质量

英美烟公司的卷烟原料一开始均从美国弗吉尼亚进口，后为减少运费和购买费用，派人在中国各地调查适合栽种美烟的地方。经过十几年的调查，英美烟公司确定山东潍县、河南许昌、安徽凤阳为适合种植美种烟草的地点。英美烟公司在这三个地方通过提供贷款，免费提供美种烟草种子，免费提供肥料，免费建立烤烟坊等方式使大批农民放弃传统作物种植而开始了美烟的生产。以山东潍县为例，1914 年英美烟公司就派美籍烟叶技师教给潍县坊子一带农民美烟种植技术和烘烤方法。英美烟公司为烟农无偿提供了各种便利设施，同时种植美烟收入高于种植其他农作物，因此，美烟种植面积迅速扩大。1916 年美烟种植遍及潍县、安丘、临朐、昌乐、益都、临淄各县。[①] 这项活动使英美烟公司减少了成本却可以获得和美国烟叶几乎同样优良的烟叶，除了香味上稍微差一些。由于英美烟公司烟叶收购的检验员都是美国产烟州来的，所以都是烟草鉴定的专家，能够保证烟叶收购的质量。而华商烟草公司一般缺少这方面的专家，许多都是从外面雇佣，这就不能保证它们所收烟叶的质量。[②]

（二）技术设备先进

英美烟公司从进入中国的第一天起，就垄断了美国“帮萨克”卷烟机以及后来的“标准”卷烟机在中国的使用权。“帮萨克”卷烟机的独家使用权一开始为花旗烟公司所有。1902 年英美烟公司在收购花旗烟公司在浦东的工厂时，在收购合约上就规定一并收买了该厂独家使用“帮萨克”卷烟机的专利权。此后，英美烟公司对帮萨克卷烟机，包括它的零配件的图纸都实行严密的保护措施。

除了制造设备外，卷烟用纸和印刷设备也是影响产品质量的重要因素。卷烟的用纸主要是钢精纸、卷纸和印刷用纸。英美烟公司的钢精纸统一由其系统下的中国装包品有限公司购买，卷纸由颐中烟草公司购买，印刷用纸由首善印刷公司购买。包装纸的采购地主要是北美、加拿大等地，保证了用纸的质量。英美烟公司的印刷厂是“世界上最大的最好的彩印厂之一”。[③] 其印刷厂的技术水平也相当高，甚至“英国总公司的彩印品一度亦交本厂印刷”。而南洋的印刷品因为没有自己的印刷厂，只能委托代印，在印刷品的质量和成本上无法与英美烟公司竞争。[④]

（三）严格的生产管理

英美烟公司在中国的生产管理严格按照现代机械化大生产的模式运作。以英美烟公司青岛分公司为例，公司设经理 1 人，副经理 1～3 人，辖卷烟

---

① 杨国安：《中国烟业史汇典》，光明日报出版社 2002 年版，第 947－949 页。

② ［美］高家龙：《中国的大企业——烟草工业中的中外竞争（1890—1930）》，樊书华、程麟荪译，商务印书馆 2001 年版，第 119 页。

③ ［美］高家龙：《中国的大企业——烟草工业中的中外竞争（1890—1930）》，樊书华、程麟荪译，商务印书馆 2001 年版，第 202 页。

④ 上海社会科学院经济研究所编：《英美烟公司在华企业资料汇编》第 1 册，中华书局 1983 年版，第 235 页。

厂、营业部、会计部、仓库部、人事部、医务部、印刷部、烟叶部等部门，组织机构十分完善。①

英美烟公司的生产管理确有独特之处，公司各级负责人职责分明，制度严格，对原材物料的保管使用，如卷纸、锡纸、包装纸、纸盒纸以及煤、水、电等，均不容浪费损失。公司经理每天8点上班，到厂后首先下车间，按一定路线检查生产情况，听取汇报。对生产中发现的问题，立即给予指导，不拖拉、不马虎。如发现质量出现问题，当即把车间负责人招来责问，并要求马上采取解决措施，报告处理结果。对来自各方的报告，重视而不轻信，要亲自调查证实，才做处理。每天的车间生产报告，经理亲自审阅，然后交给会计部统计分析。车间每台机器需用的零部件、辅助材料，都有记录，分机入账。每月总结布带、刀片、卷纸的耗用量和产品的比例，向上海总公司汇报。上海总公司根据各分公司的汇报，做出比较表，分发到各分公司。如果发现其中某项生产指标本厂低于别厂，或消耗指标高于别厂，经理就在表上用红笔标出，交车间改进；车间负责人须马上采取措施，取得成效，向经理报告。如果没有改进，车间负责人就要受到经理的斥责，或被调换。

（四）产品质量表现

正是由于英美烟公司原料质量高、技术设备先进和生产管理严格，才保证了公司产品有很高的质量，成为衡量优质香烟的代名词。英美烟公司的产品品质优良，从未出现质量问题，所到之处广受欢迎。这一点英美烟公司有充分的自信，更得到了竞争厂家特别是南洋兄弟烟草公司的认同。

由于历史悠久，资金丰厚，英美烟公司生产的卷烟质量比较讲究，受到消费者的欢迎。当时在处理烟叶的时候，还没有使用人工发酵法，完全靠自然发酵，即把当年收割的烟叶，买来进仓后储存一两年，在寒暑气候影响下进行醇化。醇化后的烟叶，色泽变黄，香味芬芳，青叶味减少，从而提高烟丝质量。但要这样做需要相当多的资金，这对资金较少的华商烟厂来说，是难以办到的。

英美烟公司的包装也十分讲究，每10支卷烟用铝箔纸裹装，外套图案精美的纸盒，50盒装成一小纸盒箱，100纸盒装入一木箱，木箱内衬有薄锌皮，经过抽气密封，犹如听装卷烟，既有利于储存和醇化，促进烟支的色香味，更使经营单位的职工，多了一笔包装箱的额外收入。

---

① 见颐中集团网：www. etsong. com//.

在抵货运动中，英美烟公司的香烟还是广受欢迎，这主要是源于其明显高于民族厂家产品的质量。“我们面对把我们作为掠夺中国的帝国主义分子的攻击，遭遇到了抵货运动、狂暴的煽动和凶恶的胁迫。尽管有这一切情况，人们还是需要我们的卷烟。考虑到全国各地存在的繁重的税收、匪徒和士兵的掠夺和运输方面的困难，我们还是出售了大量的商品。经理部门认为这一切大多是由于我们产品质量好的缘故。我们在一个段里曾运去一批假装是竞争者生产的货品，同行立刻就坚持说这是我们的产品，因为没有其他人能制造出这么好的货物。这一点固然使我们、你们和你们的全体工作人员都感到满意，而它又给了我们大家一个责任，即要留心使质量领先距离只能增加而绝不能缩小”。①

南洋兄弟烟草公司对其香烟质量不及英美烟公司的香烟从上到下都有清醒的认识。南洋的掌门人简照南认为，产品质量是消费者选择的主要原因，仅靠爱国热情是不能长久保持产品销量的。“今观社会上颇多热心爱国之人，但从前来之‘飞船’烟多未得法，松者固不得人欢，且味甚淡。北方一带，以‘派律’之烟为最合口味。此后我烟可做如‘派律’之味，满饱不松，便可与‘派律’角胜。制造一层，祈万分注意。货色不良，虽用人事去打，亦不能为力。”②“试问烟草事业非止南洋一家，中国在前有10余家，今日亦有数家，无不以国货为号召，何以彼货不行，未必国人偏爱于南洋，亦因货色好为根本耳。货美价廉，应有可行之道，上海‘双喜’贵‘派律’2文便不行，今跌回3文，始有销路，无非以物质竞争。至于国货号召，乃广告之题目，若货不佳，任尔如何号召呼求，国人亦不闻耳”。③

简照南还分析了英美烟公司较南洋产品质量高的原因，一是原料，二是包装，三是机器设备。“大抵同业竞争，总不离资、才两事。今姑舍人才两字毋庸置议外，仅与资本有关之原料而论，亦万不及人。

譬如用叶一道，彼所用者系自己栽种之叶，不独色味划一，而成本亦极为廉宜。此则对于采用土叶，不虞有所参差不一之弊、又其需要之美叶，则直接采办，要A便A，要B便B，无时有时无之病。兼之整数买入，其价较

① 上海社会科学院经济研究所编：《英美烟公司在华企业资料汇编》第1册，中华书局1983年版，第233页。

② 上海社会科学院经济研究所编：《南洋兄弟烟草公司史料》，人民出版社1958年版，第62页。

③ 上海社会科学院经济研究所编：《南洋兄弟烟草公司史料》，人民出版社1958年版，第117－118页。

廉，运费亦较间接转寄者为轻。

又彼所用之卷纸，系由原处整张成数办来，到海关之后，乃自用机切开，大小阔狭，可以伸缩自如。利便固不待言，其所省之关税及运费，尤为不少。

再其各种唛纸亦系自办大帮纸张，前来就地自印。此举不特可以减轻入口之唛纸税，且随用无积压之病。万一欲出新唛，则不过2星期之短促时间，便有新货登场，其利便又为何如耶！

况彼所用之卷烟机及其附属机械，俱最新式最犀利之器，故能用种种方法减轻其原料之成本及其消耗之损失。大约成本比较，每箱相差之数总在数盾之多。故同价之货彼能做，我则确不能做；无他，不过成本所限耳。故每每我货受其一击便倒，实逼处此，又将奈何！”（1933年7月13日雅加达吧局致港公司函）①

南洋各地的经销商由于直接接触消费者，故对于公司产品与英美烟公司产品质量的差距有更清醒的认识和切实的体会。以下是南洋各地经销商向南洋公司总部反馈的关于其产品与英美烟公司产品竞争时因产品质量差而无法取得竞争胜利的信息：

“但上烟所行者为‘自由钟’，而吸者多言其黑，不及‘三炮台’；幸得月份牌精美，致得推行。然货不好，总难操胜”。②

“据来信云，‘飞船’成本139元，较前差20余元，未免离谱。此烟肥过‘派律’，不甚为功，可照‘派律’一样之大便可为。‘刀牌’无松，故各皆喜之。查其重量，不过每支3分左右。我公司于制造法门，无一不疏漏，暗耗无知。此用原材料及制造最要研究，每箱烟相差10、20元，容易事耳。以我烟较‘刀牌’为大枝，装演亦不输他，而沽价平1先，本可大行特行。不过因烟味差的不及他之浓甜，是以各人犹须要吸‘刀牌’，乃能顶瘾。”

“三、四喜（‘三喜’、‘四喜’）本旬始到，业已开售。表面虽美，而烟味、颜色，均远逊于英美公司所制者。……各据所闻，均嫌浓辣不纯。至‘四喜’烟尤为浓不能吸，似此不上不下之烟，非减低价数不能行销，抑或速图改良，制造纯和气味者，方与贵公司名誉无碍。”（1915年6月新加坡怡生昌致南洋函）

---

① 上海社会科学院经济研究所编：《南洋兄弟烟草公司史料》，人民出版社1958年版，第414－415页。

② 上海社会科学院经济研究所编：《南洋兄弟烟草公司史料》，人民出版社1958年版，第47页。

"该'自由钟'烟，各'花界'已买过不少，但据谓人家嫌不好吃，欲爱用国货亦无可如何。今我公司如有靓烟出场，吸味及之，则无患对家（英美）之打击也。现汉口及内地亦无落价，如我货色及之，他顶得一，不顶得二。"

"犹有奇者，'花界'（指妓院）中固少吸我烟；即强其购吸，亦以'三炮台'罐盛之。外人无论矣，即大兄（简照南）与秋湄（王世仁，南洋的大代理商）请客亦如是！"①

1929 年 11 月南洋兄弟烟草公司在缅甸分局的林子坚向香港公司陈廉伯说，由于南洋的烟容易受潮，所以不能和其他烟草制造商的卷烟相竞争。"空山"（指英美烟公司）的烟，"开封后，旬日犹硬朗如故"。而南洋的烟隔宿就回受潮，点不上火。"谓予不信，请阁下就近费 5 仙购'空山'烟一包与我烟相较，一齐拆封，经数日，看敝言如何？此弊一日不去，势道一日不能畅旺，是不可以不注意也。"林子坚在去各山巴（华侨矿工或伐木工人的聚居地点）调查，劝华侨改吸南洋的国货香烟，华侨都说："吾人非不用国货也，奈尔公司烟枝身淋漓、吸食费力，如此制造不良，不宜责人不帮忙。"②

二、产品品牌

英美烟公司香烟品牌多样，档次包括高、中、中下、低四档，覆盖消费者需求的各个层次，方便了各个阶层消费者的购买。

英美烟公司在华的香烟品牌不完全统计有 200 多种，经常销售的有几十种。其主要的香烟品种有：孔雀牌、人顶球牌、强盗牌、寿星牌、品海牌（即丁字牌）、锯子牌、锡包、人车牌、红帽牌、希罗牌、新五支鸡牌、美人牌、红海（每盒 10 支）、蓝海、月光牌铁盒烟、金扇牌、带翅膀飞人牌、金皮球牌、金鹰牌、树牌、跑马牌、鸡牌（5 支）、金花牌、双刀牌、大中国、哈德门、前门、使馆、黄炮台、三炮台、大炮台、司令牌、绞盘、茄力克、双鹰、翠鸟、凤凰、司太非、华芳牌、古树牌、大英牌、三五、紫金山等牌号。③

其中茄力克、三五、大炮台、三炮台、白锡包、使馆等牌号为高级香烟，还有专门为妇女卷制的三九牌；大前门、红锡包等为中档香烟；老刀、品海、

---

① 上海社会科学院经济研究所编：《南洋兄弟烟草公司史料》，人民出版社 1958 年版，第 62－63 页。

② 上海社会科学院经济研究所编：《南洋兄弟烟草公司史料》，人民出版社 1958 年版，第 415 页。

③ 根据上海社会科学院经济研究所编《英美烟公司在华企业资料汇编》第 2 册整理。

五华等为中下档香烟；鸡牌、品海牌、大英牌、红印、翠鸟、仙女、哈德门、红狮、红屋、黄金印等为低档香烟。

由于英美烟公司香烟品牌多、档次全，覆盖了卷烟市场的各个阶层，使英美烟公司在各个细分市场都取得了很大的利润。

第二节　产品价格和价格战

在产品、价格、分销和促销四个销售组合中，只有价格是产生收入的因素，其他都表现为成本。在较贫穷的国家和地区，较贫穷的阶层，价格是使购买者产生购买行为的主要原因，是工厂或企业占领市场份额大小和盈利水平高低的最重要决定因素之一。下面分别就英美烟公司的价格决策、价格决定要素进行分析。

一、价格决策

英美烟公司的上海总公司拥有多年研究商品定价和分配的专家，所以能够达到牌子、数量、价格以及各地特色四者的巧妙配合，“英美烟公司能随心所欲地操纵，因而能照预定计划获得最大限度的利益”。英美烟公司对卷烟价格的制定都是通过其在上海的董事会、委员会制定的。通过市场调研，英美烟公司迅速而详细地了解到全国各地的政治经济情况，农作物的收成及上市的情况，同行的情况、汇总行市和市场情况，卷烟和主要商品的市场价格、经销商和经销店的各种情况，军阀战争、捐税增减变化、地方军政长官调动、地方势力等情况，地方人口数、当地生产烟叶情况，本牌烟销路数量价格、购买者对烟的评价、敌牌烟销路牌名数量、某字号经理推销方法、吸者评价等情况。在对市场情况充分了解的前提下，“上海总公司根据全中国以往的需要量再斟酌当时的政治经济情况来判断，在认为最有利的方针之下，决定各种香烟及其数量和价格，指示各区各段”。①

英美烟公司实行区域价格制，每一个区的业务区域内的价格，都是统一

① 上海社会科学院经济研究所编：《英美烟公司在华企业资料汇编》第 2 册，中华书局 1983 年版，第 518 页。

的，各级经理必须按规定的价格出售，否则会被取消经理资格。但英美烟公司为了在特定区域打击华商和其他外国卷烟厂家的竞争，夺取市场份额，往往在这一区域对某一种或几种香烟牌号进行降价，但这一特定区域之外，价格保持不变，这就是“区域价格”制度。以下是英美烟公司对各区价格的调整，这些调整由英美烟公司的行政委员会做出。

1929 年 6 月 12 日行政委员会会议纪要记载：“兹决定在上海区和东方区将 10 支装和 20 支装的大号‘黄金’5 万支装每箱价格提高到墨洋 79 元，10 支和 20 支的大号‘红印’5 万支装每箱价格提高至墨洋 69 元，从 7 月 20 日生效。兹决定仅在山东区，10 支装大号‘紫金山’5 万支装每箱从墨洋 91 元降至墨洋 75 元，并在经销商中采取回扣办法从而出清库存。”1929 年 7 月 17 日行政委员会会议纪要记载：“‘仙岛’牌在山东济宁不能应付‘紫猫’牌的竞争。因此，我们将在那里以墨洋 85 元的价格销售 20 支装的‘双刀’牌。1929 年 7 月 22 日行政委员会会议纪要：“我们过去的政策是在山东保持大号‘红印’10 支装的价格低于‘大富国’2 元，现不再继续。现在我们在山东销售‘红印’的最低价格是每 5 万支装墨洋 87 元。”1930 年 3 月 28 日行政委员会会议纪要：“兹决定上海部的赊销期压缩至 15 天，永泰和和英美烟公司各机构全部实行。”1930 年 4 月 14 日行政委员会会议纪要：“为了出清在南满的 10 支和 20 支大号‘仙女’牌库存，第 7 级（5 万支装）价格已从墨洋 150 元降至墨洋 128 元，立即生效。”①

二、价格决定因素

价格主要由成本、市场需求、竞争者价格三个方面来决定。成本是价格的底线，市场需求因素主要是对消费者的价值，是价格的上限，这构成了公司定价的初始决策。而竞争者的价格和其他状况、公司目标、政府管制会对产品的最终定价决策产生重要影响。卷烟的大批量生产使卷烟成为最廉价的消费烟草的方式。下面分别就英美烟公司的价格决定因素展开分析。

（一）成本

英美烟公司由于具有设备先进，批量采购原料和其他生产资料等有利条件，在生产成本上较一般的华商企业为节约。公司的成本包括生产成本、分

---

① 上海社会科学院经济研究所编：《英美烟公司在华企业资料汇编》第 2 册，中华书局 1983 年版，第 679－680 页。

销成本和销售成本。企业的成本分为固定成本和变动成本，固定成本不随生产或销售收入的变化而变化，变动成本随生产水平的变化而直接发生变化。总成本是指一定水平的生产所需的固定成本和变动成本的总和。

1. 制造成本

制造成本是指企业的产品生产成本，包括生产该产品过程中所产生的所有费用，主要包含直接材料、直接工资和制造费用三项。

以下是英美烟公司在各个时期的制造成本（如表4－1至表4－3所示）。

表4－1 大英烟公司制造成本分析（1909—1911）

项目		1909年		1910年		1911年	
		金额	%	金额	%	金额	%
原料	烟叶	406	33.2	851	36.9	1657	41.2
	香精	38	3.1	119	5.2	266	6.6
	包装品	381	31.1	854	37.1	1350	33.5
工资		138	11.3	138	6.0	231	5.7
薪金				109	0.4	22	0.6
厂房利息和租金		176	14.4	179	7.7	255	6.3
修配费用		24	1.9	54	2.3	74	1.8
一般工厂费用		44	3.6	41	1.8	75	1.9
公司行政费用		17	1.4	59	2.6	97	2.4
成本总计		1224	100	2305	100	4027	100

注：英美烟公司假定它的厂址是租来的，厂房是借资建筑的，因此有“厂房利息和租金”的成本科目。

资料来源：上海社会科学院经济研究所编：《英美烟公司在华企业资料汇编》第4册，中华书局1983年版，第1515页。

表4－2 英美烟公司在华各厂制造成本比较（1932）

项目		上海韬朋路厂		汉口厂		汉水厂		天津厂		青岛厂		沈阳厂		香港厂	
		金额	%	金额	%	金额	%	金额	%	金额	%	金额	%	金额	%
原料	烟叶	8481	59.3	4421	56.1	3168	58.5	8683	62.3	5244	58.6	2421	53.2	1569	79.7
	香精			2		1		7		17	0.2	2			
	包装品	4351	30.4	2347	29.8	1670	30.9	3828	27.5	1665	29.8	1416	31.1	265	13.5

（续表）

项目	上海韬朋路厂		汉口厂		汉水厂		天津厂		青岛厂		沈阳厂		香港厂	
	金额	%	金额	%	金额	%	金额	%	金额	%	金额	%	金额	%
工资	737	5.2	622	7.9	254	4.7	723	5.2	497	5.6	386	8.5	71	3.6
薪金	37	0.3	30	0.4	19	0.4	44	0.3	38	0.4	34	0.7	5	0.3
租金	102	0.7	63	0.8	40	0.7	108	0.8	78	0.9	35	0.8	9	0.4
厂房利息	218	1.5	134	1.7	84	1.6	231	1.7	166	1.9	76	1.7	18	0.9
修配费用	134	0.9	97	1.2	67	1.2	134	0.9	88	0.9	57	1.3	11	0.6
一般工厂费用	184	1.3	136	1.7	90	1.7	125	0.9	114	1.3	94	2.1	16	0.8
公司行政费用	46	0.3	29	0.4	18	0.3	51	0.4	36	0.4	16	0.4	4	0.2
商标专利金	19	0.1	2				3		3		11	0.2	1	
成本总计	14309	100	7883	100	5441	100	13937	100	8946	100	4548	100	1969	100

资料来源：上海社会科学院经济研究所编：《英美烟公司在华企业资料汇编》第 4 册，中华书局 1983 年版，第 1516 页。

表 4－3　英美烟公司在华各厂制造成本综合分析（1933—1940）

项目		1933 年		1934 年		1935 年		1936 年	
		金额	%	金额	%	金额	%	金额	%
原料	烟叶	47607	58.2	24573	53.3	29021	52.4	32080	52.3
	香精	31		13		10		6	
	包装品	23278	28.5	13759	29.8	17342	31.3	19862	32.4
工资		5211	6.4	3767	8.2	4260	7.7	4284	7.0
薪金		540	0.7	417	0.9	400	0.7	387	0.6
租金		784	0.9	632	1.4	779	1.4	838	1.3
厂房利息		1710	2.1	1310	2.8	1504	2.7	1649	2.7
修配费用		989	1.2	667	1.5	748	1.3	784	1.3

（续表）

项目		1933 年		1934 年		1935 年		1936 年	
		金额	%	金额	%	金额	%	金额	%
一般工厂费用		1130	1.4	750	1.6	1001	1.8	1080	1.8
公司行政费用		292	0.4	186	0.4	254	0.5	299	0.5
商标专利金		182	0.2	64	0.1	90	0.2	66	0.1
成本总计		81754	100	46138	100	55409	100	61335	100
项目		1937 年		1938 年		1939 年		1940 年	
		金额	%	金额	%	金额	%	金额	%
原料	烟叶	35702	56.2	34124	55.4	48801	63.6	106965	65.4
	香精	6		6		8		13	
	包装品	19849	31.2	19519	31.7	18667	24.3	38765	23.7
工资		3875	6.1	3442	5.6	3750	4.9	8889	5.4
薪金		367	0.6	374	0.6	587	0.8	892	0.6
租金		601	0.9	623	1.0	693	0.9	1029	0.6
厂房利息		1238	1.9	1201	1.9	1481	1.9	2079	1.3
修配费用		731	1.2	851	1.4	1088	1.4	1348	0.8
一般工厂费用		884	1.4	1231	2.0	1203	1.6	2645	1.6
公司行政费用		299	0.5	249	0.4	489	0.6	995	0.6
商标专利金		—	—	—	—	—	—	—	—
成本总计		63552	100	61620	100	76767	100	163620	100

资料来源：上海社会科学院经济研究所编：《英美烟公司在华企业资料汇编》第 4 册，中华书局 1983 年版，第 1517 页。

由英美烟公司的制造成本可以看出，原料也即烟叶的价格一般占制造成本的一半以上，而且呈逐年上升的趋势。有些年份和有些工厂竟然高达 70% 以上，可见烟叶是构成制造成本的最重要因素。构成制造成本的另一重要因素是包装品的费用，一般年份均达到 30% 以上。这两者就占一般年份英美烟公司制造成本的 80% 以上。工资浮动不大，除 1909 年较高，达到 11.3% 外，其他年份一般在 5% 到 8% 之间。其他因素如香精、薪金、租金、厂房利息、修配费用、一般工厂费用、公司行政费用、商标专利金等一般各占制造成本的 1% 以下。

下面分析英美烟公司各牌香烟的制造成本（如表 4 - 4 至表 4 - 7 所示）。

表4-4　英美烟公司浦东厂大前门香烟成本分析（1919—1931）

项目		1919		1919—1922（平均）		1923—1925（平均）		1926—1928（平均）		1929—1931（平均）	
		金额	%	金额	%	金额	%	金额	%	金额	%
原料	烟叶	106.0	49.7	199.3	70.0	190.3	73.4	195.3	73.1	26.3	75.4
	香精	0.9	0.4	1.2	0.4	1.8	0.7	1.1	0.4	0.5	0.2
	包装品	98.1	46.0	73.8	25.9	55.1	21.3	57.3	21.5	51.9	19.0
工资		3.7	1.7	5.7	2.0	6.9	2.7	7.4	2.8	8.8	3.2
薪金		0.2	0.1	0.2	0.1	0.2	0.1	0.3	0.1	0.4	0.1
厂房利息和租金		1.7	0.8	1.8	0.6	1.9	0.7	2.9	1.1	2.6	1.0
修配费和一般工厂费用		2.2	1.0	2.6	0.9	2.7	1.0	2.3	0.9	2.7	1.0
公司行政费用		0.5	0.3	0.4	0.1	0.4	0.1	0.4	0.1	0.4	0.1
每箱成本		213.3	100	285.0	100	259.3	100	267.0	100	273.6	100

资料来源：上海社会科学院经济研究所编：《英美烟公司在华企业资料汇编》第4册，中华书局1983年版，第1518页。

表4-5　英美烟公司浦东厂小哈德门香烟成本分析（1919—1938）

项目		1919—1920（平均）		1921—1923（平均）		1924—1926（平均）		1927—1929（平均）		1930—1932（平均）		1933—1935（平均）		1936—1938（平均）	
		金额	%	金额	%	金额	%	金额	%	金额	%	金额	%	金额	%
原料	烟叶	77.0	67.5	68.2	58.7	54.7	56.0	56.3	54.2	60.5	55.6	63.5	57.6	51.5	57.0
	香精	0.5	0.4	0.6	0.5	1.2	1.2	1.0	1.0	0.2	0.2				
	包装品	28.4	25.0	37.5	32.3	30.8	31.5	33.9	32.6	33.8	31.1	29.8	27.0	26.8	29.6
工资		3.7	3.2	4.6	4.0	5.7	5.8	6.7	6.5	8.0	7.4	9.1	8.2	6.0	6.6
薪金		0.2	0.2	0.2	0.2	0.2	0.2	0.3	0.3	0.4	0.3	0.5	0.5	0.3	0.3
厂房利息和租金		1.6	1.4	1.9	1.6	2.1	2.2	3.0	2.8	2.7	2.4	3.8	3.4	2.9	3.2
修配费和一般工厂费用		2.2	1.9	2.7	2.3	2.6	2.7	2.3	2.2	2.8	2.6	3.2	2.9	2.6	2.9

（续表）

项目	1919—1920（平均）		1921—1923（平均）		1924—1926（平均）		1927—1929（平均）		1930—1932（平均）		1933—1935（平均）		1936—1938（平均）	
	金额	%	金额	%	金额	%	金额	%	金额	%	金额	%	金额	%
公司行政费用	0.5	0.4	0.4	0.4	0.4	0.4	0.4	0.4	0.4	0.4	0.4	0.4	0.4	0.4
每箱成本	114.1	100	116.1	100	97.7	100	103.9	100	108.8	100	110.3	110	90.5	100

资料来源：上海社会科学院经济研究所编：《英美烟公司在华企业资料汇编》第4册，中华书局1983年版，第1519页。

表4-6　英美烟公司各级香烟成本分析（1935—1936）

项目		1935年7—9月						1936年7—9月					
		三炮台		大前门		老刀		三炮台		大前门		老刀	
原料	烟叶	269.10	75.3	147.20	64.1	68.10	65.1	220.02	72.2	126.22	69.3	54.25	59.5
	包装品	74.14	20.7	67.86	29.5	24.22	23.1	71.22	23.4	43.82	24.1	24.24	26.6
工资		6.97	2.0	7.39	3.2	5.08	4.9	6.28	2.1	5.04	2.8	5.69	6.2
薪金		1.17	0.3	1.17	0.5	1.17	1.1	0.73	0.2	0.74	0.4	0.73	0.8
厂房利息和租金		2.77	0.8	2.77	1.2	2.77	2.7	3.49	1.2	3.49	1.9	3.49	3.8
修配费和一般工厂费用		2.90	0.8	2.90	1.3	2.89	2.8	2.47	0.8	2.46	1.3	2.45	2.7
公司行政费用		0.40	0.1	0.40	0.2	0.40	0.3	0.40	0.1	0.40	0.2	0.40	0.4
每箱成本		357.45	100	229.69	100	104.63	100	304.61	100	182.17	100	91.25	100

资料来源：上海社会科学院经济研究所编：《英美烟公司在华企业资料汇编》第4册，中华书局1983年版，第1520页。

表4-7　英美烟公司小哈德门香烟制造成本的变化（1919—1938）

年份	每箱成本（元）	指数（1925年=100）
1919	107.55	110.0
1920	120.57	123.4
1921	142.29	145.7
1922	108.92	111.5

（续表）

年份	每箱成本（元）	指数（1925 年=100）
1923	97.23	99.5
1924	96.23	98.5
1925	97.69	100.0
1926	99.28	101.6
1927	107.71	110.3
1928	109.02	111.6
1929	94.84	97.1
1930	103.97	16.4
1931	111.90	114.5
1932	110.31	112.9
1933	114.84	117.6
1934	112.15	114.8
1935	104.01	106.5
1936	89.33	91.4
1937	86.90	89.
1938	95.29	97.5

资料来源：上海社会科学院经济研究所编：《英美烟公司在华企业资料汇编》第 4 册，中华书局 1983 年版，第 1521 页。

由表 4－7 可以看出，英美烟公司各牌香烟的制造成本中各种构成要素所占比重和总制造成本中各构成要素所占比重大致相同。小哈德门的制造成本在 1919—1938 年近 20 年的时间里除 1920 年和 1921 年较高外，其他年份变动不大。高、中、低档香烟三炮台、大前门和老刀牌每箱成本在 1935—1936 年也出现了下降的趋势。

2. 销售成本

销售成本是企业在物流、仓储、促销、广告等方面花费的费用。表 4－8 是英美烟公司香烟的销售成本。

英美烟公司在全国建立了很多分厂，方便了产品运销全国各地，减少了销售成本，具有一般民族卷烟厂家无可比拟的区位优势。

“各省区销路，因由沪、哈（哈尔滨）、辽（辽宁）、汉、津集中之分厂，供给极为便利。如江、浙、皖 3 省，由上海分厂供给；湘、鄂、豫、赣，由汉口分厂供给；冀、鲁、晋，由天津供给；东三省，由辽、哈分厂供给。故其销路，普遍内地，虽山邑穷乡僻壤，均见有该公司之‘哈德门’、‘天桥’等香烟；国货卷烟，反不多见。”① “更从运输方面而言，洋商亦颇占优势。英美烟公司于南北各省通商口岸，均有分厂，故运输便宜。例如华北一带，可由天津分厂供给；东北一带，可由辽宁分厂供给；华东一带，可由上海分厂供给；华南一带，可由香港分厂供给；中部一带，可由汉口分厂供给。故虽偏僻之内地，凡华烟所不易到达者，莫不有外烟之踪迹。”②

表4－8　大英烟公司销售成本分析（1918—1923）③

项目	1918年10月—1919年9月		1919年10—11月		1921年4月		1922年6月		1923年6月	
	金额	%	金额	%	金额	%	金额	%	金额	%
指定销售费用	777713	28.0	201156	34.6	140163	29.4	128098	25.5	184724	30.5
一般销售费用	865039	31.1	134598	23.2	94634	19.9	119712	23.9	117988	19.5
计划销售费用	491625	17.7	80515	13.9	118787	25.0	144165	28.7	219323	36.2
指定广告费用					105846	22.2	19945	4.0	62910	10.4
一般广告费用	646281	23.2	164160	28.3	16824	3.5	89806	17.9	20510	3.4
合计	2780658	100	580429	100	476254	100	501726	100	605455	100

注：1. 指定销售费用包括推销员薪金和费用及销售机构的费用。

2. 计划销售费用包括空壳换烟及奖品计划等。

3. 指定广告费用包括报刊、广告路牌宣传及赠品宣传等费用。

资料来源：上海社会科学院经济研究所编：《英美烟公司在华企业资料汇编》第4册，中华书局1983年版，第1523页。

① 上海社会科学院经济研究所编：《南洋兄弟烟草公司史料》，北京：人民出版社，1958年，第411页。

② 实业部中国经济年鉴编撰委员会编：《中国经济年鉴》，1934年，第578页，见：上海社会科学院经济研究所编：《南洋兄弟烟草公司史料》，北京：人民出版社，1958年，第411页。

③ 上海社会科学院经济研究所编：《英美烟公司在华企业资料汇编》第4册，中华书局1983年版，第1523页。

可见英美烟公司销售成本在1918—1923年除1918年费用超高，达到2780658元，是以后各年费用的5倍以上，其他年份大致在五六十万上下。

3. 英美烟各牌香烟的成本和利润比较

表4-9是英美烟公司各牌香烟成本与利润的比较。

表4-9　英美烟公司各牌香烟成本和利润占售价的比重（1941年9月）

单位：元

项目	大前门	哈德门	品海	老刀	大英牌	三炮台
每五万支箱售价	1411	1109	870	878	1180	2386
减：佣金	27		30	39	52	34
净收入	1384	1109	840	839	1128	2352
减：制造成本	701	460	419	469	538	1231
毛利	683	649	421	370	590	1121
减：运输费等	1	1	3	2	5	1
销售成本	90	141	52	42	56	153
净利	592	507	366	326	529	967
成本占售价比重	58.1	54.3	57.9	62.9	55.2	59.5
利润占售价比重	41.9	45.7	42.1	37.1	44.8	40.5

资料来源：上海社会科学院经济研究所编：《英美烟公司在华企业资料汇编》第4册，中华书局1983年版，第1522页。

从英美烟公司各牌香烟的售价上可以看出其利润占售价的比重除老刀牌外竟然均达40%以上，哈德门和大英牌均达到45%左右，可见其利润之丰厚。这是华商卷烟厂所不能比拟的，以华商最大的卷烟企业南洋兄弟烟草公司来说，利润一般只占售价的10%左右。

4. 批发价格的变化

表4-10是英美烟公司大英牌香烟的批发价格。

表4-10　英美烟公司大英牌香烟批发价格的变化（1925—1938）

年份	每千支售价（元）	指数（1925年=100）
1925	4.543	100.0
1926	4.199	92.4
1927	3.971	87.4

(续表)

年份	每千支售价(元)	指数(1925年=100)
1928	4.636	102.0
1929	4.899	107.8
1930	5.639	124.1
1931	7.736	170.3
1932	6.435	141.6
1933	6.255	137.7
1934	6.582	144.9
1935	6.211	136.7
1936	5.918	130.3
1937	6.543	144.0
1938	6.936	152.7

资料来源:上海社会科学院经济研究所编:《英美烟公司在华企业资料汇编》第4册,中华书局1983年版,第1523页。

由表4-10可以看出,英美烟公司大英牌香烟的批发价格大致呈现逐年递增的趋势,反映了其销售利润的逐步增加。

(二)市场需求

价格和需求具有内在联系,不同的价格导致不同水平的需求,这就会影响到企业的销售目标。一般情况下,价格和需求是负相关关系,也就是价格越高,需求越低;价格越低,需求越高。但也有这种情况,在不提高产品质量的前提下,公司的价格提高后,需求反而增加,这是因为有些消费者认为高价格代表高质量。产品需求曲线的变化,反映了消费者对商品的价格敏感度,敏感度是对价格具有敏感性的消费者反映的概括。对敏感性的影响主要有商品的独特性、替代品的知名效应、对替代品质量难以比较、价格较低、利益较高、分摊成本、积累投资、价格质量、存货等。

英美烟公司的产品由于质量优良、物有所值,一直深受中国消费者的欢迎,其在华的50年里,从未因质量问题造成纠纷,这对于一个生产卷烟品牌、数量众多的企业来说是难能可贵的,对于中国消费者来说,英美烟公司的产品就是高质量的代名词,能够体现消费者自身的价值。这一点不仅一般民众,连号称文化民族主义者的章太炎和英美烟公司的主要竞争对手南洋兄弟烟草公司的简照南也同样认同。章太炎嗜好香烟,自己吸国货"金鼠牌",

但飨客则必用洋货“大英牌”。[①] 简玉阶生气地在信中说：“犹有奇者，花界中固少吸我烟，即强其购吸，亦以‘二炮台’罐盛之。外人无论矣，即大兄（简照南）与秋湄（王世仁）请客亦如是”。[②]

正是由于英美烟公司的香烟在市场上需求旺盛，英美烟公司才会在价格制定上拥有更多的主动权。1926 年，天津英美烟公司经理克特珍向上海英美烟公司董事柯深史去信，为了弥补他为弄到车皮贿赂张宗昌的顾问默库洛夫的 4000 元费用，他建议把这笔费用加到货物的价格上。“由于市场上如此缺货，每箱货物加上 1 至 2 元是绝对没有影响的，更没有理由说为什么吸烟者不应该付这笔增加的费用。”“我发现很多地方不管局势多么混乱，香烟的需求量还是非常大。毫无疑问，只要我们能够将香烟运到市场上来，我们就能出售大量的香烟。吸烟者已经习惯于购买高价香烟，……。大号鸡牌香烟在邯郸县的售价高达 22 铜元一包，但正常的价格只有 12 铜元。这说明了一个非常清楚的事实，消费者是愿意付更多的钱而不愿意放弃吸烟的。”张家口英美烟公司因天津总办事处付给军队的勒索费而“对运进这一地区每 5 万支装香烟的分区同意价格每箱增加了 2 元作为这种额外费用的部分补偿。过去我们的价格比分区统一价格高出 1 元来抵补小经销商的运费支出。5 万支装每箱的销售价格增加 3 元，对我们的绝大部分畅销牌号来说并不发生什么障碍。”[③]

到 1948 年和 1949 年，由于战争和通货膨胀、汇率波动等因素，其产品的竞争力开始下降，因而市场需求对其定价的影响开始显现。1948 年 8 月 28 日上海颐中运销烟草公司区经理会议纪要记载：“上海颐中运销烟草公司在一个时期试图采取重置成本（时价成本）的方法（每天计算时价成本），再加上一定比例的利润来计算出销售价格，但这种方法并不起作用。因此颐中采取对照上海的市场价格，尽可能与之接近，开出市场所允许的最好价格。4 月份时，颐中运销烟草公司有一次把价格定得高于市场价格，但 4 个星期没卖出一箱货物。这是因为制定价格的当天，上海的兑换率就好转了。上海市场的行业价格是每天确定的，因此，颐中运销烟草公司必须把货物的分配时间

---

① 陈存仁：《银元时代生活史》人民出版社 2000 年版第 61 页。

② 上海社会科学院经济研究所编：《南洋兄弟烟草公司史料》，人民出版社 1958 年版，第 63 页。

③ 上海社会科学院经济研究所编：《英美烟公司在华企业资料汇编》第 2 册，中华书局 1983 年版，第 653 - 654 页。

压缩到两天，如果大于两天，货物的价格就会小于颐中的重置成本。同时，颐中还讨论了将价格采用固定基数乘上一个变数的方法。每一个区经理将有一个每箱所固定基数，区经理可以根据变数来确定他的法币价格。同时，要求经销商在两天之内付款。”

在这种情况下，英美烟公司准备采用一个新的分配和价格体制。这个体制的主要特点是英美烟公司在其要销售的各种牌号香烟订出基本价格，以所附的价格表为准。基本价格乘以英美烟公司以电报通知给各区的倍数就是销售价格。价格在每次分配货物时变动。新体制开始实行后，英美烟公司将用电报的形式告诉各区香烟的号数、5 万支装的箱数、资金要交到英美烟公司的最后期限（该天的上午 11 点钟）和英美烟公司的基本价格（B. P.）的第一次倍数。区经理接到英美烟公司的电报后，要估计一下在整个期间内，区所辖的经销商所需要的箱数。箱数不能超过英美烟公司给各区经理的限额。运用英美烟公司给各区的第一次倍数所达到的价格与商品和市场价格相比较，就能对产品的价格有一个了解。英美烟公司给予的倍数和英美烟公司对通货膨胀的趋势的看法是相一致的。①

三、价格战

竞争者的价格是企业制定价格时最直接的参照标准。对于产品差异模糊，可互相替代的同类企业，价格战成为一种常用的促销和打击竞争对手的手段，英美烟公司在这方面有娴熟的运用。以下是英美烟公司同民族卷烟企业进行价格战的例证。

1915 年南洋兄弟烟草公司成立后，生产了一种“爱国”牌香烟，为与之竞争，英美烟公司针对这个牌子生产了一种“中国”牌香烟，包装颜色、图案与“爱国”牌很相似，而销售价格却比“爱国”牌便宜不少，结果没多久就把“爱国”牌挤出了市场。②

1916 年，南洋兄弟烟草公司在上海设立不久，英美烟公司为垄断上海市场，将“派律”香烟每箱售价由 250 元降到 225 元，零售价降到 65 文，同时

① 上海社会科学院经济研究所编：《英美烟公司在华企业资料汇编》第 2 册，中华书局 1983 年版，第 680－684 页。

② 方兆麟：《英美烟公司的市场竞争》，郭长久主编：《天津烟草百年》，百花文艺出版社 2004 年版，第 33 页。

从外部运“派律”香烟到上海夺取市场，给南洋的香烟销售造成了障碍。同时在南京给予经销商津贴，使销售南洋卷烟的商贩都想转售英美烟公司的香烟。①

为争夺重庆市场，同南洋的“高塔”牌和华成的“蓝飞鹰”竞争，英美烟公司不惜把“大哈德门”的售价从每箱250元降到200元，“双飞鹰”的价格从每箱140元降到100元来冲击市场。这场价格战使得华商中资力较为雄厚的南洋和华成都难以维持，其他华商卷烟厂纷纷倒闭。国产香烟的比重由战市场份额的70%缩减为30%。仅英美烟公司（不包括永泰和）的月销量就达到2600箱，形成了独霸市场的局面，英美烟公司价格战取得了全面的胜利。在挤垮华商烟厂后，英美烟公司把低价倾销的“大哈德门”和“蓝飞鹰”的价格分别提高到每箱300元和200元。高级听子烟如“茄力克”“大炮台”“三炮台”“大前门”“白锡包”“使馆”等的售价更加昂贵。英美烟公司通过价格战获得了垄断利润。②

1928年后，华商烟厂的下级烟在农村销售刚见起色，英美烟公司就把“红印”和“黄金”两种牌号的香烟不计成本，在华商低级烟热销的地方进行倾销，直到华商的低级烟在当地绝迹。振胜烟公司的“黄包车”牌香烟是适合工农购买力的低级香烟，英美烟公司就创出“炮车”牌香烟与之竞争。华成的“金鼠”“美丽”牌香烟热销后，英美就用“华芳”“五华”和“天桥”几个牌子作为打击“金鼠”“美丽”的工具。③

英美烟公司原来出品都是中上等烟，后来看到华商的低级香烟很畅销，于是，也创出“红印”“翠鸟”等低级香烟通过赠品、放账等手段到华商卷烟销路最好的地方去竞争。福新烟公司的“无敌”牌香烟在崇明、启东、海门三地销路很好，英美烟公司就借“黄金”牌香烟用降价、赊销、赠品等手段进行竞争，没多久“无敌”牌香烟就被打败了，在上述三地消失了。④

1934年英美烟公司在唐山乐亭一直销售很好的“象棋”牌香烟（平均

---

①　上海社会科学院经济研究所编：《南洋兄弟烟草公司史料》，上海人民出版社1958年版，第65-66页。

②　杜振华：《重庆卷烟市场与英美烟公司》，见全国政协文史资料委员会编：《中华文史资料文库·经济工商编》，中国文史出版社1995年版，第765页。

③　上海社会科学院经济研究所编：《英美烟公司在华企业资料汇编》第2册，中华书局1983年版，第684页。

④　上海社会科学院经济研究所编：《英美烟公司在华企业资料汇编》第2册，中华书局1983年版，第685页。

每月300大箱），突然出现了滞销，经调查得知，乐亭市面上出现了上海华成卷烟公司生产的“三鲜”牌香烟。该烟物美价廉，十分畅销，仅两个星期就使“象棋”牌的销量减少95%。英美烟公司见状十分着急，为挽救颓势，立即决定将“象棋”牌的售价由每16大箱（5万支）81元降为62元，同时每销一大箱赠送200块肥皂。这样一来使“三鲜”牌的销售大受打击，很快就在乐亭市面上销声匿迹了。另外它还以“天桥”牌打击华成的“金鼠”牌；以“炮车”牌打击振胜烟厂的“黄包车”牌等，都是以拼价方式挤垮对方的。①

1936年11月，为在营口打击华商的20支大号“织女”牌香烟，英美烟公司给予20支大号“情人”牌香烟每箱50分的特别红利。同时将以前批准的于11月15号满期的“情人”牌香烟的特别抽签计划予以延期。这项计划直到与“织女”牌的竞争取得胜利为止。为了对付华商的20支大号“宝岛”牌香烟，英美烟公司以“仙岛”牌每箱108元的低价与之竞争，包括捐税和同20支大号“宝岛”牌一样的回扣计划。②

英美烟公司创设新牌，降价倾销，有针对性地打垮民族卷烟企业的品牌。中国南洋兄弟烟公司出品的“马车”和“长城”香烟，在宁波比较流行，影响了英美烟公司出品的“仙女”和“老刀”生意，于是英美烟公司就分别生产了针对“长城”“马车”的“天桥”和“大炮”香烟。等到南洋公司这两只牌子在市场上被摧垮后，英美烟公司的“天桥”和“大炮”就不再生产了，从而使“仙女”和“老刀”香烟重新占领了市场。上海华商和兴烟厂的“时髦”香烟，也一度在宁波盛销，威胁英美烟公司的“仙女”销路，英美烟公司采取同样的方法，出品“燕子”香烟，把“时髦”打垮后，就停止生产。

可见，英美烟公司的价格主要是由上述三种主要因素影响和决定的。此外还有公司的利润要求、汇率、政策法规等的影响。

---

① 方兆麟：《英美烟公司的市场竞争》，郭长久主编《天津烟草百年》，百花文艺出版社2004年版，第33-34页。

② 上海社会科学院经济研究所编：《英美烟公司在华企业资料汇编》第2册，中华书局1983年版，第686页。

第三节　促销

促销是促进销售的简称，“是指企业通过人员或非人员推销的方式，向目标顾客传递商品或者劳务的存在及其性能、特征等信息，帮助消费者认识商品或者劳务所能够带给购买者的利益，从而引起消费者的兴趣，激发消费者的购买欲望，进而产生购买行为的活动”。[①] 促销手段主要包括四种：人员推销、营业推广、广告、公共关系。

英美烟公司在产品促销方面是卓有成效的。作为一种新产品在中国的制造者和推广者，其产品之所以能够畅销全国，且占全国卷烟销售总量的60%以上，取得了巨额的销售利润，是因为其较高的质量，更是由于其先进的促销理念和促销方式。对于促销的上述四种手段，英美烟公司都有深刻的认识和娴熟的应用，可以说，促销是其在中国取得成功的最重要因素。下面分别就英美烟公司促销组合的四个部分分别加以阐述。

一、人员推销

人员推销是指“企业派出或委托专业推销人员（一般是推销员），通过直接接触，将企业产品或服务介绍、推荐给目标消费者，促进销售的一种沟通方式”。[②] 人员推销由推销人员、目标消费者和商品三者构成。人员推销灵活机动，有利于培养消费者与企业和产品的情感，提供有针对性的服务，促进顾客与企业的双向沟通。

英美烟公司前期的人员推销主要依靠从美英等国招募的推销员。它派出大批外国人员沿长江逆流而上，首先在长江沿岸和华南地区调查市场情况，进行产品推销，接着把阵地扩大到华北和东北。自1905年起，唐默思就在中国按照杜克在美国的方式建立了分层管理体制，在很多国家特别是在美国弗吉尼亚和北卡罗来纳两州招聘了很多推销代理人，这些推销代理人同英美烟

---

① 丁国颖、迟福峰、徐洁编著：《促销理论与实务》，对外经济贸易大学出版社2013年版，第1页。

② 夏德森：《市场营销学》，北京理工大学出版社2016年版，第205页。

公司签订了四年的合同，年薪1200美元，同时还有四年的生活费。公司为鼓励推销人员克服与中国商人交流的障碍，鼓励他们学习中文，并对通过半年一次中文考试的推销人员给予500美元的重奖。这样到1915年，英美烟公司的部分推销代理人可以流利地说中文，甚至各地的方言。南洋兄弟烟草公司经理简照南就对英美烟公司在张家口推销人员的毅力和出色的汉语能力表示钦佩。张家口是“贫瘠之区，又无西人旅店，即华人旅店亦甚劣；点灯、东洋车尚未有设立，除骑马及坐驴车外，均要步行；马屎沙泥飞腾满天。如此之劣地，而常川西人。该西人操北语甚佳。‘空山’（南洋兄弟烟草公司对英美烟公司的称呼）人才之备，可以概见”。[①] 英美烟公司早期公司副督办柯伯思就曾经作为旅行推销员“往内地旅行，饱尝艰苦”。[②] 随着英美烟公司推销队伍在中国各地进行推销，到1912年时，其推销就取得了很大的成绩，“在中国18个省中所有大大小小城市可能都设有英美烟公司的这种货栈”。[③] 英美烟公司的外籍人员的推销除寻找代理人外，还通过免费散发香烟，引起人们的兴趣，讲说香烟同水烟和旱烟相比拥有的优点。

1903年前后，英美烟公司进入福建，并以沿海为据点，将卷烟销售延伸到闽西、闽北等山区。为推销其卷烟，该公司外国推销人员及代理商想出了赠送叫卖的办法。1919年秋的某天下午，福建云霄县仁发号熟烟店陈受禄，带着英美烟公司推销员推销洋烟，随身携带“自由车”牌卷烟，沿街向两旁商店抛掷，每店一盒。过路行人向其索取，也随手给予数支。每盒烟里还装有一支用竹子压制的烟嘴。在福建泉州街上，英美烟推销人员不时以洋号鼓为前导，散发卷烟或传单，繁华地段分的多数是中档卷烟；而在码头或苦力集中的地方，赠送的多数是低级烟，一人一支，一店一包。如有新的牌子出品，该公司推销员就先在大街赠送，再交摊贩卖。在福州的鼓楼、大根、小桥、台江、仓山各区各雇佣1名推销员和1个工人，肩挑烟担或手推烟车串街走巷叫卖，以弥补代理商经营所不及之处。

1904年左右，四川重庆就出现了英美烟公司的香烟。英美烟公司派出三名外籍推销人员和一名中国籍推销员徐子泉来重庆进行推销。由于当时重庆

---

① 上海社会科学院经济研究所编：《南洋兄弟烟草公司史料》，人民出版社1958年版，第59－60页。

② 英美烟公司编：《英美烟公司月报》1923年第9期。

③ ［美］高家龙：《中国的大企业——烟草工业中的中外竞争（1890—1930）》，商务印书馆2001年版，第27页。

人尚无吸烟的习惯，又传说香烟中含有毒素，怕蹈鸦片烟的覆辙，因而推销十分困难，为打开销路，这些外籍推销人员和徐子泉采取把五支装的“称人”牌和“鲨鱼”牌香烟沿街赠送每家店铺和戏院每一座位以及每张戏票赠送一包香烟的办法来吸引顾客，这些推销人员还当众吸食香烟给一般百姓做示范，以证明吸烟无害。经过推销人员的大力宣传，四川的香烟开始出现供不应求的局面。①

1920 年，在湖南岳阳，英美烟公司为注意宣传效果，以音乐队吹奏作为前导，引起行人停足观望；再以装扮的假洋人殿后，将十支装整盒哈德门香烟，四散丢掷，任人抢捡。有从未吸过纸烟的，捡到一包，喜出望外，吸后烟香味纯感到舒适，即往该公司购买。且又订出优待办法，五个空烟盒可兑烟一盒。（此项推销办法，在打开销路后约一年时间，予以停止）烟盒内层包装的锡箔，可以炼出少量纯锡。拆包零售香烟小贩及吸烟量大者，既可以用烟盒换烟，又可得到售锡的微末小利。而且该公司每日派出推销员向各小摊贩送货上门，隔日收取货款，于是纸烟销售，不胫而走。②

外国推销人员还大力宣传纸烟相对于传统水烟和旱烟的优点。中国人习惯，向来只吸丝烟，以铜制水袋或手持旱烟袋作为吸烟工具。随着英美烟公司香烟在中国的推广，中国人开始改吸纸烟。由于纸烟化学原料配制，醇香可口，一支在手，心旷神怡，对比水、旱烟袋，装烟点火，吸完一口，又须重复，麻烦费事，携带不便。英美烟公司出品的大、小号哈德门香烟，以重磅纸印制的十支装烟盒，色彩鲜艳；锡箔作为内层包纸，随身携带，不易遭受汗浸潮湿，原料烟叶，堆存数载，使其自然进行变化，祛除青、杂、冲味，烟味纯良，因此丝烟远非纸烟之敌，纸烟在很多地区逐渐取代了丝烟。

随着英美烟公司销售本土化的加深，推销人员主要以中国人为主，并利用中国传统的节日、民俗进行推销。（见第七章第二节销售人才的本土化和促销本土化）

人员推销是新产品进入市场时进行产品推广的有效手段。推销人员通过示范、赠送样品等方法引起顾客兴趣，消除戒备心理，培养起顾客对产品的

---

① 杜振华：《重庆卷烟市场与英美烟公司》，全国政协文史资料委员会编：《中华文史资料文库·经济工商编》，中国文史出版社 1995 年版，第 765 页。

② 钟敏政：《民国时期外商在岳阳的经营概况》，中国人民政治协商会议湖南省岳阳市委员会文史资料研究委员会编：《岳阳文史资料》第一辑，内部发行。

消费习惯。由于中外销售人员的大力推销，英美烟公司的香烟销售才能够在中国逐渐推广，并逐步占据了垄断地位，取得了优厚的利润。

二、营业推广

营业推广又称销售促进，是指“通过营业促销的方式来刺激消费者的购买，这种促销方式是为了配合一定的营销任务”①。营业推广一般很少单独使用，常作为广告和人员推销的补充手段。营业推广包括对顾客的营业推广和对经销商的营业推广。下面分别就英美烟公司营业推广的两种形式对其进行剖析。

首先是对顾客的营业推广。促销的基本策略即“推动”和“拉引”策略。“推动”促销策略，主要是运用人员推销和营业推广手段把产品推向市场，这是人员推销的内容。而“拉引”策略则是非人员推销活动，即企业利用赠送样品或试用样品，有奖销售，产品陈列和演示促销，“分期付款”业务，折扣和减价，附带廉价品等手段，使顾客对产品或企业本身产生兴趣，吸引他们购买产品。对顾客的营业推广主要采取“拉引”的策略，主要是采取赠送廉价品、购烟赠彩、有奖销售等手段。

顾客购买英美烟公司的香烟，随购买量的增加赠品的价值也逐渐增加。英美烟公司在1923年规定：“购1大盒赠卫生香皂2块，或擦面牙粉5包；购2大盒赠丝光袜圈1副，或圆盒牙粉2盒；购3大盒赠怀中方镜1面，或精美画片1张；购4大匣赠西洋剪刀1把，购5大匣赠芝兰香皂2块；购6大匣赠杏仁露精3瓶；购7大匣赠丝吊袜带1副；购8大匣赠大号毛巾3条；购9大匣赠晒衣机器1部；购10大匣赠老牌毛巾半打。”②

宁波为推广小号哈德门，“特发一种传单，上印此烟包样15只，稗顾客将空包之面，剪落粘在单内，一俟满足，将自己之姓名填入，寄交本公司，以备抽彩。奖品计分10种，头奖可得洋50元，2彩20元，3彩10元，余彩依次递减。10彩有500张，各得美丽画片一张。已于11月5号，举行第一次，本公司将传单聚集一箱而搅乱之，一时观者，济济一堂。本公司当择一素无关系之人，当众抽彩。第一抽出者，作为头彩，余者类推。此次头彩系彝和米店得去。2彩乃刘采仙君所得。3彩为恒得庄所得。其余彩号，不及备

① 夏德森：《市场营销学》，北京理工大学出版社2016年版，第212页。

② 英美烟公司编：《英美烟公司月报》1923年第8期。

录。自施行此法以后，哈德门香烟销路较前增加数倍云”。[1]

英美烟公司满洲部在推销香烟方面同样不遗余力，满洲部南部为推销高档香烟，特举行购烟赠彩的活动。其方法是“凡购炮台前门或司令香烟一小盒（10 支）者，随赠彩券 1 张。一听（50 支）者，赠彩券五张。该券由吸主将姓名及地址详细填写清楚，送至奉天本公司广告部，存根由吸主保存”。满洲部还公开发行了 1 万张彩券，价值奉洋 15000 元。于 1924 年 5 月 1 日在奉天小北门里会仙电影园开彩。其奖品丰厚，头等奖是福德电车（汽车）一辆，如果获奖者不想要奖品，可得 1600 元的补偿。二等奖 2 张，奖品是 4 两重的金镯子一对。三等奖 6 张，奖品是天然纺一匹。四等奖 15 张，奖品是 2 尺 4 寸的牛皮箱一个。

赠送样品也是英美烟公司对顾客营业推广的重要手段。湖南“永州在 10 余年前，有英美烟公司职员来境推销纸烟。斯时经售者不过二、三家，销路极微。至 1917 年，公司始设经理处，销路亦不甚巨。后由长沙公司调张君协丛为永州段长。张君在任之初，即协同经理及分销者，于沿衔要冲之处，分送纸烟。人人吸后，啧啧称羡，倍极欢迎，而各牌纸烟销路，遂大见扩充”。[2]

其次是对经销商的营业推广。通过对经销商产品进行削价而不降低零售产品的价格而让利于经销商，并按照其销售业绩给予奖励，同时对经销商进行赊销，延长付款时间。这些都是英美烟公司对经销商进行营业推广的重要手段。

1925 年 1 月，英美烟公司为大小经销商和华籍工作人员派发了 75 万的奖金，作为 1924 年英美烟公司营业额超过 1923 年而同意支付的分红。为鼓励经销商在 1926 年 1 月能够拿到 75 万甚至超过 75 万的分红，英美烟公司董事裴磊鼓励经销商说，1924 年公司在受到一些省份征收营业额 20% 的卷烟特税和在因内战造成货物运输不畅的情况下，公司取得了超过 1923 年的业绩，那么虽然 1925 年五卅运动爆发，英美烟公司的工厂罢工，货物被抵制，但通过经销商的努力，相信会达到公司的营业目标的。他用反问的语气激励经销商，“我们今年的营业是否能够有分红，取决于今年最后一季度发生什么事情。7 月、8 月和 9 月的销售将决定我们的中国朋友们——经销商和雇员们——是否会在明年 1 月份得到 75 万元，可能更多一些，或者是什么也没有。我们的经

① 英美烟公司编：《英美烟公司月报》1924 年第 1 期。

② 英美烟公司编：《英美烟公司月报》1924 年第 5 期。

销商能安然不动地让无知的学生和嫉妒的竞争者从他们那里将大笔的钱取走吗？我们的中国工作人员是否不但要受到不公正的压迫而且还要遭受金钱上的损失？我们不能相信这些工作了多年建立了一个成功的卷烟企业的人和其他一些在晋升阶梯上长时期来能稳步向上爬的人会不经过大的斗争就承认失败和可能还要破产”。①

1927年7月18日，在南京区，公司同意恢复以前南京区对经销商赊货30日的优待，并同意大经销商和注册小经销商在超过公司对其规定的销售数量后，可以对其实行为期30天的每箱哈德门给予10元回佣的优待。

1925年7月28日，上海英美烟公司向伦敦英美烟总公司建议，在中央部对哈德门香烟实行每销售一箱给经销商5元奖金的办法来促进销售：

“为了刺激起我们湖北经销商的兴趣起见，我们认为，在为期30日的期间内，每售出一箱‘哈德门’香烟就给他们5元现金特酬的办法是可取的，我们的想法是这种特酬将由经销商保留，作为额外利润。当我离开汉口时，这个办法进行得令人很满意，在整个湖北区，销售量都正在增加，那时的迹象表明，我们在这个区已经度过了危机。”②

可见，这种方法取得了一定效果，此后，南京区也实行了同样的策略。

1926年1月25日，英美烟公司东方区经理陶丁向经销商和售烟员分别发出通函，并向其附上上一年的花红支票，作为对其在1925年努力的奖金。并希望以后各经销商和售烟员在各段大力推广哈德门香烟，“冀将此牌香烟在各地成为销路最佳之烟”。同时，公司对经销商所销售的香烟给予登记在册，这样“所有销路增加而成绩最佳之经理，则将来分派花红时，本公司特别注意也”。公司按照下列四点决定给予每个经理花红的多少，“一、销烟之总额。二、经理推销本公司制造各牌烟之热诚。三、陈列。四、管理存货以免损坏。”“如果经理只销售本公司独家之各牌香烟者，则本公司将特别重视之”。公司希望通过重奖来激起经理销售英美烟公司香烟的热情。③

---

① 上海社会科学院经济研究所编：《英美烟公司在华企业资料汇编》第4册，中华书局1983年版，第1418－1419页。

② 上海社会科学院经济研究所编：《英美烟公司在华企业资料汇编》第4册，中华书局1983年版，第1421页。

③ 上海社会科学院经济研究所编：《英美烟公司在华企业资料汇编》第4册，中华书局1983年版，第1421－1422页。

三、广告促销

营销大师科特勒为广告下了定义，广告是由明确的主办人发起，通过付费的任何非人员介绍和促销其创意、商品或服务的行为。[①] 近代以来，随着外国商品的涌入和中外工厂在中国大批量生产商品，报纸等新媒介的出现，人们需求的增加，作为现代商品经济不可或缺的手段的广告应运而生，人们对广告的作用也开始有了初步的认识。“商人之恃为战争者，厥为广告。……广告，枪炮也。果广告而能得其逞，则枪炮锐利，可操（胜）算；反是则一无所能，拱手让人而已。”[②] “广告者，乃攻城略地之工具也。盖商人以诚信为壁垒，以广告为战具，广告精良，犹战具之犀利也，执有利器，战无不克，故商业之与广告，关系至为密切。”[③] “一纸风行，不胫而走。故报纸所到之区，即广告势力所及之地。且茶坊酒肆，每藉报纸为谈料。消息所播，谁不洞知。永印脑筋，未易磨灭。非若他项广告之流行不远，传单之随手散佚也。是故新闻愈发达，广告之作用愈宏。”[④] “商业之广告，乃销售上最重要之不二法门也。”[⑤] 下面分别就英美烟公司在华的广告机构与决策、广告的特点和类型进行分析。

（一）广告机构与决策

作为欧美企业的英美烟公司在广告的运用上相当娴熟，英美烟公司的董事长美国烟草大王杜克就是一位运用广告的大师，他“是一位敢作敢为的广告人，能想出令竞争对手灰心丧气的新奇方法；他总是愿意投入大量几乎令保守的制造业者丧胆的利润在广告宣传上”。[⑥] 杜克认为广告新颖性和大量的投资是其在美国战胜竞争对手，取得垄断地位，获取巨额利润的重要原因。因此作为英美烟公司在华企业的上海英美烟公司对广告的认识也较一般中国人深刻，更加注重广告的实用性和新颖性。“广告之术，现最发达，虽穷乡僻

---

① ［美］菲利普·科特勒：《营销管理》，梅汝和，梅清豪，周安柱译，中国人民大学出版社2001年版，第693页。

② 君豪：《广告谈》，《上海总商会月报》1924年第16期。

③ 徐启文：《商业广告之研究》，《商业月报》1934年第1期。

④ 薛雨孙：《新闻纸与广告之关系》，《最近之五十年——申报馆五十周年纪念》，上海书店1987年版。

⑤ 沈伯经：《上海市指南》，中华书局1934年版，第30页。

⑥ ［美］高家龙：《中国的大企业——烟草工业中的中外竞争（1890—1930）》，樊书华、程麟荪译，商务印书馆2001年版，第31页。

壤，满墙满壁，遍粘招徕之广告，遂往往为人所忽视意。鄙意广告须能引人人注目，必须新颖之法。如黄包车夫之背上，行使内地之舟，皆可做广告。又轮船及火车亦佳，此法已有日行之者。日记簿及旅行各具，最易动目。又报上之广告，须含游戏及美术性质，则观者悦而读之矣”。[①] 同时，和一般中国公司不同，英美烟公司还看到了广告的局限性，广告不是万能的。“我也注意到你的主张是生产一种牌号的香烟，使其能与这些人所能生产的任何香烟在市场上并驾齐驱，并且大做广告。”“我认为，除非我们所抛出的牌号比敌牌香烟价格稍廉而质量又同样优良，各方面都赶得上。否则，我非常担心，但靠宣传是并不一定就能打开销路的。我们的香烟必须具有很大的吸引力，足以说服中国人特别是广东人，从我们广告上所知道的情况，就乐于购买一个外商企业所生产的香烟。……事实上，我们在广州的职员中的普遍意见，也认为在当前这个时候，我们不应该把宣传广告做得太过分。特别是当广东南洋兄弟烟草公司正在通过散发传单和报纸宣言等方式，公开恳求大家支持本国的工业，将外国人的生意转向中国人自己生产的时候，我们更不能过分依赖广告”。[②]

英美烟公司在广告的管理上采取统一规划。英美烟公司在上海总公司，各部、区、段都设有广告部，一级一级自上而下负责执行公司的广告计划，在分段具体由推销员负责除报纸和年画广告外的广告宣传。“凡有关广告的全部事项和事务……都直接受上海总公司管辖。至于广告的方法，做什么广告，这类事件在全中国也是非常统一的”。[③] 据 1924 年上海英美烟公司广告部备忘录记载：“部级广告部由外籍人主管，中国籍首席助理和办事人员照料广告牌记录、报纸、广告库存品（中央部由一个外籍人监督绘画。北方和满洲各有一个中国人负责绘画工作）。区级广告部除了满洲外这些部的工作人员都是中国人，在目前的情况下区级广告部主要是广告品的交换所和保存必要的记录的地方。段级广告部并不规定要保存正式的广告品记录，因为广告品是立即分发给广告人员使用的，但在大多数情况下，段办事处总是保存这些记录的，在指定一个专人在

---

① 上海社会科学院经济研究所编：《英美烟公司在华企业资料汇编》第 2 册，中华书局 1983 年版，第 701 页。

② 上海社会科学院经济研究所编：《英美烟公司在华企业资料汇编》第 1 册，中华书局 1983 年版，第 139－140 页。

③ 上海社会科学院经济研究所编：《英美烟公司在华企业资料汇编》第 2 册，中华书局 1983 年版，第 520 页。

段里进行广告工作的地方，他的工作大多是照管重新分发广告品，并在段办事处所在地的城市里也进行广告宣传。分段的广告宣传：负责分段的推销员几乎将他所在地区的广告宣传工作全都包管下来，报纸和画广告除外，但他帮助画广告的人员获取挂广告的场所”。[①] 正是由于其采取了类似于军队的严密的等级管理体制，才保证了其广告计划和策略得到完整的执行。

（二）广告特点与类型

英美烟公司的广告具有以下几个特点：1. 时间长、密度大；2. 方式多样、内容新颖；3. 投资大。下面分别就其特点展开分析。

1. 时间长、密度大

英美烟公司自进入中国以来就开始在报纸上做广告推销香烟，直到1952年离开中国止，时间跨度近50年。空间上，英美烟公司的广告随着其推销范围的扩大迅速扩展到全国，而且形成了以报纸、招贴、月份牌等为主的立体交叉的广告系统。英美烟公司拥有自己的印刷厂和广告创作人员，除报纸和电影广告外，其他广告均可由公司内部来完成，因而英美烟公司自己制作了大批广告，分发到全国各地进行张贴。在1905年的东北营口就竖有英美烟公司2000张的大型纸制广告牌、200张大型的木质或铁制广告牌。在1907年的河南开封，“整个城市布满了成千上万张耀眼的（英美烟公司）广告牌”。1911年陕西西安“城门上、城墙上、大街小巷的每一堵空墙或空牌上、衙门前柱子的砖头底座上，处处都贴满了（英美烟公司）的巨幅广告宣传画”。1904年广州西部英美烟公司的代理人坐在游艇里向西江沿岸的乡镇分发广告宣传画和产品样品。1908年的广州及其附近城镇“都布满了（英美烟公司）五颜六色的广告宣传画”。1909年的福州，“街道因为布满（英美烟公司）独特新奇的图画式广告标语而耀眼夺目。这些广告宣传画这样设计，为的是通过华丽的色彩和引人注意的书法（中文和英文）来很容易地吸引人们的视线”。1910年的昆明，“几乎无一堵空墙没有贴上（英美烟公司）新奇的广告宣传画”。一位在四川、云南和缅甸旅游的记者“几乎处处见到为（英美烟公司）香烟做广告的耀眼的中文宣传画”。英美烟公司还别出心裁的在著名的旅

① 上海社会科学院经济研究所编：《英美烟公司在华企业资料汇编》第2册，中华书局1983年版，第703页。

游景区三峡的显著位置树立了一个巨大的广告牌。①

以上是招贴广告，在报纸广告方面，英美烟公司更是投入巨资，和全国各地有影响的报纸订立长年合同。在上海，公司和上海的九种报纸——《新闻报》《申报》《时报》《时事新报》《神州日报》《中华新报》《新申报》《民国日报》《商报》，都订有长年合同。在华北区，同北京、天津的《益事报》《北京天津时报》《远东时报》《北京导报》《北京日报》《北京之声报》等报纸也订有长年合同。英美烟公司不仅投放广告的报纸影响大、数量多，而且由于其香烟品种多，所占报纸广告的篇幅也多，往往同时刊登几种香烟的广告。由于公司财力雄厚，公司的报纸广告尺寸大，一般占半版篇幅，这是一般的民族卷烟企业所不能承受的。由于这些报纸是中国最有影响的报纸，因而其广告的传播效果也最佳，达到了劝说消费者购买的目的。此外公司还同很多全国性的杂志签有长年合同，如《东方杂志》《国闻周刊》等。

2. 方式多样、内容新颖

英美烟公司的广告方式多种多样，有报纸和杂志广告，招贴广告，烟标、年历和月份牌广告，电影广告，广播电台广告等。

英美烟公司报纸和杂志广告情文并茂，利用比较、通感、联想等手法，突出其产品质高价廉，吸其香烟能够心旷神怡，消愁解闷。

以其在天津《大公报》刊登的广告为例，其广告主要强调产品的质量及其特色。前门牌香烟主要强调其原料来自美国弗吉尼亚州，“气味优美”。三炮台（又名绿锡包）主要强调其出自英国威尔司名厂，是上等香烟。②“君吸三炮台香烟，因为知道他是最上等的香烟，人吸假绿锡包香烟，因要人知道他是吸三炮台香烟”。③“三炮台香烟系中国市上最老牌之上等香烟，芬芳馥郁及颜色鲜明，因所用之烟叶系上等佛及尼亚烟叶所制，实为上等吸者最适宜之香烟。”同时声明，“真正三炮台烟盒上均有此商标，确在英国名厂制造”。④ 老刀牌香烟，“惟最好的，才有假冒”。⑤ 翠鸟牌香烟则突出一个“烤”字，“其味道其香味系较他种更好，君不知其故乎，因其烟叶系用烤法制造”。

---

① ［美］高家龙：《中国的大企业——烟草工业中的中外竞争（1890—1930）》，樊书华、程麟荪译，商务印书馆2001年版，第31－33页。

② 《大公报》（天津），1916年10月1日。

③ 《大公报》（天津），1918年1月1日。

④ 《大公报》（长沙），1920年9月1日。

⑤ 《大公报》（天津），1916年11月9日。

最后十个字都用大号黑体并加框以示强调。[①]“因此香烟（哈德门香烟）乃最佳之品，彼故知君必再购买也”。司令牌香烟“烟枝特别，改良放大”，“弗吉尼亚烟叶制造”[②] 英美烟公司还用熏鱼“气香而味永”的特点，“以烤法制成”，来比附翠鸟牌香烟“系用烤法制成而具有气香而味永的特点”，既突出“烤”这一特色，又通过人的联想使人急欲品尝这种香烟。[③]“仿效（大炮台香烟）即至诚之羡慕”，但大炮台香烟是“大号香烟之始祖，若后起仿效者，均不如始创者之优美矣”。[④]“品海牌，此真正价廉物美之香烟，烟丝柔润为其香味极佳之明证，且味道温和可口，无怪人人均赞美之也”。[⑤]

招贴广告以新颖、醒目、简洁为尚。由于招贴广告如不能做到以上要求，即使“满墙满壁，遍粘招徕之广告，遂往往为人所忽视意。鄙意广告须能引人人注目，必须新颖之法”。[⑥] 英美烟公司在广告上追求新颖和创新，在其推出翠鸟牌香烟时得到了充分的体现。英美烟公司利用上海的黄包车夫走街串巷的优势，让每个车夫身穿背面带“烤”字的马甲，路人见到都感到奇怪。后来才知道是英美烟公司的“翠鸟”牌香烟广告。这种香烟是经过“烤”制而成的。这种广告策略激起了大家的兴趣，驱使大家去购买。同样在报纸上，英美烟公司也采用了同一策略。英美烟公司在 1920 年 8 月 9 日到 11 日 3 天的天津《大公报》上一个没有任何标记的烟盒上写着一个大大的“烤”字，在接下来的 8 月 12 日到 21 日 10 天，在烟盒上增加了一排英文字母“kingfisher”。8 月 22 日和 24 日，绘有“烤”字和英文字母“kingfisher”的烟盒打开了从中弹出两支香烟。直到 8 月 25 日，才在烟盒上打上了翠鸟牌香烟的字样，千呼万唤始出来，激起了人们极大的好奇心。因而这种香烟一上市，人们便开始争购。这一广告手法以后被中国的商人多次运用。1920 年左右，英美烟公司还在长沙《大公报》其香烟广告的旁边每日出一灯谜，第二天予以解答，引起了读者极大的兴趣，增强了其广告的宣传力度。

1923 年 9 月 1 日，大公报以直隶唐山警察局卢玉轩为翠鸟牌香烟编写的

---

① 《大公报》（天津），1918 年 9 月 27 日。

② 《大公报》（天津），1919 年 9 月 1 日。

③ 《大公报》（天津），1919 年 9 月 4 日。

④ 《大公报》（天津），1921 年 1 月 8 日。

⑤ 《大公报》（长沙），1920 年 7 月 1 日。

⑥ 上海社会科学院经济研究所编：《英美烟公司在华企业资料汇编》第 2 册，中华书局 1983 年版，第 702 页。

广告词:

翠鸟牌香烟，味胜蟠桃
烤
真好
是翠鸟
顶上烟草
销路真不小
堪称烟中之宝
用以敬客最时髦
英美公司制法精巧
各界欢迎芬芳味缭绕
常吸此烟大富贵亦寿考

广告以宝塔的形式巧妙地把翠鸟香烟的好处娓娓道来，结构精巧，读者印象深刻。

英美烟公司的广告还以实验的方式证明纽约牌香品质优良。“试实验香烟之法，最好以一手掩贵友之目，一手持纽约牌香烟及他种同价香烟各一枝，使指出孰优孰劣，然后放开其目视之。售烟店家常以他种香烟当作纽约牌以应主顾，盖彼皆知他种烟料，万不及纽约牌香烟之佳，因成本较轻而易获利也。倘君购纽约牌香烟，请勿为他种香烟所混”①。以质量求得消费者的认可。

电影广告是近代企业较少采用的广告形式，因这种广告对机器设备、摄影技术、人才等要求较高，不是一般的企业能够达到的。英美烟公司由于其财力雄厚，且属于外资企业，易于从国外进口最先进的设备，雇佣先进人才，因而具有制作电影广告的条件。

单纯拍摄电影本身对于英美烟公司来说，当然是“浪费钱财”，“除非我们由此得到广告的利益”，因此要拍摄精彩的能够吸引中国民众的电影，这样才能够在“情节最有趣的地方，有精心设计的广告短语。这种广告插入时既引起中国人的注意而且适合他们的口味”。②

英美烟公司除在上海设有电影部外，在天津、汉口、香港等地分设电影

---

① 《大公报》(天津)，1916年10月1日。

② 上海社会科学院经济研究所编:《英美烟公司在华企业资料汇编》第2册，中华书局1983年版，第641页。

部，属于广告部内。英美烟公司拥有“除美国之外当时世界上任何地方所能找到的最先进、最好的电影制片厂之一。”① 此外，英美烟公司还收买和投资兴建电影院。到1925年4月，英美烟公司在上海就拥有“闸北”“大英”“新芳”“宝兴”“自由”5家电影院，在天津也成立了三家以其香烟“三炮台”命名的电影院。这些影院为英美烟公司的电影广告宣传提供了阵地。它在天津“三炮台”电影院放映其摄制的“天津赛马”时，观众极为踊跃，“后至者竟无座位”。“前大总统黎宋卿（黎元洪）及其眷属，亦惠然光临”。公司对顾客按其购票的价格赠送公司产的纸烟，“3角钱送三炮台一盒，2角钱送哈德门或黄狮子一盒”。“顾客既观优美之影片，复吸香甜之香烟，对于本公司之感情，日益融洽，自不待言”。②

烟标、年历广告画、月份牌等是英美烟公司另一个进行广告宣传的阵地。

烟标（附在香烟盒里的画片，又名香烟牌子、毛片）、月份牌、年画和招贴画是英美烟公司报纸广告外的四种主要形式。（见第七章第二节促销手段的本土化）

英美烟公司还是在中国用广播电台做广告的先行者。它在上海广播电台每天晚上（除星期日外）的“苏州评弹节目”中，对“大前门”“三炮台”和“白锡包”香烟做广告。1948年2月10日起，在上海XORA中国短波广播电每晚于转播两家上海剧院的京剧实况节目中，插入英美烟公司香烟的宣传广告。借助报刊电台的使用，英美烟公司的影响和销售网进一步扩大，利润进一步增加。③

3. 投资大

英美烟公司对广告的投资是国内一般的企业望尘莫及的。英美烟草公司1921年在天津建厂投产后，公司曾设立50余人的广告部，广告费支出就占办公费的80%左右。1936年5月，天津英美烟草公司仅支付中外报纸的广告费就相当于当时30万支中档烟的售价。1924年10月份到1825年3月份，山东区哈德门香烟的广告费用竟分别达到销售收入的20.60%，45.73%，

---

① ［美］高家龙：《中国的大企业——烟草工业中的中外竞争（1890—1930）》，樊书华、程麟荪译，商务印书馆2001年版，第203页。

② 上海社会科学院经济研究所编：《英美烟公司在华企业资料汇编》第2册，中华书局1983年版，第709－710页。

③ 邢丕震：《中国烟草广告研究》，中国经济出版社2003年版，第24页。

21.14%，21.12%，9.70%，11.12%。[①]

表4-11　英美烟公司1923—1926年在上海报刊的广告费

单位：①银两，②元

年份	外文报纸	外文期刊	中文报纸	中文期刊	其他	合计	备注
1923	3315.66① 5288.97②	212.00 4611.98	400.00 51616.01	200.00 3498.32		4127.66① 65015.28	本年缺 1—3月数字
1924	5333.30 15706.67	2792.58① 10956.36	400.00 100486.32②	55.00① 3860.00②		8580.88① 131009.35	
1925	4527.94 10026.61②	2164.74 5562.10②	93616.18	2818.00	472.00 3503.05②	7164.68 115525.94	
1926	4699.52 12534.03②	1386.28 6743.86	15699.25	1562.00	430.00 2407.44②	6515.80① 38946.58	本年缺6、9 两月数字

资料来源：上海社会科学院经济研究所编：《英美烟公司在华企业资料汇编》第2册，中华书局1983年版，第705页。

可见，英美烟公司在广告上的投入是十分巨大的，其巨大的广告投入也带来了巨大的利润和效益，而巨大的利润和效益是其进行更大规模广告的后盾。

四、公共关系促销

公共关系是指“企业通过各种公开活动，让社会各界公众了解本企业和产品，以获得其好感和信赖，并为企业营造一种良好的社会舆论环境，以促进企业产品的销售”[②]。公共关系是公司开展销售活动的第一步，公司要采取具体的步骤来管理与它有关的关键公众之间的关系。

具体说来，英美烟公司的公共关系主要包括同中国政府和官员、地方军阀的关系，同社会一般百姓的关系。本书主要就英美烟公司和政府、官员的公关活动、与税收部门的公关活动和公益事业的开展三个方面来剖析英美烟公司的公关活动。

① 上海社会科学院经济研究所编：《英美烟公司在华企业资料汇编》第2册，中华书局1983年版，第704页。

② 夏德森：《市场营销学》，北京理工大学出版社2016年版，第216页。

（一）与政府、官员之间的公关活动

在中国不论做任何事情，不同政府和官员打交道是万万不能的。英美烟公司作为近代进入中国的大公司，对此有深刻的体会。同政府、官员的公关活动是英美烟公司在华的主要活动之一，其实行取得了令人满意的效果，在产品销售方面，其效果更为显著。

1. 为公司的高级职员支付交际费、密切同官员的交际。交际费是英美烟公司对公司的高级职员专门拨款，用于结交官员的经费。1921 年 1 月 24 日，上海英美烟公司董事会记录中有这么一条："莫逸士先生应有权处理每年墨洋 12000 元的特别津贴，作为交际费用，此项费用无须填写报销单。"[①] 1924 年，英美烟公司在北京设立办事处，以取得政府官员的信任。1943 年重庆颐中运销烟草公司施维福就记载了自己一周与政府官员的交际情况："本星期我在城市各处兜游了一圈。上星期六晚上我在孔博士（孔祥熙，中华民国财政部长）处进餐……星期一我在美国大使馆午餐。星期二我同哈罗德·李和杜普雷（Dupree）在中美文化协会午餐（没明确透露什么事情），昨日我同王贤（译音）先生及夫人午餐；今日下午出席美国大使馆的感恩节招待会，然后与弗朗西斯·潘（交通部）进餐，明日晚将在郭泰祺博士（中华民国政府官员及外交家，在 20 世纪 30 年代—40 年代的国家外交政策的制定上，有举足轻重的地位。曾任外交部长、驻外大使、联合国安理会首任中国首席代表）借 K. P. 陈住宅举行的宴会上与郭泰祺博士用膳。"[②]

2. 英美烟公司还通过送礼、贿赂等方式取得政府、官员的帮助。1924 年，为解决江苏省的卷烟特税问题，南京英美烟公司经理赵尔丹同意了英美烟公司董事柏思德的建议，向江苏省督军齐燮元赠送一架放映机并每周提供一套节目，同时派一名胜任的技工管理放映机，但这些要等到"20% 的捐税问题解决之后才能进行"。[③] 1929 年，为减少交纳的卷烟税，改变英美烟公司某些香烟牌子的分级，申请免税证件以及解决其他方面的困难，沈阳英美烟公司经理贺尔伯向上海英美烟公司柯深史，建议给有关方面送礼。他在信中

---

① 上海社会科学院经济研究所编：《英美烟公司在华企业资料汇编》第 2 册，中华书局 1983 年版，第 638 页。

② 上海社会科学院经济研究所编：《英美烟公司在华企业资料汇编》第 2 册，中华书局 1983 年版，第 638 页。

③ 上海社会科学院经济研究所编：《英美烟公司在华企业资料汇编》第 2 册，中华书局 1983 年版，第 642 页。

写道："你可同意通过'馈赠'做些工作来扫平我们的道路？这可能要花费很多钱，大概5000多元，因我想厅长和他的部下我都得去疏通一下。'北平'以及其它几种类似牌子的情况，对我们来说，正趋于十分严重，只要有区别对待的税收，我们的牌子就被捆住了。从我们的领事代表处，我们是找不到帮助的——正是抗议是不会带来满意效果的，反而会使另一方更难以对付。"①

1926年1月，为运输香烟，英美烟公司通过山东督办张宗昌的顾问默库洛夫搞到了一列火车，为此，公司付给他4000元作为酬劳。②

罗文干曾任北洋时期中华民国总检察厅长、财政部长。1930年在东北任张学良的顾问。由于罗文干和沈阳当局制订政策的人都有接触，所以英美烟公司决定按月雇佣其为公司服务。罗文干接受了英美烟公司的聘任，英美烟公司从1930年10月起就开始付钱给罗文干，汇款由伦敦办事处每月付400比利时法郎到罗文干指定的地址。

1947年4月，上海英美烟公司还将废烟末作为花园肥料免费送给下列个人：蒋介石夫人，东平路9号，200公斤；宋子文先生，西爱咸斯路583号，200公斤；C. V. 斯塔尔先生，虹桥路244号，200公斤；华商总会俱乐部，虹桥路585号，200公斤。1947年11月，公司把10支装红锡包香烟500支一纸盒公22盒，分送与英美烟公司有联系的11位官员。1948年初，公司备忘录记载其送给各有关政府机构的香烟数量，其中直接税局三炮台10纸盒，绞盘20纸盒；敌伪产业处理局绞盘10纸盒，三炮台8纸盒；上海市政府三五牌2纸盒，绞盘10纸盒。南京（沈昌焕先生，蒋介石顾问）三五牌1纸盒；汽油配给委员会及中国始有公司绞盘4纸盒，六更8纸盒。③

通过送礼和贿赂，英美烟公司和政府官员拉上了关系，取得了种种优惠特权，为产品销售渠道的畅通，减免商品税收，减轻抵货运动造成的损失创造了条件。

（二）通过捐助赞助中国的慈善事业

外资公司对东道国慈善事业的捐助是其融入所在国社会、文化的捷径，

---

① 上海社会科学院经济研究所编：《英美烟公司在华企业资料汇编》第2册，中华书局1983年版，第642-643页。

② 上海社会科学院经济研究所编：《英美烟公司在华企业资料汇编》第2册，中华书局1983年版，第653页。

③ 上海社会科学院经济研究所编：《英美烟公司在华企业资料汇编》第2册，中华书局1983年版，第644-645页。

是改善东道国消费者对其公司的印象，建立消费者和公司的情感联系，巩固消费者对其品牌忠诚度的有效手段。慈善捐助是将产品销售与社会问题或公益问题结合起来，达到增加产品销量、改善企业形象、增加企业利润的目的。英美烟公司在企业捐赠方面有着成熟的“企业公民”理念，将企业捐赠与企业的发展战略和商业利益紧密联系在一起。

近代以来，中国反对外国侵略和不平等条约的抵货运动此起彼伏，英美烟公司的慈善捐助也有缓解抵货压力的因素。英美烟公司自诩其“向持见义勇为当仁不让主义，故对于慈善等事，无不热心捐助”。[①] 表4－12是英美烟公司在华期间的主要捐款。

表4－12　1917—1934年英美烟公司主要捐款

捐助年份	捐助对象	捐助原因	捐助方式
1917年	蚌埠几千难民	蚌埠被烧毁，几千人无家可归	捐款，数额不详
1919年	资助四名学生去美国的三一学院和哥伦比亚大学读书	成绩优良	捐款70000元
1919年	广州红十字医院		每月325元，另外支付800元办公费
1919年	湖北难民	水灾	捐款5000元
1920年	直隶、山东、河南、山西等省难民	旱灾，几千人饿死，另有几万人挨饿	捐款100000元，另设由外籍雇员主管的粮站，每天向数千人提供粮食和粥近两年
1921—1922年冬	南京区的难民中的儿童	帮儿童回到家乡	花费20000元
1922—1923年	汕头、宁波、兰溪、长沙、芜湖、福州、汉口等地难民	特别救济	大笔款项，数额不详
1923年	东北难民	洪灾	捐款10000元

① 上海社会科学院经济研究所编：《英美烟公司在华企业资料汇编》第2册，中华书局1983年版，第729页。

（续表）

捐助年份	捐助对象	捐助原因	捐助方式
1923 年	江苏江洲水灾赈济会	洪灾	在南京下关游艺大会所售大前门烟款项
1924 年	国际救灾委员会	一般性用途	捐款 10000 元
1925 年	广东江门难民	洪灾	赈义会所售香烟款项 1120 元
1925 年	北京大学	建筑新校舍	捐款 10000 元
1925 年	中国大学		捐款 10000 元
1927 年	安徽红十字会芜湖分会		捐款 150 元
1929 年	华北难民	旱灾	捐款 10000 元
1931 年	宋夫人（宋庆龄）纪念基金		捐款 2400 元
1931 年	宋夫人（宋庆龄）纪念基金		公司董事私人捐赠共 600 元
1934 年	上海中国银行总经理张嘉璈	张嘉璈在家乡江苏六合开设医院	捐款 1000 元

资料来源：上海社会科学院经济研究所编：《英美烟公司在华企业资料汇编》第 2 册，中华书局 1983 年版，第 721－729 页；上海社会科学院经济研究所编：《英美烟公司在华企业资料汇编》第 4 册，中华书局 1983 年版，第 1429－1431 页。

表 4－13　1938—1940 年英美烟公司捐款举例　　单位：元

年份 机构名称	1938	1939	1940
中国英侨协会	250	1000	13000
上海美童公学	1000		
上海英商会	2500	1500	2500
上海英美烟网球俱乐部	500	500	800
上海英美烟足球俱乐部	250		
浦东颐中体育协会		100	150
沈阳高尔夫俱乐部		10000	

资料来源：上海社会科学院经济研究所编：《英美烟公司在华企业资料汇编》第 2 册，中华书局 1983 年版，第 730 页。

1946 年到 1948 年，英美烟公司的捐助对象更加广泛，捐助也更加频繁。其中有医院、孤儿院、大学、青年会、救世军、残疾人学校、疾病研究机构、救灾机构、教堂、体育协会等，共计 58 次。其中 1946 年 12 月 1 次，其他为 1947 年 1 月到 1948 年 12 月的捐助。捐款货币有英镑、美元、法币、金圆券、港币等，数额不等。①

英美烟的慈善捐助得到了当地报纸的宣传。它在给芜湖红十字会捐款后，红十字会在《皖江日报》《芜湖日报》和《工商日报》对英美烟公司进行了“公开的感谢”。②

英美烟公司的慈善捐助在一定程度上改善了公司形象，提高了产品知名度，抵消了抵货运动的影响，促进了产品销售。

（三）与中国政府交涉，力求降低烟税，减少卷烟的销售成本

英美烟公司利用不平等条约和中国历届政府签订特惠的卷烟税约，将它作为降低产品成本，增加利润，增强市场竞争力的必要条件。

英美烟公司来华投资后，清政府拟对英美烟公司就地制销的香烟按进口税率开征 5% 的卷烟税。当时世界各国的烟税，均比其他税种重。有值百抽进口税二百者，有值百抽百者，或值百抽七十五者，最轻者亦为值百而抽二十五。而我国按值百抽五，较其他国家来说，已经很轻，然而英美烟公司犹显不足，公然多次强词夺理地要求，按烟丝每百斤交银四钱五分的税率纳税。英美烟公司通过英、美驻华公使极力反对，于是产生了减轻进口烟税的“庆亲王合约”。

1904 年 12 月 26 日庆亲王致英国驻华公使萨道义爵士函。庆亲王奕劻当时任外务部大臣，此件也称为“庆亲王合约”。③ 以下为该信函：

我很荣幸地告知阁下，关于征收在上海制造的香烟的出口税问题的照会，已于 12 月 13 日收到。

我部认为香烟系由烟丝（精制烟叶）制成，但不能继续用其后者的名字，正如外国布是由棉纱制成的，不能再称其为棉纱一样。外国布所纳税款不同

① 上海社会科学院经济研究所编：《英美烟公司在华企业资料汇编》第 2 册，中华书局 1983 年版，第 730－732 页。

② 上海社会科学院经济研究所编：《英美烟公司在华企业资料汇编》第 2 册，中华书局 1983 年版，第 723 页。

③ 上海社会科学院经济研究所编：《英美烟公司在华企业资料汇编》第 2 册，中华书局 1983 年版，第 750－751 页。

于棉纱，因此，如果声称香烟一定要和烟丝同样纳税，这样是不公正的。

上海海关以前对香烟征收同烟叶一样税率的过程，不过是一种以相似商品为理由而达成的折中办法，同时也是因避免价值计算困难而采取的一种权宜之计。正常的办法，肯定是应按价值百抽五，同没有列入税率表的其他货物一样处理。

此外，本部为了鼓励生产，决定使用仅征收从价值百抽五的单一税，不再征纳其他税收的办法。这样就已有了十足的补偿利益。但由于阁下不断来信辩论这一点，坚持要继续按烟丝每百斤交银四钱五分的税率纳税，本部拟不加反对，予以同意。但因从价值百抽五的税率已予免除，就不能再享受免征其他捐税的权利，产品必须实行的规定是如已付出口税的商品重新进入其他港口，沿岸贸易税必须照付，如更深入运至内地，必须向海关纳关税，向厘金关卡纳厘金。

关于上海海关以往已征税款的超过部分，假使该商品肯定已付出口税而未进入其他港口，或并未重新运入内地，超交部分的金额待核实后，将指令以退税证的形式退还企业。特此回复阁下。我很荣幸地要求能得一回信，以便对有关的海关当局发出必要的指令。

因为当时华商烟厂所造卷烟的主要原料烟料、纸料、药料等，全部来自外国，进口时已经交过值百抽五的税率，造成纸烟后再征值百抽五的税，实际上是对华商厂的重征，这样既增加了华商卷烟的成本和价格，从市场竞争角度说，仅此华商厂就很难与英美烟公司在价格上相抗衡。北洋烟草公司的负责人曾这样说道，“夫中国；华人之中国也。所完之税，中国之库帑也。中国政府欲保护其本国商人，或准免税，或令从轻，自系固有主权。乃税务司以受雇之外人，出而干涉，从知我国关税操纵在人，遇洋商则保护之，遇华商则摧残之，与各国造成一反比例……关权如果长此授与外人，不设法收回自管，我国工商前途，尚何有振兴之望。烟草尚其小焉者耳，而外人尚不肯一线放松，其居心大可畏也。[①]

这样，英美烟公司不仅在技术设备上先进于中国卷烟厂，而且税收比中国卷烟厂减少一半，大大减轻了英美烟公司的销售成本，提高了产品的竞争力。

---

① 上海社会科学院经济研究所编：《英美烟公司在华企业资料汇编》第 2 册，中华书局 1983 年版，第 753 - 754 页。

1921 年 8 月起，北京国民政府公布了《征收纸烟捐章程》，卷烟税正式开征，包括进口卷烟税、在华制造税和内地二五统捐三类。进口卷烟征收 5% 进口税，在华生产的出厂捐税为每 5 万支 2 元，运销内地的统捐税率为 2.5%。由于英美烟公司的卷烟不用缴纳民族卷烟企业要缴纳的厘金和落地税等，成本较民族卷烟企业为轻，因此民族企业在竞争中处于劣势。[①]

南京国民政府成立后，于 1928 年公布了《征收卷烟统税条例》，开始对卷烟和雪茄烟征收统税。统税对高级卷烟征收的税率低于中级烟，中级烟又低于低级烟。这种税率有利于生产高、中级卷烟的英美烟公司，而不利于生产中、低级卷烟的民族卷烟企业，损害了民族卷烟企业的利益。[②]

综上所述，英美烟公司通过与中国历届政府交涉烟税，始终比民族烟厂占有较大的税收优势，降低了本来就远较民族烟厂为低的成本，这为其销售价格的制定和利润的获取提供了更大的选择空间。

---

① 上海社会科学院经济研究所编：《英美烟公司在华企业资料汇编》第 2 册，中华书局 1983 年版，第 763 - 765 页。

② 上海社会科学院经济研究所编：《英美烟公司在华企业资料汇编》第 2 册，中华书局 1983 年版，第 768 - 769 页。

第五章　英美烟公司的销售组织、销售制度和渠道管理

销售组织是企业的龙头，是企业最直接的效益实现者，在企业中具有举足轻重的地位。销售工作的成功与否直接决定企业的成败。销售渠道是销售组织的一部分，是连接企业与市场的桥梁。销售渠道是“促使产品或服务顺利地被使用或消费的一整套相互依存的组织。它们是一个产品或服务再生产以后经过的一系列途径，从而使产品或服务经过销售到达最终使用者手中”。[①]

第一节　英美烟公司销售组织和渠道变迁

英美烟公司的销售渠道是随着公司在华的成长和国际国内环境的变化而改变的，其销售机构的变化经历了以下几个阶段：一是公司成立前其组成公司在华的销售渠道（1890—1902）。这一阶段的特征是美国烟草公司依靠经营进出口业务的老晋隆洋行和英国烟草公司依靠专门推销英国香烟的公发英行进行销售；二是公司在华早期阶段的销售渠道（1903—1919）。这一阶段的特征是公司整合了原来为两国烟草公司推销烟草的代理机构，同时派出大批外籍人员到内地建立各级销售分支机构；三是公司在华迅猛发展阶段（1919—1941，1946—1949）。这一阶段的特征是公司销售机构由公司直接控制转为公司管理销售行政系统，具体业务依靠中国经销商来进行。（1941 年到 1945 年，

① ［美］菲利普·科特勒、凯文·莱恩·凯勒著：《营销管理》第 13 版，王永贵、于洪彦、何佳讯、陈荣译，格致出版社、上海人民出版社 2009 年版，第 470 页。

公司由于英美对日宣战，英美烟公司受到日本的军管，外籍职员被关进集中营，所以这一时期不包括在内）

一、英美烟公司成立前其组成公司在华的销售渠道（1902 年以前）

美国老晋隆洋行是在华经营进出口业务的公司，它于 1890 年最早把香烟输入到中国。[①] 1899 年，美国人菲理斯克担任老晋隆洋行的经理，开始大批向中国运销香烟。老晋隆洋行是美国香烟的代理机构，它同上海的 7 家中国杂货店签订合约以作为它的经销商：叶德馨（叶益水）、乾坤和（蒋正元）、永泰栈（郑伯昭）、永仁昌（严维周）、福和（陈文鉴）、陈保昌（不祥）、义大生（老韩）。这 7 家经销商在营业上采取一致的行动，共同垫款，共同推销，逐步打开了香烟的销路。

1891 年，英国惠尔斯公司就和上海的英国企业公发英行签订了经销合约，通过折扣和佣金来激励公发英行推销其烟草。其后，在 1894 年和 1898 年又先后和公发英行续订了经销商合约，其中 1898 年的合约确定了公发英行在上海地区的独家经销权（此处的上海地区是指温州以北的所有港口），确定了经销的烟草牌子，佣金还是按货物价值的 5% 支付，同时要求公发英行不要经销其他烟草制造商的产品。

二、公司在华早期阶段的销售渠道（1903—1919）

随着公司业务的增大，公司开始整合原来两国烟草公司在华的销售机构，建立自己的销售渠道，以增强对渠道的控制力。

1902 年 9 月 28 日，帝国烟草有限公司将前美国纸烟公司业务和资产，包括仓库和老晋隆洋行的运销出售给英美烟公司。同时，将公发英行与惠尔斯牌子有关的经销安排、帝国烟草有限公司的联合公司和附属公司在中国的一切业务移交给英美烟公司。这样，英美烟公司就获得了在内地、香港及其周围地区的业务。1903 年 1 月 20 日到 1904 年 7 月，英美烟公司任命上海公发英行为所有英国产品在中国的运销商。此后由老晋隆洋行接替公发英行成为英美烟公司的运销商。

---

① 上海社会科学院经济研究所编：《英美烟公司在华企业资料汇编》第 1 册，中华书局 1983 年版，第 11 页。

1903年7月9日，英美烟公司收购了老晋隆洋行这一私人商行的业务。1903年11月19日，仍名老晋隆洋行的公司根据美国新泽西州的法律组成并登记，以后称为新老晋隆洋行或第二老晋隆洋行，成为英美烟公司在华的附属企业。

公发英行的代理业务在1904年7月终止，由老晋隆洋行自1904年7月1日起到1908年7月1日止每年7月1日付给公发英行500英镑或其等价物，公发英行承诺自1904年7月1日起的15年内，公发英行及其合伙人和业务继承者“都不得在中国、满洲（东北地区）或朝鲜，直接或间接参与或从事烟草以及烟草的任何产品的定货、购销、经营或制造业务，也不得于与上述性质有关的任何业务中使用公发行这个名字”。[①] 1905年6月28日，英美烟公司授权新老晋隆洋行为其在上海的独家经销机构。至此，英美烟公司建立了自己在上海范围内的销售组织和销售渠道。

三、公司在华迅猛发展阶段的销售渠道（1919—1941）

1919年2月24日，英美烟公司取消了第二老晋隆洋行的烟草商品运销权，任命驻华英美烟公司为英美烟公司在中国的独家经销商，为期50年，按协议规定可以延期。

永泰和合资公司的成立对英美烟公司销售渠道的发展具有重要意义。永泰和由原来老晋隆洋行的7家大同行之一的永泰栈发展而来，其经理为郑伯昭。因郑伯昭销售“大英牌”香烟取得了突出成绩，1917年11月23日，郑伯昭和驻华英美烟公司执行董事唐默思签订了合约，规定自1918年1月1日起，委托郑伯昭为“大英牌”和“锦扇牌”香烟的独家经销，同时规定不得经销其他公司的产品，后又把“双马牌”“仙女牌”“第一牌”等香烟的销售全给予了永泰和。[②]

1919年5月6日，上海驻华英美烟公司执行董事柯伯思，因英美烟公司在华的一切权益都转让给驻华英美烟公司，再次和郑伯昭签订了附加协议，规定：由驻华英美烟公司指派一名外籍同时担任永泰和公司的销售顾问，重

---

① 上海社会科学院经济研究所编：《英美烟公司在华企业资料汇编》第1册，中华书局1983年版，第13页。

② 上海社会科学院经济研究所编：《英美烟公司在华企业资料汇编》第2册，中华书局1983年版，第621－622页。

申委托永泰和为“大英牌”和“锦扇牌”的独家经销；永泰和可以在英美烟公司在华的12个区的总部以及英美烟公司今后可能成立的任何新的总部相联系，在总部所在的城市或该区范围内选定一个区经销商，该经销商可以在该区物色一个或几个大经销商和小经销商担任该区各乡村、城镇和地区的推销工作，永泰和委任的区经销商在任何情况下都不得担任其他牌号香烟经销商的职务；永泰和公司的货物由驻华英美烟公司根据永泰和的定货单运到公司在各区总部的仓库，运费由英美烟公司支付；如不得英美烟公司书面同意，永泰和不得将“大英牌”和“锦扇牌”香烟以比永泰和付给英美烟公司的货价低的价格出售；英美烟公司按照售给永泰和的价格付给1%的佣金。①

1921年9月27日，公司把给予郑伯昭“大英牌”和“锦扇牌”的专销权移交给永泰和公司。1922年1月10日，作为驻华英美烟公司合资公司的永泰和烟草股份有限公司成立。1921年12月16日到1933年2月3日，英美烟公司先后给予永泰和“进步”“爱罗”“美鹰”“桥牌”“棋盘”“双马”“黄金”“金边”“新月”“现代”“第一”“老树”“美伞”“双十”“仙女”等香烟牌子的经销权。

1931年3月5日，驻华英美烟公司把东方区一切香烟牌子的经销权给予永泰和，并付给佣金。1947年2月19日，上海颐中烟草公司同永泰和签订经销合同，规定由永泰和担任上海和东方区所有香烟牌子的经销商；担任中国各地除台湾和东北九省“进步”“爱罗”“美鹰”“桥牌”“棋盘”“双马”“黄金”“金边”“新月”“现代”“第一”“老树”“美伞”“双十”“仙女”“金福”“海棠”“四马”“金章”“老刀”“五华”“红锡包”香烟的经销商；英美烟公司付给永泰和按英美烟公司售给永泰和的价格的3.5%的佣金。②1931年后，永泰和逐步把在满洲的经销权让渡给启东烟草有限公司。

由于英美烟公司在华的事业日趋庞大，加上公司预计中国将进行税制改革，因此将原来的驻华英美烟公司分为颐中烟草运销公司、颐中烟草公司、振兴烟叶股份有限公司、首善印刷股份有限公司等，借以减轻税负，也有分别加强生产、销售、原料供应、包装设计等部门的意图。1934年11月1日，

---

① 上海社会科学院经济研究所编：《英美烟公司在华企业资料汇编》第2册，中华书局1983年版，第622－625页。

② 上海社会科学院经济研究所编：《英美烟公司在华企业资料汇编》第2册，中华书局1983年版，第625－627页。

根据1932年香港公司法和1925年英国女王关于中国（公司）的敕令，驻华英美烟公司运输部改组为颐中运销烟草股份有限公司，专门负责中国原属于驻华英美烟公司的运销业务，拥有驻华英美烟公司自英美烟公司取得的在华独家货物经销权，拥有在中国独家运销颐中烟草公司货物的权力。公司不得在中国以外地区经营业务。①

1941—1945年，随着英美对日宣战，太平洋战争爆发，日本开始剥夺英美在华企业，对其进行军事管制。日本首先取得了对在满洲的启东烟草公司的控制，1941年12月8日，田中取代英美公司代表G. M. 汉兹库姆任七段烟草公司的董事兼代表，接着公司在沈阳和营口的职员被拘留。1943年，日本在新京成立满洲香烟管制组合，进一步控制了香烟的分配、价格和运输。1944年8月30日启东和老巴夺公司被卖给日本的“特别财产基金部”。当日，“特别财产基金部”把启东和老巴夺公司出售给新建的中央烟草有限公司，并开始营业。新公司的经营方式基本和原公司一样，其基层职工也维持原状，只是董事会部分由日本和“满洲国”的人员控制。②

1941年12月8日，颐中烟草公司及其联合公司就处于日本的军事管制之下。日本对这些企业实行监理官制度。1942年2月25日，上海地区日本陆军司令和日本海军司令命令颐中烟草公司及其联合公司必须服从日本军事当局派遣的财务监事官和其他官员的一切指令，不得转让任何财产，不得不经许可处理公司的利润。1942年3月22日，公司由日本陆军和海军直接经营，由日本兴亚院指派日本人川神全权管理。永泰和公司同样于1941年12月8日由日本陆军和海军实行军事管制，并制定丸三商工会社为该公司的监督人，所有永泰和的业务均由丸三商工会社监督管理。1942年11月，颐中烟草公司及其联合公司由新成立的华中卷烟配给组合实行集中控制。

1945年后，英美烟公司重新接收了被日本控制的各地区的公司，但由于中国内战的爆发，英美烟公司总公司不再对在华企业增加投资，生产能力缩小，加上原料来源困难，恶性通货膨胀等，公司确定了减少订货、限制生产的原则，产销量较战前大大减少，销售量占全国的比重由战前的60%减少为

① 上海社会科学院经济研究所编：《英美烟公司在华企业资料汇编》第1册，中华书局1983年版，第66-67页。

② 上海社会科学院经济研究所编：《英美烟公司在华企业资料汇编》第1册，中华书局1983年版，第86-89页。

不足 20%。同时公司的设备、资金也开始大批外移。

1952 年，公司以其全部在华厂房、机器、原料补偿中国籍员工的工资，英美烟公司完全退出中国。

第二节　英美烟公司销售制度

英美烟公司的销售制度主要是中央集权、分级管理为特征的销售制度、货栈制度和督销制。由于督销制既是英美烟公司的销售制度，又是其销售本土化的突出表现，本书把督销制放在第七章销售本土化中进行分析，本节主要分析英美烟公司的销售制度、货栈制度以及各级销售机构的职能。

一、中央集权为特征的管理等级制销售制度

1921 年前，公司建立了由公司完全控制的经销网，实行中央集中管理。1902 年英美烟公司进入中国后，其执行董事唐默思就开始从外国主要是美国南部的烟草生产州北卡罗来纳和弗吉尼亚招募了大批来自农村的青年，因为他认为："他们从小就种植烟草，烤晒烟叶，生产香烟，因此推销香烟对于他们来说是驾轻就熟的事。"[①] 这些青年来华后，通过对其进行半年以上的汉语培训，便将其派到中国的各个地方从事香烟的推销、市场调查和建立销售据点的活动，同时也注意同当地的官员、商人搞好关系。经过这些推销队伍的活动，英美烟公司在华建立了一套销售网，到 1912 年，"中国 18 个省中所有大大小小城市可能都设有英美烟公司的这种货栈"。[②]

为适应中国地区辽阔，各地政治经济状况不同的特点，便于对销售地区层层节制、集中管理，驻华英美烟公司建立了一套同中国行政区域基本一致的销售管理体系，设立"部""区""段""分段"四级销售组织。"部"包括几个省的范围，"区"公司管辖相等于省一级的业务，"段"办事处管辖相

---

① ［美］高家龙：《中国的大企业——烟草工业中的中外竞争（1890—1930）》，商务印书馆 2001 年版，第 26 页。

② ［美］高家龙：《中国的大企业——烟草工业中的中外竞争（1890—1930）》，商务印书馆 2001 年版，第 27 页。

等于专区一级的业务，“分段”管辖相等于县一级的业务。部、区、段、分段作为公司管理销售的行政机构本身并不直接经营业务，它的职能是负责各该地区的广告、运输、收款、发货、监督和市场调查工作，经营管理完全按照上海总部的指示执行，各分支机构事无巨细，均须请示报告，并按月向上海总部汇报当地本牌、敌牌卷烟销售情况和销售增减的原因。英美烟公司把全国共分为5个部（1929年以后又增加一个部），16个区，区以下又设立若干段，段以下又有分段。这样，整个中国就形成了一个完整的销售网。

表5-1　1929年前英美烟公司各部及所辖范围

天津部	北方区、边境区、芦汉区、山东区
汉口部（中央部）	湖北区、湖南区、河南区
满洲部	
上海部	东方区、南京区
香港部	南方区、广西区、云南区

资料来源：上海社会科学院经济研究所编：《英美烟公司在华企业资料汇编》第2册，中华书局1983年版，第535-542页。

表5-2　1929年后英美烟公司各部及所辖范围

天津部	北方区、山东区
北平部	边疆区、芦汉区、北平区
南京部	南京区、江西区
中央部	湖北区、四川区、湖南区、河南区
满洲部	南满区、北满区
香港部	华南区，广州区、云南区

资料来源：上海社会科学院经济研究所编：《英美烟公司在华企业资料汇编》第2册，中华书局1983年版，第542-543页。

由于华北在政治经济上的特殊性，英美烟公司在销售政策上给以特殊地位，在天津设立办事处，下辖芦汉、北方、山东、蒙疆4个区，其他区则由上海总公司直接管辖。天津办事处经理虽然对华北地区的业务负有全部责任，但并没有自己做决定的实权，一切都需上海总公司裁决，只是上海总公司的代办人。例如，关于卷烟种类和数量的报告，由天津办事处经理把下辖各区的报告汇总转寄给上海总公司，其他区则直接寄给总公司。

表5-3 英美烟公司上海天津办事处所辖各区

上海办事处	天津办事处
广东区、广西区、云南区、华南区、江西、区、湖南区、四川区、湖北区、东方区、河南区、上海区	北方区、蒙疆区、山东区、芦汉区

资料来源：上海社会科学院经济研究所编：《英美烟公司在华企业资料汇编》第2册，中华书局1983年版，第542-543页。

二、各级销售机构的职能

上海总公司销售部是直接管辖整个销售系统的机构，全权负责销售事宜。1934年，销售部改为营业广告委员会，但其职能基本仍和销售部相同。销售部和营业广告委员会的职能主要是：1. 确定价目单和包装的变更。2. 考虑改变商标式样的建议。3. 批准所建议的商标名称，授权注册和保护商标。4. 向初级委员会建议租赁营业和广告分支机构的场所。5. 批准关于广告篇幅、位置、设计的合同与协议。6. 向工程部建议仓库及分办事处所需整修和翻新工程。7. 向初级执行委员会提出广告拨款的建议。8. 设计包装和广告材料，并大致负责以下事项：包装设计、包装及广告材料、成品库存。9. 接受并考虑对公司或其他部门的产品所提的意见和不满，并采取必要的行动。10. 考虑并批准与经销商订协议的建议。①

部的职能主要是定货、运输、广告、会计、敌情、法律等几项。以天津部为例：②

定货部：负责有关向工厂定货、配货和送出的数量及其方法，各地库存数的调查以及编制产品的各种统计数等事项。

广告部：负责监督公司外面的各种物料，以及有关库存各种广告材料、涂料、木匠等事项。应注意的是，凡有关广告的全部事项和事务，其工作人员不管天津办事处、区办事处、段办事处，都直接受上海总公司管辖。广告

① 上海社会科学院经济研究所编：《英美烟公司在华企业资料汇编》第1册，中华书局1983年版，第118页。

② 上海社会科学院经济研究所编：《英美烟公司在华企业资料汇编》第1册，中华书局1983年版，第520页；天津市政协文史资料研究委员会编：《天津的洋行和买办》，人民出版社1987年版，第174-175页。

的方法和内容在全国都非常统一。

运输部：负责保险事务、轿车和卡车的监督、产品的输送，产品和原材料的输入和输出，各地仓库的管理，有关搬运个人的事务以及职员旅行等事项。

会计部：负责有关各种账簿、记录类的登记和整理，现金出纳，银行来往，各种捐税、保险费以及员工工资的支付等事项。

敌牌部：针对竞争厂家香烟的生产、销售及其代理店等情况，刺探营业情报，研究对策，采取应对策略。

法律部：负责调查竞争厂家的商标侵权行为，并就商标侵权进行诉讼，还负责进行对外联络。

英美烟公司在各区的主要地方分为若干段，各段设有办事处和仓库（直属公司）。又在段中的主要县城、村镇设有分段，在其中心地区设置仓库，以便向该分段全境销售。[①] 段办事处的主要职能是：专门向同行（经销商）推销产品，把产品运往所辖的各地城市，对同行接洽订货、收集货款，监督段以下的各地方仓库和报告每周、每月的地方情况。这些周报和月报采取备忘录的形式，包括地方政治经济情况、农作物的收成和上市、卷烟和主要商品的市场价格、经销商的各种情况和办事处内部的问题、汇兑行市的情形等。[②] 同时，段办事处还有监督所辖地区大经销商和小经销商、领导检查员及旅行推销员兼检查员的职责。段办事处要了解大经理的销售情况、经理人推销的努力程度，突击检查放给大经理的货物。检查员驻在大经理那儿，负责协助大经理做推销工作，对大经理的推销情况及经理人推销能力、社会活动、资金实力、生活作风等一切情况都要汇报给段办事处主任。如果大经理不符合要求，段就上报区，要求撤换经销商或取消合约，另换人担任大经销商。段办事处的职能还包括为解决当地遇到的关卡税收、沿途运输等同当地官员和商会会长进行应酬。

旅行推销员兼检查员则协助小经理到农村和穷乡僻壤进行推销，有的到小村镇和乡间零售，扩大人们对香烟的印象。同时，旅行推销员兼检查员还

---

① 上海社会科学院经济研究所编：《英美烟公司在华企业资料汇编》第2册，中华书局1983年版，521页。

② 上海社会科学院经济研究所编：《英美烟公司在华企业资料汇编》第2册，中华书局1983年版，第523－524页。

负责深入了解小经理的资历、推销能力、兼营业务、生活品德等并报告给段。同时旅行推销员还负责填写每周报告表。[①]

三、货栈制度

英美烟公司的另一项销售制度是其货栈（仓库）制度。英美烟公司的货栈共分三种。

第一种是英美烟公司仓库，设在条约规定的通商口岸，如上海、天津、青岛、苏州等地的货栈。这种货栈是为条约和中国的法律所允许的，是属于英美烟公司自身的或租来的。

第二种是应急仓库，是设在非通商口岸地区，是公司以自己的名义或公司中国雇员的名义租来的。由公司雇佣有担保的仓库管理员看管货物。如设在无锡的仓库。

第三种则是15甲级仓库。英美烟公司作为外商企业，要受到条约和中国法令的限制，不得在内地经商或购置地产。[②] 英美烟公司在中国内地设立货栈屡次遭到中国各地政府、商人和民众的抗议和反对。英美烟公司自身也认为，英国可以以最惠国待遇享有中日马关条约“在中国内地购买经工货件，若自生之物，或将进口商货运往内地之时，欲暂行存栈，除勿庸输纳税钞派征一切诸费外，得暂租栈房存货”。但如果从栈房根据仓库定货单出售货物，“是不包括在上述条约第6款第三节的范围内的”。[③]

为改变这种局面，英美烟公司设计了15号甲级仓库，和当地的商人通常是英美烟公司的大经销商签订15甲级合同，规定商人提供一两间房屋储存香烟，无固定租金，租金按储存的香烟每箱付0.75元。[④] 签订合同前，要把仓库所在地和大小绘成图样，填在公司的146号格式上。仓库由当地商人具体

---

① 上海社会科学院经济研究所编：《英美烟公司在华企业资料汇编》第2册，中华书局1983年版，第521－526页。

② 根据1863年中荷天津条约（第三款）；1876年中英烟台条约（第三端第四条）；1895年中马关条约（第六款（三条）；1896年中通商行船条约（第四款）的规定，外人不得在内地（即条约通商口岸以外地区）设行经商、设厂制造和购置房地产。转引自汪熙：《从英美烟公司看帝国主义的经济侵略》，《历史研究》1976年第4期。

③ 上海社会科学院经济研究所编：《英美烟公司在华企业资料汇编》第2册，中华书局1983年版，第558－562页。

④ “该公司称之为fifteen 皋兰区 aclass deales”，因为在合同的第15号规定了商人的权利和义务，见：陈真：《中国工业史资料》第2册，科学出版社，1962年版，第110页。

看管，但仓库货物的运销和保管，仍由英美烟公司的段经理进行监督。[①] 货物保险由公司承保。货物价值一般相当于签订合同商人抵押品价值三分之二。[②] 通过这种途径，英美烟公司获得了在中国内地用于货物存储的仓库。1924 年时，天津部就有 15 甲级仓库 49 个，汉口部共有 58 个，香港部共有 25 个，上海部共有 69 个，满洲部共有 55 个。[③] 表 5-4 为 1937 年英美烟公司仓库分布。

表 5-4 英美烟公司仓库分布（1937）

上海公司直辖			
地区	区	直属仓库所在地	15 甲级仓库所在地
湖北地区	汉口区	汉口、武昌、汉阳	监利、弥陀寺、公安、河溶
	沙市区	沙市、藕池口	均州、邓县
	老河口区	老河口、樊城、新安府、宜城、南洋府、枣阳、郧阳府	巴东、宜都
	宜昌区	宜昌	
	天门区	天门、长江埠	
	钟祥区	钟祥	
	岳家口区	岳家口、新沟嘴	
	孝感区	孝感、黄陂、广水	
	蔡甸区	蔡甸	
	黄石港区	黄石港	
	团风区	团风、宋埠	
	仙桃镇区	仙桃镇、沙湖	
	随州区	随州	
	沙洋区	沙洋	
	新堤区	新堤	
	岳州区	岳州、咸宁	

① 上海社会科学院经济研究所编：《英美烟公司在华企业资料汇编》第 2 册，中华书局 1983 年版，第 554 页。

② 上海社会科学院经济研究所编：《英美烟公司在华企业资料汇编》第 2 册，中华书局 1983 年版，第 558-550 页。

③ 上海社会科学院经济研究所编：《英美烟公司在华企业资料汇编》第 2 册，中华书局 1983 年版，第 540-542 页。

（续表）

上海公司直辖			
地区	区	直属仓库所在地	15 甲级仓库所在地
河南区	郑县区	郑县、开封	
	郾城区	郾城、周家口	
	许昌区	许昌、叶县	叶县
	信阳州区	信阳州、光州	信阳州
	驻马店区	驻马店、新蔡	
	洛阳区	洛阳、陕州	
	长安区	长安、南郑、平凉、天水、潼关	
	皋兰区	皋兰	
	道口区	道口、新乡县、开州	道口、开州
湖南地区	长州区	长州、镇远	湘阴
	常德区	常德、津市	桃园、安乡
	洪江区	洪江	
	衡阳区	衡阳	
	邵阳区	邵阳	
	零阳区	零阳	
	沅江区	沅江、南县	益阳
	沅陵区	沅陵	
	雷州区	雷州、全县	桂林
四川贵州地区	巴县区	巴县	
	内江区		内江
	合川区		合川、广安、遂宁、南充
	宜宾区		宜宾、泸县、乐山
	万县区		
	成都区		成都、三台、眉山、雅安
	贵阳区	贵阳	毕节、安顺
	遵义区		桐梓

(续表)

南京支店管辖			
地区	区	直属仓库所在地	15 甲级仓库所在地
南京地区	南京区	南京、下关、浦口	南京、下关、浦口、六合、明光、全椒、滁县
	安庆区	安庆	安庆、大通、桐城、枞阳
	正阳关区	正阳关	正阳关、阜阳、六安、太和
	镇江区	镇江、扬州	镇江、扬州、高邮、十二圩、丹阳
	蚌埠区	蚌埠	蚌埠、盱眙县、宿县、沟阳、临淮关、蒙城、亳县、泗县、五河县、南宿州
	泰县区	泰县	泰县、阜宁、兴化、东台、盐城、泰兴、益林
	清江浦区	清江浦	清江浦、淮安、宝应、沭阳、宿迁
	芜湖区	芜湖	芜湖、巢县、拓皋、合肥、和县、河沥溪、高淳、泾县、南陵县、三河、舒城、囊安、宜城、运漕
	新浦镇区	新浦镇	新安镇、洵水口
江西地区	九江区	九江、鄱阳、涂家埠	鄱阳、涂家埠、浮梁
	南昌区	南昌	南昌、樟树、临川、南城
	吉安区	吉安、赣	吉安、赣县
天津支店管辖			
地区	区	直属仓库所在地	15 甲级仓库所在地
山东地区	周村区	周村、张店	下洼、广饶、利津、乐陵、明水、博山、蒲台、商河、德平、武定府
	徐州府区	徐州府	徐州府、丰县、官湖、归德府、沛县、新浦镇、砀山、青州
	烟台区	烟台、龙口、威海卫	莱阳、龙口、石岛、栖霞县、东村
	德州区	德州、临清州、平原	德州、临清州、临邑、平原、武城、禹城
	曹州府区	曹州府、濮州	曹州府、濮州

（续表）

天津支店管辖			
地区	区	直属仓库所在地	15 甲级仓库所在地
山东地区	枣庄区	枣庄、临沂、滕县	枣庄、临沂、马头、滕县
	济南府区	济南府	泰安府、东河、东昌府
	青岛区	青岛	诸城、营县、高密、石臼所、即墨、平度
	济宁州区	济宁州、滋阳	济宁州、滋阳
	潍县区	潍县、青州府	潍县、青州府
石家庄地区	彰德府区		彰德府、磁州、邯郸县、顺德、临洛府关、大名府
	涿州		涿州、长辛店、广昌
	保定府区	保定府、刘守庙	河间府、保定府
	石家庄区	石家庄	石家庄、高邑、南宫
	太原府区	榆次	太原府、汾州府、平阳府、绥德府、榆次
天津地区	北京区	北京	宝县、通州、蓟县、海甸、密云县
	秦皇岛区	秦皇岛	秦皇岛、昌黎、山海关
	天津区	天津	廊房、胜芳、塘沽、王家口、新疆省
	唐山区	唐山	唐山、古冶、滦县、林南仓、乐亭、遵化
	沧州区	沧州	沧州、柴胡店、庆云县、连镇、泊头镇
张家口地区	归化区	归化、西包头	归化
	张家口区	张家口、宣化、康庄、沙城、蔚县	柴沟堡、张北县、宣化、康庄、喇嘛庙、沙城、蔚县
	宁夏区	宁夏、凉州	宁夏、凉州
	大同府区	大同府、丰镇	大同府、丰镇
广西地区	梧州区		
广州地区	广州区	广州、深圳、石歧	韶州、惠州
	江门区	江门	

(续表)

天津支店管辖			
地区	区	直属仓库所在地	15 甲级仓库所在地
华南地区	厦门区	厦门、龙溪、晋江	安海、晋江、永春、惠安、旧镇、龙岩、同安、车山
	福州区	福州、三都澳	福清、涵江、建匝、谷口、马尾、南平、沙县、邵武、洋口
	汕头区	汕头	潮州府、潮阳、揭阳、汕尾、东里、松口
	香港区	海口	北海
云南地区	昆明区	昆明、河口、会泽	昭通
	蒙自区	碧色寨、下关	蒙自、下关、腾冲

资料来源：陈真、姚洛、逢先知编：《中国近代工业史资料》第二辑，三联书店 1958 年版，第 113 - 117 页。

除英美烟公司自身的仓库外，其合资销售公司永泰和也建立了以江浙和华北为中心的销售网络，其销售网络和英美烟公司的销售网络建制大致相同（表 5 - 5）。

表 5 - 5　永泰和烟草公司销售网络

地区	永泰和仓库所在地	15 甲级经销人仓库所在地
上海地区	上海九江路	庙镇、堡镇、桥镇、南通州
	松江	如皋、北新镇、海门厅
	朱家角	
	太仓	
	新场	
东方地区	苏州	苏州、昆山、常熟、平望
	无锡	无锡、江阴、靖江、常州、金坛、宜兴、溧阳
	湖州	湖州、泗安、孝丰
	杭州	杭州、富阳、余杭、桐泸、绍兴、嵊县、诸暨
	宁波	宁波、镇海、三北、象山、定海、宁海、石浦、慈豁、柴桥
	温州	温州、瑞安、右鳌头、处州府、潞桥、海门、台州府
	嘉兴	嘉兴、平湖、硖石
	屯溪	屯溪、淳安、严州
	兰豁	金华、永康、东阳、衢州、玉山

（续表）

地区	永泰和仓库所在地	15 甲级经销人仓库所在地
南京地区	南京	安庆、蚌埠
	镇江	
湖北地区	汉口	
	黄石港	
	长江埠	
	随州	
	天门	
	团风	
	武昌	
	黄水	
	孝感	
湖南地区	长沙	
	常德	
四川地区	重庆	
	成都	
	万县	
	泸县	
	乐山	
河南地区	郑州	周家口、河南府、新乡
	西安府	开山、开封、光州、灵宝
	许州	潼关
	信阳州	
	驻马店	
江西地区	抚州	
	吉安府	
	赣州府	
	景德镇	
	饶州府	
	涂家府	

（续表）

地区	永泰和仓库所在地	15 甲级经销人仓库所在地
天津地区	北京	天津、乐亭县、芦台、滦州、泊头镇、塘沽、唐山、通州、杨村、海甸、南苑、沧州、独流
张家口地区	张家口	张家口、张北县、丰台、归化城、大同府、宣化府、西包头、平地泉、沙城
石家庄地区	石家庄	石家庄、彰德府、南宫、保定、顺德、大名府、滋州、长辛店
	保定府	涿州、邯郸、临漳
山东地区	兖州埠	安邱、朝城、张店、周村下洼、高密、冠县、曲阜、广饶、莱阳、临清州、利津、临淄、龙口、明水、平凉、博山、濮州、蒲台、商河、石臼所、石岛、寿张、寿光、泰安府、德州、滕县、枣庄、青州府、济阳、普宁州、东昌府、东河、潍县、武定府、羊家口、峄县、禹城、长清、徐州、归德府

资料来源：陈真、姚洛、逄先知编：《中国近代工业史资料》第二辑，三联书店 1958 年版，第 117－119 页。

货栈制度是英美烟运销系统的核心。通过在全国各地建立由当地商人看管、公司监督的 15 号货栈，英美烟公司巧妙地绕开了条约和中国法律的限制，为其由上到下层层铺货、顺畅物流打下了基础。

第三节　销售渠道管理

一、英美烟公司对销售渠道的激励措施

获取利润是生产商和经销商结合在一起的最根本的纽带。英美烟公司由于产品质量和知名度都高于民族烟厂和一般的外国烟厂，易于销售，加上英美烟公司的佣金、奖金、折扣、赊销等对经销商的激励，使其获得了经销商的信任和忠心，建立起了一套牢固的销售网络。以督销为例，督销不是英美烟公司的职员，也不是工作人员，所以公司对督销一般采取佣金制，佣金按销售额提成，各个地区的督销佣金不等，英美烟公司开始任命督销时给予佣

金占销售额（扣除捐税后）的比例较高，一般在4%～5%。1911—1912年，英美烟公司刚开始在重庆推销香烟时，由于市场刚刚开拓，其付给督销徐子泉的佣金高达5%，大经销的佣金也是5%。[①] 随着销售量的增加，佣金占销售额的比例降低，一般在1%左右。虽然比例较低，但由于销售额巨大，所以佣金数额很大。表5－6为1939—1942年华北地区销售总额与佣金总额。

表5－6　1939—1942年华北地区销售总额和佣金总额

年份	销售总额（元）	佣金总额（元）	占总费用的%
1939	36763222	629110	15.5
1940	81054766	1139262	15.8
1941	74814210	852587	20.2
1942	21959560	185041	11.2

注：佣金为销售总额扣除捐税后余额的1%左右；1942年为1月份的数字。

资料来源：上海社会科学院经济研究所编：《英美烟公司在华企业资料汇编》第2册，中华书局1983年版，第531页。

华北全体督销的佣金额按华北北方、芦汉、蒙疆七个督销平均分配，平均每人每月可以分到大约1万元，这是一笔很大的收入。但一区督销有两三人时，该区各个督销佣金并不是平均分配，而是按公司同全体督销的默契，按一定比例分给他们，势力大的占比例高，势力小的占比例低。

作为永泰和公司的负责人，由于永泰和销售额数量巨大，郑伯昭获得了远较一般督销为多的佣金。永泰和是颐中运销烟草公司的属下，按照其指定的价格，把货物分配给自己的销售网，并收取货款。为此，永泰和向颐中运销烟草公司收取一定的手续费。1920年之前，手续费是按照销售的数量提取，每箱4元，以后改为按经销量（不包括统税）的一定百分比。1935年2月到1936年12月，手续费为销售量价值的7.5%和颐中运销烟草公司所获纯利的5%。此外，颐中运销烟草公司对郑伯昭个人付给佣金。郑伯昭的佣金在1937—1941年间一般为永泰和经销总额的2.94%和颐中运销烟草公司在永泰和经销量所获纯利的2.45%。永泰和手续费和郑伯昭佣金的计算方法为：加入某牌卷烟每箱的出售价格为1000元，颐中运销烟草公司在工厂的提货价为

① 上海社会科学院经济研究所编：《英美烟公司在华企业资料汇编》第2册，中华书局1983年版，第567页。

800 元，颐中运销烟草公司的各种经费为 50 元，永泰和所收的手续费为(1000×1.5%)，即 15 元，郑伯昭收取的佣金为 1000×2.94% 即 29.4 元加上〔1000-(800+50+15)〕×2.45% 即 3.3 元，郑伯昭共收佣金 32.7 元。[①]

表 5-7　1937—1941 年永泰和及郑伯昭的佣金收入

年度	永泰和公司所得（元）	郑伯昭个人所得（元）
1937	2509042	486245
1938	1925150	1022106
1939	1475517	2454764
1940	2151797	4099787
1941	3337763	7795446

资料来源：上海社会科学院经济研究所编：《英美烟公司在华企业资料汇编》第 2 册，中华书局 1983 年版，第 634 页。

可见，郑伯昭的佣金收入极高。这么高的佣金自然调动了其开拓市场、增加销量的积极性，也增强了其对英美烟公司的忠诚度。

除了督销同公司合同上的公开收入外，督销还有更多的隐性收入。由于督销有向公司申请和变更经销商的权利，所以对经销商拥有绝对的控制权。并且督销多数就是经销店的股东，有的甚至直接经营，因而督销和经销商的利益具有一致性。“譬如某种牌子的香烟，一箱装 5 万支，公司的批发价格为 1500 元，经销店的批发价格为 1700 元，小经销商的批发价格 2400 元，零售价格 2500 元，则大经销商和小经销店的利润总额为 900 元。”因此，即使督销仅是经销店的一个股东，也有很高的收入。督销得到经销商报告知道哪种牌子的香烟比较畅销时，就对区经理提出提案，订货部向工厂订货，这样就可以产生很大的利润。华北区的经销商这些收入的总额每年达百万以上，因此，虽然督销的任期为 1～2 年，但督销的地位没有轻易变更过。[②] 公司对地方有势力的人物委任其担任督销时，“据说拒不接受的不但几乎没有，因为收

① 上海社会科学院经济研究所编：《英美烟公司在华企业资料汇编》第 2 册，中华书局 1983 年版，第 633-634 页。

② 上海社会科学院经济研究所编：《英美烟公司在华企业资料汇编》第 2 册，中华书局 1983 年版，第 530-532 页。

入很大，许多人用尽一切手段运动获得这个督销”。[①]

大经销有的也领取佣金。重庆的大经销每家不过雇佣几个职员，开支有限，而他们向总经销批来香烟后，转手之间“就可获得佣金额5%，除批销给小经销家分出佣金2%之外，还可净收佣金3%。大经销家的股金每家不过几千元，而在业务比较好的年景里，每年可赚得3～4千元，达到股金一倍的纯益”。[②] 做英美烟公司的经销商，可以过上一生衣食无忧的生活，有着很大的利益，有许多人前来申请。但选择这些经销商的申请人，在某种程度内也是凭督销的推荐。所以督销和经销商都最怕违反英美烟公司的命令而损害自己的地位和利益，所以对英美烟公司极为忠诚，而英美烟公司“只要他们忠于自己的意志，便给他们以相当的利益。因此该公司与经销商之间虽没有明白的合同，但因有相互利益这一强有力的链条和督销与经销商之间的人的结合做楔子，可以获得相互密切的联络和统制”。[③]

英美烟公司在开拓市场初期，采取给予经销商折扣、赊销、贷款等办法进行促销，调动了大小经销商的积极性。“在扩展市场时代，该公司曾尽一切努力寻找有力的商人，并许以莫大的利益，叫他们推销香烟，该公司对于这些商人作过相当的牺牲。”[④] 1919年5月16日上海英美烟公司执行董事柯伯思同郑伯昭签订的附加协议第五条规定：“我公司考虑到你方的服务工作，并联系到上述‘大英牌’和‘锦扇牌’香烟的分配与销售，以及经销组织的建立，将允许给予你方下列折扣：

你本人的利润——2%（按我公司售给你方货物的价格计算）

你方的区经销商——1%

你方实际销售开支不超过1%（按我公司售给你方货物的价格计算）

你方的大经销商和小经销商——4.5%

根据本条规定应付给的款项按月照付给你方。”[⑤]

---

① 上海社会科学院经济研究所编：《英美烟公司在华企业资料汇编》第2册，中华书局1983年版，第528页。

② 杜振华：《重庆卷烟市场与英美烟公司》，全国政协文史资料委员会编：《中华文史资料文库·经济工商编》，中国文史出版社1995年版，第763页。

③ 上海社会科学院经济研究所编：《英美烟公司在华企业资料汇编》第2册，中华书局1983年版，第580－581页。

④ 上海社会科学院经济研究所编：《英美烟公司在华企业资料汇编》第2册，中华书局1983年版，第580页。

⑤ 上海社会科学院经济研究所编：《英美烟公司在华企业资料汇编》第2册，中华书局1983年版，第623－624页。

英美烟公司在重庆开拓市场初期，“经销家初先以半月收款赊销给本地小经销商和外地的水客、商贩；后来竟延长赊期一月收款，并且赊销的面逐渐扩大”。①

由于各经销商都有押金和其他担保，所以英美烟公司可以在货款少于抵押品价值的情况下赊销一个月，一个月内把钱按英美烟公司指定的银行汇给英美烟公司即可。

年度奖金、宴请也是英美烟公司激励经销商的一种方法。1926 年春节，英美烟公司对“大经销商和小经销商去年的销售给予奖金”，英美烟公司华南及广西区经理邦基致函上海英美烟公司各董事，说这是明智的做法，“汕头段许多大经销商和小经销商在他们领奖金的收据上附上短简，为他们未能替我们做生意而表示歉意，并保证抵货停止后同我们合作”。（由于五卅运动的影响，英美烟公司在各地的许多经销商迫于运动的压力不得不放弃经销英美烟公司的香烟）广东英美烟公司也致函上海英美烟公司董事会说：“中国人为在中国新年得到这样一笔奖金，一致感到意外，职员和经销商莫不赞扬公司态度之慷慨，因他们认识到照本段去年的营业是不会有如此一大笔奖金的”。②

1931 年时，英美烟公司认识到小经销商的重要性，认为“中国各处全由小经理处输送货物至内地乡镇，且以香烟供应市上需求；若无小经理家，则一切小店及负贩人难于随时获得存货”，所以“本公司认定小经理家为派货物之主要关键，且认定应当特别注意于小经理家及鼓励小经理家，使视香烟为一种稳固生利之事业，而非仅属因人成事之事业也”。由于 1931 年以前，英美烟公司仅把分销处经理和大经理进行注册。没有对小经理进行注册，英美烟公司决定把小经理家也作为英美烟公司营业部的一部分，对其进行注册，使之成为注册小经理。对这些注册小经理，英美烟公司每年发给花红（奖金）一次。而且英美烟公司对“小经理家之回佣已加至完全回佣之 4 成，而本公司随时将有益于小经理之办法施诸实行”。英美烟公司认为采取对注册小经理的奖励政策能够使“本公司不久即能操纵在中国各处之香烟营业，远胜于前”，以维持价目，完善分派货物的方法使备货充足，并达到抵抗敌牌的

① 上海社会科学院经济研究所编：《英美烟公司在华企业资料汇编》第 2 册，中华书局 1983 年版，第 567 页。

② 上海社会科学院经济研究所编：《英美烟公司在华企业资料汇编》第 2 册，中华书局 1983 年版，第 599 - 600 页。

目的。

除对小经理进行奖励外，公司还对注册小经理进行赊账，目的是为了使小经理不必自己多投资本就可以营业。[1]

1938 年，上海颐中运销公司经理田克恩建议同意全国对经销商和职员分配奖金的办法，把奖金办法制度化，“使各部经销商和职员在同一基础上获得奖金”。经销商的奖金率由上海英美烟总公司决定。奖金“按大经销商的总购货额，以奖金额的五分之一付给大经销商，按小经销商的销售额，以奖金额的五分之四付给小经销商。例如，大经销商每购货 1000 元，得奖金 0.75 元，小经销商每购货 1000 元，得奖金 3 元。分配给各部的奖金将按 1938 年 9 月 30 日年度终结表格 188－B 销货实际价值，减去进口税、统税以及关栈保留、免税、船舱存货、海陆军销货、样品及广告品等商品价值”。

对于独立小经销商，不论该店经营者是谁，都要给予奖金。奖金分配不应有歧视，对于同时出售竞争者香烟的经销商，也要按照本年度实际销售额给予奖金。[2]

英美烟公司对大经理小经理的赊销策略取得了良好的效果。其人数大大增加，连接的零售商的数目增加更快。

表 5－8　天津部所辖各区大经销商、小经销商和零售商的数目

	段数	大经销	小经销	零售商	共计
北方区	6	56	600	9000	9656
芦汉区	6	86	700	4000	4786
山东区	8	165	550	11000	11715
蒙疆区	4	14	150	2000	2164
共计	24	321	2000	26000	28325

资料来源：上海社会科学院经济研究所编：《英美烟公司在华企业资料汇编》第 2 册，中华书局 1983 年版，第 581 页。

① 上海社会科学院经济研究所编．《英美烟公司在华企业资料汇编》第 2 册，中华书局 1983 年版，第 589－590 页。

② 上海社会科学院经济研究所编．《英美烟公司在华企业资料汇编》第 2 册，中华书局 1983 年版，第 600－601 页。

二、英美烟公司对销售渠道的控制措施

(一) 对督销的控制

督销相当于英美烟公司的特约经销商，其职责包括推荐本地区大小经销商，设立或变更经销店；开拓本地区的市场；负责赔偿本地区大小经理的呆坏账和其他损失；本地区所需的货物数量、品种由督销汇总后制定销售计划上报，如发生呆滞，督销也要负责任；督销不能在本地区以外营业；不得销售其他牌号香烟；不得公司同意，售价不得与公司所定售价有差别；推荐货栈管栈人员，担负货栈除火险以外的其他危险的责任。对督销的这些职责是否完成及完成效果如何，英美烟公司主要是通过派遣一名外籍人员担任顾问，担当监督检查的责任，控制了督销的会计和货物、钱款等关键环节，使其不得不听命于英美烟公司。“我们固然不打算对我们的经营失去控制，但我们愿采取一种尽可能让督销自由经营的政策，而我们的外员应该尽可能隐蔽在幕后。倘若那里的督销不正当地利用这个政策，同我们的外员顾问不协作、不配合，那就必须采取措施纠正此情况。”①

另一方面，由于督销报酬丰厚，所以督销为保持其职位，也不敢违背公司的命令。在这方面，和英美烟公司合资开办永泰和烟草公司的郑伯昭最为典型，据原永泰和公司秘书，负有监视郑伯昭责任的程仁杰回忆：“我和郑伯昭相处20年，从未见到郑本人做过一件违拗洋人的事，讲过一句违拗洋人的话。永泰和对派驻各地的职员，要他们忠心为英美烟公司效劳，密切注视华商烟厂的动态。”另据华成烟草公司杭州办事处主任江森裕所说：“永泰和不止一个郑伯昭，而是有不少大大小小的郑伯昭，死心塌地为英美烟公司效力”。②

美国学者高家龙认为，无论是郑伯昭还是其他督销或大批发商都从未走上和英美烟公司决裂或另设烟厂竞争，不是因为他们缺乏足够的资金，而“是因为他们缺乏必要的工业管理经验，或者是因为不愿放弃与英美烟公司合

---

① 上海社会科学院经济研究所编：《英美烟公司在华企业资料汇编》第2册，中华书局1983年版，第602页。

② 程仁杰：《英美烟公司买办郑伯昭》，《20世纪上海文史资料文库》，上海书店出版社1999年版，第13页。

作所能获得的收入和资金支持”。①

（二）对经销商的控制

1. 排他性销售协议

对于督销以下的经销商，英美烟公司首先通过签订排他性合约，通过法律约束进行控制。由于市场上各级中间商的数量是一定的，英美烟公司通过控制有势力有名望的中间商就控制了主要的商品流通渠道，在很大程度上排斥了其他厂家产品的竞争。1917 年 11 月 13 日，英美烟公司执行董事唐默思和郑伯昭在美国签订协议，协议明文规定：“台端在上述期间，除经本公司书面同意外，不得出售任何其他公司的产品。”② 1919 年 5 月 16 日，上海英美烟公司执行董事柯伯思和郑伯昭签订的附属协议，再次在第 12 条申明“你方所指定办理‘大英牌’及‘锦扇牌’香烟销售业务以及我公司可能委托你方销售的牌号香烟的区经销商，在任何情况下，均不得担任其他牌号香烟经销商的职务”。③ 1934 年 12 月 1 日，颐中烟草公司下属的公信烟草公司与元大行签订的销售合同第 16 条规定：“总经销除办理公司所支付之各牌卷烟外，不得对于其他牌号卷烟发生关系。”④ 1946 年，颐中运销公司和南京久大烟公司订立销售合同，在第 14 条同样规定“总经销兹特声明并同意除公司在中国市场行销之各牌卷烟外，不预闻任何牌号卷烟之销售”。⑤

中国近代红顶商人、大买办盛宣怀对此深有感触，他在上海开办的三星卷烟厂就是在英美烟公司对销售系统的独占和其他竞争手段的打击下破产的。盛宣怀在信件中提到：“英美公司施最毒最辣之手段，各处凡能售烟之铺户，即自书一纸合同，令一华人引一洋人特向该铺强令盖一字号图章，即作为该公司之小同行。其局面较大之店，则以甘言微利诱令与订合同，作为该公司之大同行。合同一订，则以后只准销洋公司之烟，而华商所制之烟不准售卖。无论口岸内地所有能销烟之家，均被该公司一网打尽，全作经理同行。以外

---

① ［美］高家龙：《中国的大企业——烟草工业中的中外竞争（1890—1930）》，商务印书馆 2001 年版，第 204 页。

② 上海社会科学院经济研究所编：《英美烟公司在华企业资料汇编》第 2 册，中华书局 1983 年版，第 621－622 页。

③ 上海社会科学院经济研究所编：《英美烟公司在华企业资料汇编》第 2 册，中华书局 1983 年版，第 625 页。

④ 上海社会科学院经济研究所编：《英美烟公司在华企业资料汇编》第 2 册，中华书局 1983 年版，第 571 页。

⑤ 上海社会科学院经济研究所编：《英美烟公司在华企业资料汇编》第 2 册，中华书局 1983 年版，第 576 页。

人而设计束缚内地商人，垄断利权，不合公理，且与天津法约第十四款相背。……各地方凡能售烟之家均为英美烟公司束缚于一纸合同，不准销华商之烟。其能销华商之烟者，非零星小店即不殷实之商家。计自二十九年以后，华商制烟公司大小约有三十余家，现在能幸存者寥寥无几，所失资本小者五六万，大者十余万，统计当在二百万以上，均断送于此英美公司之合同。”① 近代中国最大的民族卷烟厂南洋兄弟烟草公司在开拓市场时也遇到了相同的情况，“上海地大同行（经销商）20 余家，固是曾与英美公司订立有约，不能代售别家之货；即小同行 170 余家，亦受大同行之压力，不敢代售别人之货。连日奔走，……竟是不但无人肯定货，即欲将货交托其代卖，卖出后交银，亦竟有多数拒而不纳。”②

1905 年，天津锅店街老德记等七十余家华商签约只卖洋货，香烟只卖英美烟公司的香烟，北京工艺商局、天津北洋烟草公司和临记烟卷公司联合向天津商会陈诉，“自中外互市以来，数十年于兹，未闻因销洋货而禁阻华货不准行销者；……更未闻其权即自华人授之，立合同、定罚例，以专销洋货不销华货者。有之，则自天津售纸烟始”，“独有天津宫南东兴号、锅店街老德记、北马路泰隆成、西头南阁玉盛合等七十余家，竟与晋和祥立合同，包销洋货，不准销华货，违者议罚”。希望天津商会能够主持公道。③

1910 年，麟记烟卷公司山西榆次县代售处义聚公司称“有太原府隆记公司自称英美烟公司之翻译，又以包捐为名知照各家（经销商），概不许售卖中国之烟。种种搅扰与中国事业前途，大为不便”。④

2. 提供担保或抵押品

英美烟公司对经销商进行控制的另一措施是要求经销商签订保单，提供担保。其担保包括保证人担保、现金担保和其他财务担保等。英美烟公司要求经销商提供担保主要有几种原因：一是充当卷烟货物的担保；二是提供向英美烟公司借款的担保；三是赊销的担保；四是为英美烟公司提供临时仓库或 15 甲级仓库的担保。

1925 年，上海英美烟公司致南京英国总领事的信中提到，“敝公司对选择

---

① 北京大学近代史历史教研室编：《盛宣怀未刊信稿》，中华书局 1960 年版，第 198－200 页。
② 上海社会科学院经济研究所编：《南洋兄弟烟草公司史料》，人民出版社 1958 年版，第 58 页。
③ 杨国安编著：《中国烟业史汇典》，光明日报出版社 2002 年版，第 236 页。
④ 杨国安编著：《中国烟业史汇典》，光明日报出版社 2002 年版，第 235 页。

代理人，极为审慎。每一代理人均由一负责可靠之保证人，对其经济地位及商业道德加以担保，复经敝公司之最审慎的考查询问。此可由事实证明。敝公司在中国的不履行债务之代理人的呆账百分比，远较与我们有业务来往的世界其他各国代理人为小”①。鉴于督销的社会地位、经济实力，督销一般不需要提供担保，因此提供担保的主要是督销推荐的大经销商和小经销商。1935 年，英美烟公司同经销商签订的销售合约样本中提到，如果经销商不能赔偿所造成的货物损失，应由该分经理或其保人延期偿还，而“宝号交来之保单，仍须有效，不得借故推诿”。② 1936 年 1 月 1 日，颐中运销烟草公司与贵州慧中烟公司签订的销售合同要求慧中烟公司提供国币两万元作为抵押，由颐中运销公司按英美烟公司的通常利率给付利息。③

以下是经销商同英美烟公司签订的以房屋充当押款的押据。

1915 年 3 月 31 日，湖南岳州李吉利致英美烟公司的押据：

立押据李吉利今将自置房产一所，坐落湖南岳州城外茶巷子内，自愿押在英美烟公司抵洋二千元整，作为香烟押款之需，当交付英美烟公司该房契据一纸。倘后有亏欠烟款等情，英美烟公司有权变卖此产，以补所亏之款。此系自愿，并无后悔。空口无凭，立此押据，正副两纸存照。此上

英美烟公司核存

证人　易竹溪

曹雅泉

以上是房产充当抵押款的情形，下面是保人为向英美烟公司借款的经销商提供担保的保单：④

保　单

立保单楚南烟公司，兹因鑫记裕厚长向驻华英美烟公司（有限英国公司）

---

① 上海社会科学院经济研究所编：《英美烟公司在华企业资料汇编》第 2 册，中华书局 1983 年版，第 566 页。

② 上海社会科学院经济研究所编：《英美烟公司在华企业资料汇编》第 2 册，中华书局 1983 年版，第 572 页。

③ 上海社会科学院经济研究所编：《英美烟公司在华企业资料汇编》第 2 册，中华书局 1983 年版，第 573 页。

④ 上海社会科学院经济研究所编：《英美烟公司在华企业资料汇编》第 2 册，中华书局 1983 年版，第 603 页。

借款事，倘该借款人或其保人到期不能将所借之款光洋1000元如数归还时，本保人立即归还贵公司所损失之半数不误。此据。

立保单人和记楚南烟公司
石幼希

欠　据①

立欠据人裕厚长，今欠到驻华英美烟公司（有限公司）名下光洋1000元。因价值已收，但此款贵公司如索还时，须于30日以前声明，至限小号即为照数归还不误。此据。

立欠据鑫记裕厚长
陈镜铨

倘若欠款人至期不能还时由保还人负完全责任

保还人万顺长号
证人韦春溪
地址：长沙三泰街
1922年12月23日

此外，经销商购买的驻华英美烟股份公司的股份也可充当押款。

1926年8月30日，牛敬亭和王荫棠购买的驻华英美烟公司的股票200股，每股85元，合计通用银元17000，按英美烟公司的说法可以充当2万元。王荫棠的100股作为宏康公司的担保品，牛敬亭的100股，50股作为宏康公司的担保品，50股作为宏昌公司的担保品。

经销商的押款也可以转换成股票，1926年10月6日，河北白沟镇春毓永纸烟公司就将在英美烟公司的押款3000元中的2750元购买了驻华英美烟股份公司的股份35股，以这些股份再充当抵押款。

1928年6月26日，驻华英美烟公司董事狄克生对各部经理将以英美烟公司股票有限公司的股票的信用贷款的条件予以放松。以英美烟股份有限公司的股票作为抵押给予经销商30天信用贷款的条件，由原来的只给予直接从英美烟有限公司购买的经销商，改为1928年1月1日后登记从股票持有人手中购买的股票也可以充当贷款的抵押。

1946年7月3日，由于英美烟公司南京的督销久大烟公司范围的业务发

---

① 上海社会科学院经济研究所编：《英美烟公司在华企业资料汇编》第2册，中华书局1983年版，第604页。

展很快，资金不敷使用，建议英美烟公司对经销商提供信贷，信贷可以以金条或美元以及银行进行担保。①

1947 年 2 月 15 日上海颐中运销烟草公司 F. 考赫德关于久大烟公司所属经销商抵押金条、美钞的备忘录，如表 5－9 所示。

表 5－9　英美烟公司久大烟公司所属经销商抵押物件

地点	经销商号	黄金	地点	经销商号	黄金	地点	经销商号	美金
南城	豫孚烟号	10 条	扬州	方昌德记	5 条	南京	大盛烟号	10000 美元
宿县	惠丰号	5 条	镇江	义成烟号	15 条	浮梁	合成号	5000 美元
常熟	建裕乾号	10 条	金坛	恒和号	10 条	淳化	聚乐烟号	5000 美元
南京	大盛烟号	25 条	享安	瑞华号	10 条			
芜湖	源大号	8 条	浦口	大盛烟号	20 条			
南昌	大成烟号	16 条	宣城	明孚号	5 条			
六安	慎泰协记	5 条	符离集	明孚宁记	5 条			
浮梁	建成公司	10 条	芜湖	源大号	16 条			
徐州府	同　行	5 条	浦口	大盛烟号	20 条			
南昌	大成烟行	24 条	芜湖	源大号	16 条			
蚌埠	楚泰号	4 条	赣县	瑞丰庄	10 条			
正阳关	华盛号	5 条	宿县	惠丰号	5 条			
南庄	大成烟行	10 条						

资料来源：上海社会科学院经济研究所编：《英美烟公司在华企业资料汇编》第 2 册，中华书局 1983 年版，第 609 页。

通过提供现金、房屋、股票等进行抵押，经销商才能从事英美烟公司卷烟的销售业务，这一方面加强了对经销商的约束，基本避免了欠款和不服从公司命令的情况，另一方面这些抵押品尤其是现金抵押也为英美烟公司提供了生产的资金。

3. 惩罚措施

对违反协议的经销商，英美烟公司坚决予以惩罚，以儆效尤，这也是其

① 上海社会科学院经济研究所编：《英美烟公司在华企业资料汇编》第 2 册，中华书局 1983 年版，第 604－606 页。

增强渠道控制力的有效手段。

第一，英美烟公司对经销其他厂家卷烟的经销商坚决予以取缔。1915年，山东济南孚隆昌号“专司经理英美烟公司之纸烟”，后见南洋兄弟烟草公司的“飞艇”牌香烟比较畅销，准备同时经理南洋兄弟烟草公司的香烟，但11月份被“英美烟公司驻济洋员查知”，把孚隆昌号及其支号东信昌、同聚源、孚成昌、顺昌（烟台）、源昌（黄县）、成昌（周村）同时取消。① 在天津，英美烟公司“设法要挟小同行之联号亦不能卖我（南洋）烟，否则斥革。因其生意，各小贩多已唯唯”。② 1923年，安徽芜湖英美烟公司的14名经销商就经销南洋兄弟烟草公司的香烟一事进行了激烈争论，其中7家拒绝放弃经营其他厂家卷烟的经销商余祥昌、同福和、昌新、兴富、泰兴、施和永、雅富（音译），被取消了经销权。③

第二，对于推销不利的经销商予以更换。湖南衡州段所辖的道州是湖南省的边陲，为戍防要隘，有军队驻扎，商业兴盛，英美烟公司把道州规划为大经理之区域，但因为“前所托非人，卒难发展，最畅行之月，销售未达500元”。后更换为唐焱磷，因其精明强干，销路大畅。1927年，江西省督销戈竹轩因不称职，英美烟公司部经理E.O.杜来克决定将他调离江西。1946年12月26日，曾经销英美烟公司香烟30余年的江西南昌经理郭元丰因南京督销童楚江向上海英美烟公司报告“南昌经理一年未出货”而被取消经理资格。④

第三，对削价出售或越出削货的进行处罚。1924年，英美烟公司包克士大班因湖南常德桃源县的经理私自运销香烟，降价出售，扰乱了市面，对其进行了处罚。1947年，南京颐中运销公司的培蒂在4月17日由南京前往蚌埠和徐州府，在蚌埠发现六安、太和、和颍州（阜阳）即以前正阳关的所有经销商没有把货物装运到指定地点，宿县（在津浦线）的经销商也经常在蚌埠卖掉货物，因此他建议对这些经销商予以处罚。⑤

---

① 上海社会科学院经济研究所编：《南洋兄弟烟草公司史料》，人民出版社1958年版，第69－70页。

② 上海社会科学院经济研究所编：《南洋兄弟烟草公司史料》，人民出版社1958年版，第70页。

③ 上海社会科学院经济研究所编：《英美烟公司在华企业资料汇编》第2册，中华书局1983年版，第610页。

④ 上海社会科学院经济研究所编：《英美烟公司在华企业资料汇编》第2册，中华书局1983年版，第610－612页。

⑤ 上海社会科学院经济研究所编：《英美烟公司在华企业资料汇编》第2册，中华书局1983年版，第612－613

第四，放出呆账和因故破产的要进行赔偿。英美烟公司对放出呆账和因故破产的经销商的索赔往往诉诸法律途径。英美烟公司认为，“当敝公司有一家不履行债务之经销商，这不仅涉及款项问题，而主要是一个原则性问题。所以敝公司即使花费比实际收回债额更大的费用、讼费、什费，也必须采取每个可能步骤，使经销商或保证人偿付。倘敝公司不如此做，中国商人将一致得到一种印象，他们可以泰然抵赖外商债务，因而严重损害到同中国人的业务来往，受害者不仅为我们自己，亦且影响到英国及其他一般外商”。[①] 1924年5月22日，因湖南长沙小经理李长顺、亿昌隆、华美公司、鑫记裕厚长等各欠英美烟公司货款数千元，被英美烟公司告上长沙知事公署华洋诉讼庭。被告申辩因英美烟公司为与南洋兄弟烟草公司等争夺市场，允许其放账与各零售商，致使货款无法收回。最后法庭判决按欠款的七折偿还英美烟公司。同年10月14日，长沙李振坤、杨应生、朱凤池因为欠款被英美烟公司告上湖南交涉司华洋诉讼庭，要求赔偿，虽然被告三人均陈述因倒账、货币贬值、军队低价购买、政府官员强赊等原因，但法庭最后仍判决各被告如数偿还。1932年，安徽亳县聚义台经理金丽生因替英美烟公司垫款，军队盘剥，水灾等情形，无力偿付英美烟公司的货款，英美烟公司因此把其告上法庭，坚决要求赔偿。为此，金丽生要求亳县商会出面维护其利益。1934年，亳县赵双和经理赵云屏、鸿昌经理贾庆五、聚义公经理金培之、和成经理董学礼因欠英美烟公司货款被告上法庭，三审判决限期归还货款。因赵云屏病故，其子赵新民成为债务人，其他几人被英美烟公司撤职后生活困顿，无力偿还。因此法庭判令其破产，以其田地和房屋抵押与英美烟公司（表5-10）。[②]

表5-10　英美烟公司各债务人破产偿还地款数目

姓名	田地地址	亩数	押租款数
赵新民	城南十字河保	实业田地42亩	
金培之	城西孙官口保	实业田地41.5亩	
贾庆五	城西西钓鱼台保	实业田地81亩	

① 上海社会科学院经济研究所编：《英美烟公司在华企业资料汇编》第2册，中华书局1983年版，第566页。

② 上海社会科学院经济研究所编：《英美烟公司在华企业资料汇编》第2册，中华书局1983年版，第619页。

（续表）

姓名	田地地址	亩数	押租款数
董学礼	城西西钓鱼台保	当业田地 30 亩	老砖街赁房押租洋 200 元

资料来源：上海社会科学院经济研究所编：《英美烟公司在华企业资料汇编》第 2 册，中华书局 1983 年版，第 619 页。

4. 人员监督

英美烟公司对督销派出常驻外籍人员进行监督，对大经销商则要求段办事处主任下属的检查员驻在大经理处进行监督，对小经销商则要求旅行推销员兼检查员予以监督。可以说，英美烟公司从上到下建立了一个严密的监督体系。由于货物运输、钱款等都由英美烟公司下属的部、区、段、分段等行政机构管辖，督销、大小经销商这套经销体系只管推销货物，多卖多得。英美烟公司的职员一般只监督经销商违反合约和推销不利的方面，如代理其他竞争厂家的卷烟，越境销售，削价销售等。

对督销，英美烟公司一般会派一名外籍人员担任顾问，担当监督检查的责任。"我们固然不打算对我们的经营失去控制，但我们愿采取一种尽可能让督销自由经营的政策，而我们的外员应该尽可能隐蔽在幕后。倘若那里的督销不正当地利用这个政策，同我们的外员顾问不协作、不配合，那就必须采取措施纠正此情况，但这些措施应提交上海决定。"[①] 英美烟公司还派外籍顾问常驻督销处。1919 年 5 月 16 日，上海英美烟公司董事柯伯思同郑伯昭签订的附加协议规定，"我公司将给你指派一名外国籍同事，协助并指导'大英牌'香烟和'锦扇牌'香烟的销售事宜"。这名外籍职员的工资由英美烟公司支付。[②] 1919 年 5 月 17 日，上海英美烟公司派柏思德担任永泰和公司的业务顾问和外籍同事，致力于推销'大英牌'香烟和'锦扇牌'香烟以及将来英美烟公司可能交郑伯昭推销的其他牌号的香烟。柏思德的工资仍由英美烟公司支付，但可在超过销量的香烟中每箱提取 0.75 元作为佣金。[③] 据程仁杰回忆，"我是由公司董事会调到永泰和当秘书的，我的老上司柏思德就是公司

① 上海社会科学院经济研究所编：《英美烟公司在华企业资料汇编》第 2 册，中华书局 1983 年版，第 602 页。

② 上海社会科学院经济研究所编：《英美烟公司在华企业资料汇编》第 2 册，中华书局 1983 年版，第 626－628 页。

③ 上海社会科学院经济研究所编：《英美烟公司在华企业资料汇编》第 2 册，中华书局 1983 年版，第 635 页。

制定直接控制永泰和的人”[①]。而且，永泰和公司没有独立的会计部，其账目由英美烟公司会计部的洋人直接掌握。在永泰和的分支机构中，英美烟公司主要是控制货款，“凡是到永泰和仓库提货的经销商，都必须向制定的银行缴清货款，凭银行回执来起货。货款由银行按期直接汇交上海英美烟公司”[②]。1946 年颐中运销烟草公司和南京督销久大烟公司订立的销售合同也规定：“公司委派外籍人员一人，……，对总经销任协助及顾问之职。该外籍人员之薪金及旅费由公司付给并不得收受总经销之任何报酬。但公司委派该外籍职员及予以报酬绝不免除总经销对公司之责任”[③]。

英美烟公司的检查员驻在大经理那儿，负责协助大经理做推销工作，对大经理的推销情况及推销能力、社会活动、资金实力、生活作风等一切情况都要汇报给段办事处主任。如果大经理不符合要求，段就上报区，要求撤换经销商或取消合约，另换人担任大经销商。段办事处的职能还包括为解决当地遇到的关卡收税、沿途运输等同当地官员和商会会长进行应酬。

旅行推销员兼检查员负责深入了解小经理的资历、推销能力、兼营业务、生活品德等报告段。[④]

可见，英美烟公司对各级经销商都有着严密的监督，正是这些严密的管理措施，保证了销售渠道的畅通和有效，为其产品销售提供了保证。

---

① 程仁杰：《英美烟公司买办郑伯昭》，《20 世纪上海文史资料文库》，上海书店出版社 1999 年版，第 15 页。

② 上海社会科学院经济研究所编：《英美烟公司在华企业资料汇编》第 2 册，中华书局 1983 年版，第 636 页。

③ 上海社会科学院经济研究所编：《英美烟公司在华企业资料汇编》第 2 册，中华书局 1983 年版，第 575 页。

④ 上海社会科学院经济研究所编：《英美烟公司在华企业资料汇编》第 2 册，中华书局 1983 年版，第 521－526 页。

第六章　抵货运动与英美烟公司的销售

近代以来风起云涌的抵制外货运动成为中国近代史的一大景观。丧失部分主权，没有关税自主权的中国在通过国家的力量来保护民族经济发展方面不能像其他主权国家一样，通过市场准入制度和关税壁垒对本国企业加以保护，这是抵货运动发生的经济原因。在政治方面，丧失主权、积贫积弱的中国备受外国压迫，无法通过军事外交解决的问题也遗留到民间，希望通过抵货运动打击与中国交恶的国家，促使其改善同中国和中国人民的关系。

这种自发的或有组织的抵货运动成为近代经济民族主义表达的主要方式之一，抵制外货、提倡国货、挽回利权成为近代以来最响亮的口号。抵货运动在一定程度上打击了外国货物向中国的进口，也打击了在中国设厂的外资企业，促进了中国民族工业的发展，取得了一定效果。英美烟公司作为英美资本主义的联合企业，由于其资本来源于两个国家，所以不管是抵制美货，还是抵制英货都对其产品的销售造成了强烈的冲击，使其销量锐减，销售网点和销售渠道受到严重冲击。如何应对中国连续的抵制外货运动，保持产品销量的稳定，成为英美烟公司不容回避的问题。

第一节　英美烟公司与历次抵货运动

近代对英美烟公司产生严重影响的抵货运动主要有1905年抵制美货运动、1915年的抵货运动、“五卅”运动和省港罢工时期的抵货运动、北伐时期的抵货运动、“九一八”事变后的抵货运动。下面分别就英美烟公司在历次抵货运动中的所受到的影响和冲击进行评述。

一、1905 年抵制美货运动

1905 年反美运动的直接起因是美国对中国移民以及去美国游历、求学等旅美人士的种族主义歧视、虐待和排斥。反美运动是反对美国排斥和虐待华工、要求废止中美华工条约的爱国运动。抵制美货是 1905 年反美爱国运动的主要方式，抵制美烟又是抵制美货的重要内容。

首先，分发传单，列出在中国广泛销售的美货的品种、牌号、商标等宣传抵制。美货名目牌号表中的纸烟类牌号有：孔雀牌（去年冬月日本卖给美国）、人顶球牌、强盗牌、寿星牌、品海牌（即丁字牌）、锯子牌、锡包、人车牌、红帽牌、希罗牌、新五支鸡牌、美人牌（每盒 10 支）、红海（每盒 10 支）、蓝海、车人牌（每盒 10 支）、月光牌铁盒烟（每盒 50 支）、金扇牌、带翅膀飞人牌、金皮球牌、金鹰牌、树牌、跑马牌、鸡牌（5 支）。其中孔雀牌、强盗牌、寿星牌、品海牌、锡包、新五支鸡牌等都是英美烟公司的香烟。①

其次，禁止运送美烟。

1905 年 7 月 28 日，上海报关行的工人为抵制美货召开特别大会，大会决议："誓不吸用美国所售之烟及用各物，各商所定之货，凡属六月十八日（7 月 20 日）以后所定者，一概不代装运。"②

再次，查禁、焚毁美国香烟，主要是英美烟公司的香烟。

经营英美烟公司香烟的商人也参与了抵制美制香烟的运动，"有荣华号主人刘某，激于义愤，把店中所存的美国香烟，全部当众焚毁，以示决绝。"③

苏州江洲会馆烟商，因为"美例虐待华工，波及士商"，"闽人侨美甚众，关系尤为密切。前经吾公开会于上海泉漳会馆，戒用美货，以为抵制，不涉国际，最为和平妥当。查吾业所售之品海及球牌香烟，均属美产"，"自应如期实行止售美货"。④ 苏州争约处也贴出公告，由于美国禁止华工，各省都把

① 上海社会科学院经济研究所编：《英美烟公司在华企业资料汇编》第 4 册，中华书局 1983 年版，第 1299 页。

② 上海社会科学院经济研究所编：《英美烟公司在华企业资料汇编》第 4 册，中华书局 1983 年版，第 1300 页。

③ 上海社会科学院经济研究所编：《英美烟公司在华企业资料汇编》第 4 册，中华书局 1983 年版，第 1301 页。

④ 上海社会科学院经济研究所编：《英美烟公司在华企业资料汇编》第 4 册，中华书局 1983 年版，第 1301 页。

不用美货作为抵制美国歧视性条约的“不二法门”，由于苏州的徐源茂、怡源祥误进了44箱品海牌香烟，为了使商家不再误进美货，公告列举了红顶、云龙、飞雀等国产香烟以替代美烟。上海商务总会、杭州商务总会号召全国“绝不买卖美货”。特别是“不要抽美国烟及美商老晋隆洋行发售的英国香烟”。中国的烟商也开始自制烟丝，以抵制美货。上海的信局（邮局）131家也商定不寄美货标本，“如有外埠托买美牌香烟等物，将银退还”。① 汉口在拒约运动中各洋货摊把所存的美烟全部烧毁。

为抵制美国香烟，广州的工人编了一首《吊烟仔》（龙舟歌）：“真系倒运，系美国香烟，见你家倒运呀，就想起你从前。你往日行运个阵时，谁把你厌，人人中意你，话你好过活边（英国烟），因你个种香气袭人，胜过烧鸦片，令人闻见就口流涎。……因系美国待我华侨，似得牛马样贱，故此个个齐心要抵制美利坚。总系抵制美人，何法正（最）善？话至好系唔消美货，体结成团。烟啊，你有个美字招牌人共见，就要把你共“单车”（烟名）一概弃捐。往日个（那）种交情，今日隔断，或者他时重会面，得（待）到美人废约咯，依旧共你缠绵。……”② 通过民间歌谣的形式劝说烟民放弃吸食美国香烟。

除了拒约外，挽回利权也是此次抵制美货运动的重要原因。“若能组织工厂，仿美货而一一制造之，以应内地之需，以挽外溢之利，于实业界建一新纪元，即于政治界添一原动力”。西方国家以把“生货制成熟货输送出口为不二法门，国之富强亦赖乎是”，因此为挽回利权，要“自制纸烟，借挽利源”。③

二、1915年的抵货运动

1915年，袁世凯同日本签订“廿一条”，激起了全国人民的愤怒，并引发了一场抵制日货运动，由于盛传英美烟公司的“三炮台”和“老刀”牌香烟卖给了日本人，遭到了全国范围的抵制。英美烟公司在上海的“强盗”牌

① 上海社会科学院经济研究所编：《英美烟公司在华企业资料汇编》第4册，中华书局1983年版，第1303页。

② 上海社会科学院经济研究所编：《英美烟公司在华企业资料汇编》第4册，中华书局1983年版，第1300－1301页。

③ 上海社会科学院经济研究所编：《英美烟公司在华企业资料汇编》第4册，中华书局1983年版，第1305－1306页。

和“三炮台”香烟受到影响，“紫金山”“强军”“品海”牌香烟“在沪大跌，市面日少”。[①] 1923 年，江苏省学生主张对香烟征收卷烟特税，以寓禁于征，如一时不能禁绝，也要吸本国产的香烟，避免利权外溢。为此，驻南京英国领事向江苏省长去信，认为卷烟税收要待华盛顿会议议定后再做改动，卷烟特税是非法的，学生禁烟虽是合法行为，但其借机宣传抵制外国货物则不能不提出抗议。南京的美国总领事致信上海大美烟公司，认为由于学生把卷烟特税作为教育经费的唯一来源，加上浙江省的先例，使取消卷烟特税十分困难。[②]

三、五卅运动和省港大罢工时期的抵货运动

五卅运动时期所发生的抵制英日货物的运动是英美烟公司在中国受到的最强烈的抵制。以下是英美烟公司在全国各区受到的抵制情况。

东方区：上海段由于学生的示威游行，在英国企业工作的中国人员的辞职，对英美烟公司的货物进行纠察等使英美烟公司的业务处于停顿状态。杭州更把抵制英货和日货的运动发展到直接抵制英美烟公司，英美烟公司在杭州的经销商被要求取下招牌、各种广告和陈列品，停止销售全部货物，并将现有货物封存。由于学生和其他团体没收英美烟公司的卷烟，殴打、袭击经销商和推销员，烟草行业中的大部分人不敢购买、销售、陈列英美烟公司的卷烟。又由于运输公司和运输行的船拒绝运送英美烟公司的货物，上海的货物不能运到内地，也不能运到兰溪、南通段和宁波、温州等段。英美烟公司的大多数广告招贴画被拆卸和毁坏了。浙江嘉兴的学生在散发的招贴画中列出英美烟公司的所有香烟牌号，并标上乌龟图像，因此，这个段已没有消费者吸英美烟公司的香烟了。浙江海门的学生密切监视从应急仓库运出的香烟，同时到各种香烟店搜查英美烟公司的香烟并予以销毁。

南京区：江苏和安徽两省如徐州、蚌埠、芜湖等地的招牌被学生捣毁。芜湖的学生恐吓英美烟公司的经销商不得推销英美烟公司的香烟。安徽宿州的大经销商益华公司经理被学生拖至商会，衣服被撕破，并责令捐款 200 元

---

① 上海社会科学院经济研究所编：《英美烟公司在华企业资料汇编》第 4 册，中华书局 1983 年版，第 1308 页。

② 上海社会科学院经济研究所编：《英美烟公司在华企业资料汇编》第 4 册，中华书局 1983 年版，第 1310 页。

以救助五卅运动的受害者。由于他拒绝捐款，货物被士绅、商人和学生查封。苏州的小经销商、商店和零售商也纷纷将香烟退回益华公司。南京城里抵制英国货和日本货的运动也逐渐变成主要针对英美烟公司的运动。南京区甚至在最小的村庄都发生了针对英美烟公司的示威游行。在学生的恫吓下，滁州、涡阳和瑶湾的大经销商被迫关门，南京区最大的经销商徐州的公泰公司也不再经营英美烟公司的产品。镇江段的香烟生意几乎停顿，向内地运货已不可能，经销商收到恐吓不敢经营英美烟公司的香烟。英美烟公司的品牌效应也因五卅运动而下降。

湖北区：老河口段所有学生都上街游行宣讲不要购买哈德门香烟。学生5人或6人一队到市场上阻止小贩和卷烟店售卖，同时销毁现有的哈德门香烟，命令他们出售南洋兄弟烟草公司的香烟。他们追赶咒骂英美烟公司的推销员，不让他们推销香烟。而在乡村城镇，学生会不说话就将烟摊上英美烟公司的香烟毁掉。

湖南区：湖南是以排外闻名的省份，运动一开始，英美烟公司在湖南就被迫完全停止做生意，甚至雇员也被迫辞职。长沙的雪耻会没收了经销商销售的英美烟公司的卷烟，并对他们进行罚款。对小贩则采取没收货物充公的方式。到7月份，在市场上已见不到一盒英美烟公司的香烟，英美烟公司在长沙的销售额成为“迄今为止最低的”。

华南区：福州的零售商受到学生的逼迫，不敢陈列英美烟公司的卷烟，同时用标语覆盖英美烟公司哈德门广告画，劝说人们不要吸食“大号哈德门”香烟。厦门、汕头和梧州各段都不能做生意。报纸不再刊登英美烟公司的香烟广告，学生捣毁和破坏广告，不准经销商经营和陈列英美烟公司的货物。

江西区：学生在从九江到南昌的铁路线上设置纠察，阻止运送英美烟公司的货物，但由于英美烟公司采取了从水路运送的方式，学生对九江的封锁失败。

四川区：学生在经销商的店铺和应急仓库设置了纠察，并准备暴利威胁经销商，因此6月份下半月销售没有取得任何成绩，经销商被迫关闭了店铺。

河南区：由于河南督军的支持，河南抵制英美烟公司香烟的运动最激烈。信阳所有的广告牌和招贴牌都被毁坏了，抵货的学生和工人每天对英美烟公司的各个经销商、卷烟店铺和零售商进行检查。由学生和工人组成的专门委员会对经过信阳的每辆货车都要进行检查。铁路工人拒绝装卸英美烟公司的货物，运输公司也拒绝在仓库中堆放英美烟公司的货物。光州的广告牌和招贴牌遭到毁坏，卷烟买卖被迫停止。学生通过散发传单来抵制英美烟公司的哈德门香烟，“比鸦片还毒的哈德门香烟不是英公司的出品吗？同胞们呀！若不愿为亡国奴请千万不要吸哈德门香烟！请起来一致抵制一切英国货”。到9月底，河南对英美烟公司的抵制依然严重，甚至更加恶化。

山东区：山东英美烟公司的香烟销售情况继续恶化，只是为了等到端午节到来才推迟了对英美烟公司货物的全面抵制。端午节过后，随着北京、光州、上海和其他城市学生代表的到来，青岛外交促进会、学生会、国货维持会成立起来，成为领导抵制英货运动的主要机构。他们对英美烟公司的货物进行纠察，恐吓经销商和店铺并试图阻止铁路运送英国货物，这使得英美烟公司在山东的销售额大幅度减少，青岛6月份的销售额就减少50%。

北方区：学生印制印刷品，大部分以传单形式对英美烟公司的产品进行辱骂，并提到了几乎所有英美烟公司和南洋兄弟烟草公司的香烟牌子。北京大学学生会为抵制英日，宣扬“不吃他们的烟卷，因为烟卷这类的东西，是他们最发财、最销售得块的东西”，“我们切不可吃底下几种牌的烟卷，并且劝我们的亲戚朋友都不要吃”。

边疆区：由于边疆区是冯玉祥的地盘，他强烈的反英态度使边疆区的当局更积极地支持学生的示威游行来反对英国商品。边疆区的广告物品有50%被毁坏，张家口铁路线上的广东和上海籍的工人尽力阻碍英美烟公司香烟的运送和在火车上的销售。

东北区：由于满洲各地的官员普遍反对这一抵货运动，张作霖坚决阻止各种学生示威游行，学生放假回家，因此，英美烟公司在满洲的销售几乎没有受到影响。①

表6－1　1925年6—9月英美烟公司香烟受抵制状况

日期	地点	品种及数量	价值（元）	香烟被封存等情况	英美烟公司要求索赔等情况
6/9	江苏通州	香烟	26.00	被焚毁	报告镇江领事索赔
6/21	浙江海门	香烟3箱	450.00	被学生封存	报告宁波领事索赔
6/23	江西吉安	香烟10箱		被学生销毁	
6/25	湖北襄阳	香烟10箱	1900.00	被学生封存	报告英领索赔

① 上海社会科学院经济研究所编：《英美烟公司在华企业资料汇编》第4册，中华书局1983年版，第1310－1322页。

(续表)

日期	地点	品种及数量	价值（元）	香烟被封存等情况	英美烟公司要求索赔等情况
6/28	江苏南通	香烟	101.84	被销毁	报告领事索赔
6/30	浙江海门	香烟20条	38.00	被学生封闭	报告宁波英领并函县知事署、警察所、商会要求发放
7/2	河南商城	香烟		经销商被学生罚款200元支援上海罢工工人后，香烟发还	
7/7	河南彰德	香烟569箱	78064.66	仓库被封闭	
7/9	河南信阳 光州 郑州 运城 上宫村	香烟99.8箱 126箱 385.6箱 25.7箱 3箱	19133.70 23940.00 71681.50 3540.61 570.00	被学生封存 被学生封存 被学生封存 被学生封存 被学生封存	
7/9	湖南长沙	香烟5箱	950.00	被学生封存	
7/10	河南长台关	香烟		经销商被学生罚款20元	
7/11	河南柳林	香烟		经销商被学生罚款100元	
7/18	浙江临安	香烟	19.00	被封存	报告宁波领事索赔
7/28	浙江温州	香烟	31.88	被销毁	报告宁波领事索赔
7/29	江西南昌	香烟13箱		被学生封存	
8/1	安徽正阳关	香烟102箱	15514.60	经销商被学生罚款300元支援上海罢工工人后，香烟发还	
8/1	浙江杭州	香烟	2671.45	仓库被封闭	报告宁波领事
8/3	浙江宁波	香烟	344.48	被封存	报告宁波领事索赔

（续表）

日期	地点	品种及数量	价值（元）	香烟被封存等情况	英美烟公司要求索赔等情况
8/3	安徽宿州	香烟 29.3 箱	6096.00	仓库被封闭	报告汉口英总领事要求向省主席交涉
8/8	安徽太平	香烟	2472.00	被学生会封存	向芜湖外交交涉员提出抗议要求发还
8/12	江西乐平	香烟 15 箱		被学生封存	
8/13	安徽芜湖	香烟 28 箱	4336.00	被外交后援会封存	报告南京领事向芜湖外交交涉员交涉发还
8/21	浙江杭州及湖州	广告牌 5 块	78.20	被拆毁	报告宁波领事索赔
8/24	浙江萧山	广告牌 6 块	181.62	被涂毁	报告宁波领事索赔
8/24	江苏通州	广告牌 56 块	432.47	被拆毁	报告镇江领事索赔
8/26	安徽清弋江	香烟 635000 枝	2735.00	被外交后援会封存	报告汉口英总领事索赔
8/27	安徽马牧集	香烟 45.4 箱	11052.00	被学生会封存	
8/31	安徽和州	香烟 5000 枝	82.50	被焚毁	
9/1	湖南长沙	香烟 0.4 箱	36.00	被雪耻会查封	
9/3	江西南昌	香烟 95 箱		被学生销毁	
9/9	江苏镇江	香烟 2.56 箱	621.30	被学生封存	报告镇江英领要求索赔
9/10	江苏镇江	香烟 6 箱	1350.00	被学生封存	报告南京美领要求交涉
9/17	浙江萧山	香烟	5332.50	被学生销毁	报告英领要求索赔

资料来源：上海社会科学院经济研究所编：《英美烟公司在华企业资料汇编》第 4 册，中华书局 1983 年版，第 1323 - 1324 页。

五卅运动中，以南洋兄弟烟草公司为代表的中国民族烟草企业为运动团体主要是学生提供经费和其他物资，一方面扩大了抵制范围，另一方面延长了抵货运动的时间。青岛和烟台的南洋公司把所有的卷烟商人组织起来，号召他们退换尚未销售的除南洋以外各公司的货物，只销售南洋的货物。南洋给天津反对英美烟的宣传提供津贴。在宁波，南洋兄弟烟草公司慷慨地向学生会捐助款项，并对许多抵货团体免费提供膳食，因此学生可以整天呆在宁波码头打开货舱检查有无英美烟公司的货物，并威吓经销商不得再进英美烟公司的货物。南洋兄弟烟草公司同样在湖北老河口对学生进行旅费捐助，鼓励学生上街演说，帮助其开展业务。在湖北沙市，南洋兄弟烟草公司雇用了20个推销员，分别到各城市市场做公开演说，鼓吹南洋的香烟是在中国能获得的最好的香烟，要求人们不要吸外国特别是英美烟公司的香烟。在南洋印制的传单上，画着吸哈德门香烟的乌龟，并质问，“你仍旧在吸‘哈德门’或其他牌号的英国香烟吗?”南洋为领导抵货运动的“外交后援会”捐款1000元，并当选为该会的会员。在济南，南洋雇佣学生进行反对英美烟公司的宣传。此外，南洋还取得了20%税局官员的支持，使销售英美烟公司的经销商或运输商受到警告和恐吓。南洋还通过绘制五卅惨案的图画来警告国人，勿忘国耻，图画的下面则标出南洋的所有香烟牌子。在福州，南洋每个月都资助学生抵制英美烟公司的香烟，南洋各种牌号的香烟销量都在增加。①

表6-2　英美烟公司东方区1925年5—8四个月营业额汇总 单位：元

销售数	5月	6月	7月	8月
英美烟公司销售数	960.14	409.15	331.40	35.01
永泰和烟草公司销售数	146.50	36.50	0.50	20.00
敌牌销售数	797.90	1162.10	1625.10	3290.33
总计	1904.54	1607.75	1957.00	3345.34

资料来源：上海社会科学院经济研究所编：《英美烟公司在华企业资料汇编》第4册，中华书局1983年版，第1339页。

表6-3　河南区1924年6月和1925年6月销售数比较

地点	1924年6月销售数	1925年6月销售数	备注
信阳州	458.66箱	255.77箱	减少202.89箱
郾城	449.55箱	431.85箱	减少17.70箱
郑州	222.08箱	444.83箱	减少222.75箱
开州	216.65箱	103.10箱	减少113.55箱
河南府	330.02箱	146.84箱	减少183.18箱

① 上海社会科学院经济研究所编：《英美烟公司在华企业资料汇编》第4册，中华书局1983年版，第1332-1338页。

（续表）

地点	1924年6月销售数	1925年6月销售数	备注
恽城	204.12箱	133.80箱	减少70.32箱
西安府	41.00箱	0箱	减少41.00箱
	1922.08	1516.19箱	减少405.89箱

资料来源：上海社会科学院经济研究所编：《英美烟公司在华企业资料汇编》第4册，中华书局1983年版，第1342页。

表6-4　“五卅”前后南洋兄弟烟草公司历年销售金额及盈利

年份	公司全部合计（千万）	上海总公司及所属部分（千万）	香港分公司及所属部分（千万）	盈利金额（千万）	盈利指数
1924	25211	12024	13187	480	100.0
1925	36456	20200	16256	1220	254.2
1926	28721	17052	11669	2301	479.4
1927	27728	20525	7203		

资料来源：上海社会科学院经济研究所编：《英美烟公司在华企业资料汇编》第4册，中华书局1983年版，第1349－1350页。

由以上几表可以看出，五卅运动期间，抵货运动给英美烟公司造成了很大打击，香烟销售数量和销售额直到1927年一直处于持续的下降之中，以南洋为主的其他烟草公司的销售额则有了大幅度的上升，这一现象不是一区一地，而是全国各地的普遍现象。抵货使英美烟公司和其他公司在香烟的销售数量和销售利润上发生了逆转。

四、北伐时期的抵货运动

国民党统一全国的北伐战争到达武汉后，武汉英美烟公司的香烟销量迅速下降。1926年12月，武汉所有牌号的英美烟公司的香烟仅销售了93.93箱，竞争对手夺取了近90%的业务。高级香烟随着上层消费者因战争离开武汉销量也变得很差。1927年初汉口英租界收回后，英美烟公司甚至被迫在轮船上办公，而不敢回到三教街的公司大厅，后撤退到上海办公，湖北区的销量受到严重打击。由于英美烟公司的罢工者和纠察队的干涉，英美烟公司的货物不能运到外面仓库，1926年12月初，纠察队和罢工工人扣押了300箱哈德门，直到1月底，货物也没追回。1926年12月，湖北区销售2217箱，而

1925 年 12 月，公司销售 4995 箱，销量下降一半以上，永泰和的销量也由 263 箱下降到 89 箱。其他公司销量 1925 年 12 月仅 412 箱，而 1926 年 12 月则增长到 1499 箱。①

1926 年 9 月 5 日万县惨案发生后，全国对英美烟掀起了抵制高潮。在成都，哈德门原来销量很大，但万县惨案后，实行对英经济绝交，哈德门也被称为“仇烟”，经造册登记，交给国民雪耻委员会分期削价出售。国民党四川省党部组织纠察队把英美烟公司千厮门镇江寺、行街两个仓库的 3050 箱香烟查封，不准提售。宁波的学生发放传单，发表演说，劝导消费者仅吸南洋的香烟。学生烧毁了英美烟公司经销商丁先生 1000 元的货物，毁坏了几乎所有英美烟公司的广告牌，其中包括大号墙上招牌 38 块，商店招牌 49 块，商店小号招牌 350 块，四件瓷制哈德门商店门面，110 块大号招贴木板，220 只用铁钩悬挂的双面招贴木板。②

五、九一八事变后的抵货运动

九一八事变后，全国限期了抵制日货的浪潮。南洋借机宣传英美烟公司的金洋、仙女、哈德门、多幅、大刀等牌号香烟是日本产品，使英美烟公司的香烟销售受到阻碍。英美烟公司的卷烟用纸大量从日本进口，也是其受到抵制的重要原因。

表 6－5　1933—1936 年英美烟公司要求国民党政府财政部有关制止抵制活动的函件示例

发函日期	抵制地区	发函缘由
1933 年 9 月 7 日	上海	要求制止排斥外商卷烟的宣传
10 月 9 日	浙江、杭州、宁波、湖州、兰溪、绍兴、嘉兴等地	要求咨行浙江省政府饬令当地公安机关禁止杭州市中华国货卷烟维持会在各地张贴排斥外商卷烟的宣传标语
10 月 27 日	浙江、杭州、宁波等地	要求咨行浙江省政府通令市县政府及公安机关切实查禁抵制外商香烟的宣传

① 上海社会科学院经济研究所编：《英美烟公司在华企业资料汇编》第 4 册，中华书局 1983 年版，第 1366－1369 页。

② 上海社会科学院经济研究所编：《英美烟公司在华企业资料汇编》第 4 册，中华书局 1983 年版，第 1375－1376 页。

（续表）

发函日期	抵制地区	发函缘由
1934 年 1 月 10 日	山东	要求咨行山东省政府撤销通饬山东各县禁购外商卷烟的训令
1 月 23 日	浙江、杭州	以虽有财政部咨准浙江省政府训令各地查禁，但杭州排斥宣传继续进行，要求采取切实制止办法
2 月 12 日	浙江、绍兴	以绍兴国货卷烟维持会刊发“敬告同胞书”，并提出“爱国者不吸外国香烟”“用外国物品可耻，吸国货香烟可敬”“外国香烟何所好，金钱换去造枪炮”等标语，要求切实查禁
1934 年 2 月 28 日	江西	以江西省财政厅召集华商代表讨论专销国产卷烟办法，要求咨行各省当局，对于华洋各烟公司一律平等待遇
4 月 11 日	浙江海门	要求查禁排斥外商卷烟的活动
5 月 10 日	江西南昌	以南昌各机关团体排斥外商卷烟，要求制止
5 月 22 日	浙江宁波	以宁波国货卷烟维持会排斥外商卷烟，要求制止
1935 年 10 月 21 日	浙江温州	要求制止统制卷烟的活动
11 月 5 日	浙江黄岩	以当地排斥外商卷烟，不准卷烟起卸，要求制止
1936 年 2 月 3 日	江苏镇江	要求咨行江苏省政府取缔排斥外商卷烟的宣传品
6 月 30 日	浙江沙埕	以沙埕卷烟零售商停止售卖外商卷烟，要求咨行浙江省政府予以制止
7 月 3 日	浙江温岭	以温岭学生将经销商店家所有外商卷烟加盖“良心”图章，并警告不得再贩卖外商卷烟，要求咨行浙江省政府予以制止
12 月 2 日	江苏东台	以东台集会讨论排斥外商卷烟，要求咨行江苏省政府予以制止

资料来源：上海社会科学院经济研究所编：《英美烟公司在华企业资料汇编》第 4 册，中华书局 1983 年版，第 1385－1386 页。

由上表可见这一时期全国对英美烟公司香烟抵制的广泛性和方式的多样性。涉及的地区主要包括上海、江苏、浙江、江西、山东等，尤以浙江抵制最为激烈。反对吸食外国香烟的宣传，政府机关禁购外商卷烟，禁止外商卷烟在当地起卸是这一时期抵制外商卷烟主要是英美烟公司的主要措施。

第二节　英美烟公司对抵货运动的应对措施

一、依靠中外军事力量和政府官员

由于外国人在中国享有治外法权，其船只和军舰可到中国内河航行。五卅运动发生后，英美等国家纷纷派军舰来华并进入运动激烈的口岸城市，保护在中国的本国人民和财产的安全。英美烟公司要求外国军事保护，并要求外交官员出示文件证明卷烟产自美国，对反对抵货运动，促进产品销售起到了一定作用。

五卅运动后，宁波的英国商会督促英国领事派军舰前来。1925 年 6 月 16 日，美舰“麦考密克”号到达宁波。军舰的到达起了作用，“自美国驱逐舰到后，宁波情况甚为平静”，虽有学生游行，但秩序良好。而在 1925 年 7 月 8 号，美舰离去，14 号英舰“霍利霍克”号到达期间，学生对外国人的态度不很礼貌。为让英国水兵保护英美烟公司在镇江的利益，上海英美烟公司沃尔西弗同意其使用英美烟公司在镇江的宿舍，而且不设期限。上海英商会的秘书致信上海英美烟公司，为保护英商利益，两艘载有英国武装士兵的英国摩托艇在上海港口巡逻。“凡是在你打算以舢板或驳船在河上运货需要保护的情况下，你应该在前一日下午 5 时以前通知英船‘康科德’号（电话：中央 637）。”①

除利用外国军事力量外，英美烟公司还请在上海的美国总领事发出证明书，证明强盗、品海和红锡包是在美国制造的。为此，英美烟公司代拟了一份经销商的呈文：

① 上海社会科学院经济研究所编：《英美烟公司在华企业资料汇编》第 4 册，中华书局 1983 年版，第 1389 - 1390 页。

具呈文等经销卷烟为生，以前品海、大英、老刀等卷烟销路甚旺，自抵制英货以来，营业一落千丈，因此损失甚重。

现悉上述三种卷烟均在美国用美国烟叶制造，因此均系美货，不应抵制。

现拟请代为函询上海美国总领事，查明上述消息是否属实。如果确为美货，拟请出一布告，晓谕大众，不得在宁波境内对上述各牌货品的运销进行干涉。此呈宁波镇守使。

这份呈文交给上海美国总领事，请其出示布告。上海英美烟公司帕金森还通知英美烟公司在南京和上海的经理，“凡在这些牌子的销售受到抵制英货运动影响的场合下，我们希望你们要求各级经销商及一些有势力的官员直接写信给美国总领事，索取此一证明书。”“请尽力劝你们的职员去说服各经销商、当地商会以及其它一些有势力的官员去获得这个证明书。如果此消息到处传开，这将对他们和我们恢复这些牌子的销售方面大有帮助。”①

英美烟公司对其货物和营业的保护主要还是依靠中国的军队、军阀和官僚。

五卅运动后，上海英美烟公司董事裴磊致电天津英美烟公司经理克特珍，同意他每月支用1500元，作为贿赂军队的经费，“所须用之款可根据本信所授的权力由你支配后登入‘特种开支准备金’帐内”。并建议他参照汉口英美烟公司经理杜来克的做法，按照其所认定的最适当的数目一次性付款，而不是按每箱2元钱向军队交纳保护费，因为这样容易形成永久性的征税。② 杜来克使用上海英美烟公司批准其使用的款项，在湖南省“建立了一些有用的关系，现在湖南省最有权势的人正在为我们效劳”。③ 杭州英美烟公司经理坎斯致电上海东方区经理，他通过浙江省情报处长和督军的外交事务官员，同时也是英美烟公司娄斯、马那桐和其他董事的朋友的李心灵，安排好同浙江督办孙传芳的会面。孙传芳极力反对学生的示威游行和对英美烟公司货物的查禁销毁，并致函各公团联会，证明英美烟公司所出售的三种香烟是美烟，这封信发表在1925年7月19日的《浙民日报》上，其内容如下：

---

① 上海社会科学院经济研究所编：《英美烟公司在华企业资料汇编》第4册，中华书局1983年版，第1391页。

② 上海社会科学院经济研究所编：《英美烟公司在华企业资料汇编》第4册，中华书局1983年版，第1399－1400页。

③ 上海社会科学院经济研究所编：《英美烟公司在华企业资料汇编》第4册，中华书局1983年版，第1404页。

案准驻沪美国总领事克宁瀚函开，本署迭据报称，浙江省内现时某种纸烟，被人歧视等情，据此查本年6月17日敝署奉美京外务部令开，中国境内销售所用英美烟公司之商标，即大英牌品海暨强盗牌香烟，美国制造，专用吾美烟叶等因，相应函祈贵督理转致浙省各商务机关知照，俾美国商务不至被人歧视，无任感盼，再者贵督理对于中美两国交换商品，必欲勉励进行，故关于各该牌纸烟所有实在情形，谅必亦欲转致浙省各商务机关知照等因，准此，查美制香烟不应歧视，兹准函开三种，确系美叶美制，浙省商民自应一体知照，除函复并令总商会分致各县商会查照外，即希允洽是荷云。①

孙传芳利用军队秋操的名义到上海后，严禁抵货，提倡国货会的办公处也被封掉。江苏省也发布公署训令保护英美烟公司的货物和运输。江苏省省长公署则给镇江交涉员下了第6698号训令:②

查沪案发生以来，诚恐各界人等激于义愤，举动越轨，迭经剀切晓导，并遵奉中央电令，节经饬属对于侨商生命财产切实保护各在案。惟近据交涉署呈转各领事函告，各界人等往往藉口爱国运动，时有扣留外商公司暨经理店栈存及运送纸烟火油等货情事，此等举动实属逾越轨范，自应由各该官厅随时设法认真制止，以免另生枝节，除分案饬查并分行外，合特令仰该交涉员，即便分别咨行一体遵照办理，勿稍玩忽，切切此令。

中华民国十四（1925）年7月28日

江苏省长郑谦

湖北省的督军萧耀南“采取了反对任何暴利行动的强有力立场，不许学生们在该省采取他们在其他许多省份成功地进行了的激烈行动”，结果英美烟公司“在全部时间内都能装运货物，而经销商也能够不受干扰地售货”。在老河口和樊城两处的仓库被封存后，萧耀南亲自致电襄阳镇守使张莲升:

刻驻汉英美烟公司称谓：老河口、樊城两处经理，以前购往存烟800箱，日前被该地查封等情，特电转咨迅速查明办理，准其销售，免生缪葛。③

---

① 上海社会科学院经济研究所编：《英美烟公司在华企业资料汇编》第4册，中华书局1983年版，第1405－1406页。

② 上海社会科学院经济研究所编：《英美烟公司在华企业资料汇编》第4册，中华书局1983年版，第1406页。

③ 上海社会科学院经济研究所编：《英美烟公司在华企业资料汇编》第4册，中华书局1983年版，第1407页。

电报发出后，英美烟公司能够畅通无阻地从老河口和樊城采纳国库运送货物了。

在云南，由于省长“强有力的行动”，“本省学生的煽动可以认为是一个失败”。云南省的官员对抵货运动或是反对或是反应冷淡。在昭通南洋兄弟烟草公司的代理人带领学生企图捣毁英美烟公司的经销店时，昭通县长受到训斥。省长对全省各县都发了通令，禁止干扰英美烟公司的经销商。因此，“一般的意见认为，在云南，抵制英货成功的机会时很少的”。①

江西省督办为阻止学生游行示威，焚烧英美烟公司的货物，向教育厅长发出训令，教育厅长据此进行管制并禁止学生三五成群地外出，同时查封了学生会。督办在缴获的学生会记录里查明有100多个学生签名同意焚烧货物，因此责令学生的家长交纳500元的罚金，并拘捕了为首的6名学生。②

山东省在张宗昌的统治之下对抵货运动采取反对态度，他“采取严厉步骤阻止学生干扰运货，结果我们（济南英美烟公司经理等）毫不困难地拿回了被学生攫取或抢走的货物，对某几次抢走货物的情况，省长甚至下令逮捕和惩罚了对此负责的学生”。③

在东北，奉天省省长禁止学生游行示威，他“命令关闭一切重要学校”，把学生提前放假回家，因此学生不会组织大规模的游行。东三省的高级行政官员坚决反对反外国人的暴力行为，由于预料在端午节那天可能会出现游行示威，因此政府在前一天关闭了学校。由于官方的努力，商人们也坚决拒绝参加抵制运动。因此，英美烟公司在满洲的销售量大大增加，南满6月份17天的销售量就达1800箱，比上个月增加100箱。北满15天出售了1150箱，而上个月整月的销售量为1130箱。这在抵货运动风起云涌的中国是绝无仅有的。④

---

① 上海社会科学院经济研究所编：《英美烟公司在华企业资料汇编》第4册，中华书局1983年版，第1408页。

② 上海社会科学院经济研究所编：《英美烟公司在华企业资料汇编》第4册，中华书局1983年版，第1408－1409页。

③ 上海社会科学院经济研究所编：《英美烟公司在华企业资料汇编》第4册，中华书局1983年版，第1411－1412页。

④ 上海社会科学院经济研究所编：《英美烟公司在华企业资料汇编》第4册，中华书局1983年版，第1412－1414页。

二、贿赂学生和激励经销商

各级经销店和经销商是在抵货运动中直接和民众发生冲突的英美烟公司的代理人，因而他们与抵货民众的关系以及对推销商品的热情是英美烟公司度过销售危机的关键。

通过交纳学生会或其他抵货团体的罚金而要回被没收的货物并增长营业，是在很多地方经销商和学生会等组织所做的交易。而英美烟公司开始虽反对对学生的贿赂，但在看到这种贿赂的效果后，也默许了经销商的行为，并为其提供经费。五卅运动后，英美烟公司在徐州的经销商吴克斋为收回被学生联合会没收的货物，并让其保证允许经销商不受干扰地进行营业，建议英美烟公司答应四个学生联合会的要求，付给学生会领袖和学生会5000 元。南京英美烟公司经理赵尔丹和上海英美烟公司销售部经理帕金森开始不同意这么做，后英美烟公司董事会经过讨论，最终同意了吴克斋的请求，但说明这只是吴克斋个人和学生联合会之间的协议，和公司无关。最终吴克斋和学生联合会达成了令英美烟公司满意的协议，整个徐州府英美烟公司的销售和运输都不再受干扰，英美烟公司也将5000 元交换给吴克斋在上海沙逊洋行任买办的兄弟。①

通过降低产品价格和对经销商提供丰厚的奖金是产品促销时产品生产商的常用手段，更是英美烟公司应对抵货运动的两件“法宝”。

为应对山东在五卅运动后抵货运动的严峻形势，天津英美烟公司经理克特珍根据山东英美烟公司经理沃尔特斯的报告，建议将在山东销售的“红印”牌香烟的价格削减到 85 元，使抵货运动无法阻止这种因低价带来的需求。②

提高经销商的奖金和分红是抵货运动时期英美烟公司提高凝聚力、提高销售业绩的重要手段。1925 年 1 月，英美烟公司为大小经销商和华籍工作人员派发了75 万的奖金，作为 1924 年英美烟公司营业额超过 1923 年而同意支付的分红。为鼓励经销商在 1926 年 1 月能够拿到75 万甚至超过 75 万的分红，英美烟公司董事裴磊鼓励经销商说，1924 年，公司在受到一些省份征收营业

---

① 上海社会科学院经济研究所编：《英美烟公司在华企业资料汇编》第 4 册，中华书局 1983 年版，第 1415 - 1417 页。

② 上海社会科学院经济研究所编：《英美烟公司在华企业资料汇编》第 4 册，中华书局 1983 年版，第 1417 页。

额 20% 的卷烟特税和在因内战造成货物运输不畅的情况下，公司取得了超过 1923 年的业绩，那么虽然由于 1925 年五卅运动爆发，英美烟公司的工厂罢工，货物被抵制，但通过经销商的努力，相信会达到公司的营业目标的。他用反问的语气激励经销商："我们今年的营业是否能够有分红，取决于今年最后一季度发生什么事情。7 月、8 月和 9 月的销售将决定我们的中国朋友们——经销商和雇员们——是否会在明年 1 月份得到 75 万元，可能更多一些，或者是什么也没有。我们的经销商能安然不动地让无知的学生和嫉妒的竞争者从他们那里将大笔的钱取走吗？我们的中国工作人员是否不仅要受到不公正的压迫而且还要遭受金钱上的损失吗？我们不能相信这些工作了多年建立了一个成功的卷烟企业的人和其他一些在晋升阶梯上长时期来能稳步向上爬的人会不经过大的斗争就承认失败和可能还要破产。"

1925 年 7 月 28 日，上海英美烟公司向伦敦英美烟总公司建议，在中央部对哈德门香烟实行每销售一箱给经销商 5 元奖金的办法来促进销售：

"为了刺激起我们湖北经销商的兴趣起见，我们认为，在为期 30 日的期间内，每售出一箱'哈德门'香烟就给他们 5 元现金特酬的办法是可取的，我们的想法是这种特酬将由经销商保留，作为额外利润。当我离开汉口时，这个办法进行得令人很满意，在整个湖北区，销售量都正在增加，那时的迹象表明，我们在这个区已经度过了危机。"

可见，给予经销商特酬的方法取得了一定效果，此后，南京区也实行了同样的策略。

1926 年 1 月 25 日，英美烟公司东方区经理陶丁向经销商和售烟员分别发出通函，并向其附上上一年的花红支票，作为对其在 1925 年努力的奖金。并希望以后各经销商和售烟员在各段大力推广哈德门香烟，"冀将此牌香烟在各地成为销路最佳之烟"。同时，公司对经销商所销售的香烟给予登记在册，这样"所有销路增加而成绩最佳之经理，则将来分派花红时，本公司特别注意也"。公司按照下列四点决定给予每个经理花红的多少："一、销烟之总额。二、经理推销本公司制造各牌烟之热诚。三、陈列。四、管理存货以免损坏。""如果经理只销售本公司独家之各牌香烟者，则本公司将特别重视之"。公司希望通过这些要求来激起经理销售英美烟公司香烟的热情。[①]

---

① 上海社会科学院经济研究所编：《英美烟公司在华企业资料汇编》第 4 册，中华书局 1983 年版，第 1417－1422 页。

1927年7月18日，在南京区，公司同意恢复以前南京区对经销商赊货30日的优待，并同意大经销商和注册小经销商在超过公司对其规定的销售数量后，可以对其实行为期30天的每箱哈德门给予10元回佣的优待。

通过让经销商购买股票来达到使经销商与企业融为一体的目的，增强经销商为企业推销产品的能力，是现代企业所常用的一种手段。五卅抵货运动后，英美烟公司决定成立英商驻华英美烟股票有限公司，鼓励经销商和地方有势力的人物购买股票，并定期分发股利，提高了经销商对英美烟公司的向心力。

驻华英美烟股票公司成立的目的按伦敦英美烟公司董事长坎利夫-欧文的话是为了拉拢有势力的中国官员和买办阶级，因为五卅运动给予的教训表明，这些人在英美烟公司的业务中“既没有得到面子，也没有得到钱”，但他们有很多是与英美烟公司竞争的公司的股票持有人。为了使这些有势力的官员和买办阶级能够和英美烟公司发生利害关系，公司才决定成立驻华英美烟股票公司，使这些人成为英美烟公司的股票持有人。后来股票持有人扩大到公司的经销商。[①] 1926年4月1日，英美烟股票公司在其第二份招股通告中表明了欢迎经销商购买公司股票的态度，“在商业场中制造者与推销者必须合作已公认为一定不易之原理。如彼此利益均与同一企业中发生密切关系，则双方势必相得益彰，是以同人亟盼本公司各经理人及其他中华人士对于中国纸烟业之提倡赞助者，今更加入本公司股东之列”。[②] 英美烟公司还鼓励各销售经理将他们在英美烟公司的押款换为英美烟股份公司的股票。“凡执有股票公司股份之经理，可以以该项股份存入英商驻华英美烟公司（有限公司）作为押款，得照放账办法购买纸烟，至每股百元之数。凡现以现款押存年获6厘利息之经理人，一概考虑其将该项押款换为股票公司股份之利益。英商驻华英美烟公司（有限公司）亦同样从经理人与雇员收受股份，视作押款与保单无异也”。这样，经理人购买股票当作押金，能够参与股票的分红，一举两得。“此项股份为一种动人心目之投资事业，实足以引起一切经理人雇员及其友朋之注意”，由于英美烟股份公司的股利完全依赖英美烟公司的营业情况，所以

---

① 上海社会科学院经济研究所编：《英美烟公司在华企业资料汇编》第1册，中华书局1983年版，第53页。

② 上海社会科学院经济研究所编：《英美烟公司在华企业资料汇编》第1册，中华书局1983年版，第56页。

“一切大小股东为其本身利益计，应乘机力为英商驻华英美烟公司（有限公司）增长营业也”。[①]

鼓励经销商成为驻华英美烟股份公司的股票持有人在销售实践中取得了良好的效果，在1926年9月23日英美烟公司东方区经理的月报中清楚地表明了这一点，其月报内容为：

“包括上海在内的整个销售区继续取得了进展。‘天桥牌’正在顺利发展——现在上海的平均日销售量大约是5万支的10箱，从内地来的报告都乐观地说它与‘金鼠’的竞争将收到良好的效果。总的‘市场情况’较过去好长一段时期都好，经销商也对我们显得更为友好了。对‘股票公司’供应股票的反应是令人满意的，所有各段的经销商和其他的人都对此事表示出极大的兴趣。本区秋季的前景（除非政治事件改变了目前的情况）肯定是光辉灿烂的。”[②]

三、运用各种舆论工具和宣传手段进行辩护

为博得中国人民的理解和同情，英美烟公司运用一切宣传手段，宣传其企业和产品的中国性质，宣传其对中国烟草工业、烟草种植、烟农和工人生活、大批慈善捐助方面所做的巨大贡献。下面以五卅运动时期英美烟公司的反抵制宣传为例，来对其宣传手法和内容做一剖析。

（一）为经销商和推销员提供说服抵制的民众放弃抵制的根据

1925年7月28日，上海英美烟公司董事裴磊向伦敦英美烟公司中国部主任杰夫里斯去信，信中称：“抵货运动一开始扎根时，我们就意识到要使我们的销售人员得到鼓舞，并向他们提供论据来对付本行业人士，这是极其重要的。我们相应地公布了一系列的信件”，“从全国各地来的报告看来，我们相信这些信件已有了很好的影响，特别在帮助保持我们销售人员的勇气方面是这样”。[③] 1925年6月17日，上海英美烟公司董事裴磊在致全国各地分公司经理的信件中，要求“全部销售人员集中他们所有的精力来对付这一不公平

---

① 上海社会科学院经济研究所编：《英美烟公司在华企业资料汇编》第4册，中华书局1983年版，第1424页。

② 上海社会科学院经济研究所编：《英美烟公司在华企业资料汇编》第4册，中华书局1983年版，第1423页。

③ 上海社会科学院经济研究所编：《英美烟公司在华企业资料汇编》第4册，中华书局1983年版，第1433页。

的宣传”。为此，他提供了一些证据，希望“销售人员头脑中有如下的事实，这样使他们遇到向本行业人谈起抵货宣传时，他们手头将有一些真实的和讲得通的论点”。他提供给销售人员的论点有以下几个方面：

1. 英美烟公司的印刷品都是在中国生产的，而竞争者（主要指南洋兄弟烟草公司）“所有的印刷品和其他物资都是在日本购买的”，而且竞争者生产卷烟的工厂“不是设在上海的外国租界就是设在英国的殖民地香港”，“他们利用了上海给外国人的条约权利或让英国政府对他们的香港工厂实行保护”。因此，敌牌香烟（南洋生产的香烟）才是外国制品，才更应该反对。

2. 英美烟公司的工厂雇用了几千名中国工人。他们在“最好最和睦的状况下做工”，“如果他们被运动夺去了工作的机会，这意味着中国人正在剥夺中国人的生计，从而使他们和他们的孩子受苦遭难”。公司还花费大量的人力、物力、财力“来改进在中国种植的烟叶质量和产量，大大增加了各农业区的财富，使好几万人受益”。英美烟公司免费发给农民美国弗吉尼亚烟种，并教导种植的方法，收获后现款收购，每磅烟叶价格在1角5到5角不等，比起原来的5分到一角，“则有天壤之别耳”。农田的价值，也因种植美国烟叶而增加了3倍。①

3. 销售人员要通过“不混淆美国货和英国货来对付抵制宣传”。要宣讲“品海”“红锡包”和“强盗”牌香烟都是“在美国境内的工厂用高级的美国烟叶制造的美国货”，因为“‘品海’是早在30年前由纽约美国烟草公司首先在中国销售的，是一直在美国制造的。‘红锡包’及‘强盗’确实标着‘W·D·和H·O·威尔斯’的英国名字，但这家公司早在25年前就不存在了，像在每包上印刷着的，这货多年来一直到现在都是在美国制造的”。因此，如果烟草销售商坚决抵制英国货，那么可以劝说他们销售以上三种香烟。至于大号哈德门香烟，“完完全全是在中国制造的，它是由中国工人在中国用中国各地特别种植的烟草制成的，‘哈德门’是真正的中国产品”。因此更可以劝说烟草销售商进行销售。

4. 英美烟公司是国际性的跨国公司，在世界各地经营，股份属于各国人所有，所以它不只是某个国家的。公司选择把总部设在伦敦，只是因为“这城市恰巧是个良好的世界中心”。因此，抵制英美烟公司会“损害大部分中国

① 上海社会科学院经济研究所编：《英美烟公司在华企业资料汇编》第4册，中华书局1983年版，第1428页。

人”，“如果中国人不吸驻华英美烟公司在中国制造的卷烟，那么，试问数千山东、安徽、河南的农民能把他们的高级烟叶去卖给谁呢？谁将给数万名现在英美烟公司有着优厚待遇和固定工作的中国人提供工作呢？谁去购买中国人制造的现由英美烟公司买进的各种物品呢？……他们应记住大号‘哈德门’以及其它许多著名牌子都是真正的中国产品，具有他们可花钱得到的最高质量。如果中国人不吸这些本国产品，那他们是在夺去他们数万同胞的唯一生活手段。”①

5. 公司造就了中国的烟草工业。“在（英美烟公司）纸烟盛行以前，未闻何种纸烟在中国制造。自本公司开始在华设立工厂后，中国国内方有制烟工厂，而烟草工业始克发展，有如今日”②。

6. 公司把大部分收益留在了中国。对于有传单称，吸英美烟公司的香烟使中国的金钱“每年有一万万元之谱流入外国”，实际上并非如此。具体表现在以下几项：“（一）以大宗款项，收买中国农民所种之烟叶。（二）以一部分款项，雇用中国个人，在本公司工厂工作。（三）本公司工厂所用一切材料，皆购自华方。（四）雇用各转运公司，运输本公司出品分销各处。（五）分润利益与本公司之各华经理。”此外，英美烟公司还在中国投资了很多事业，如包装公司、印刷公司、地产公司等。所以公司并没有使大批款项流到外国，“是以就本公司营业论，本公司虽售烟一箱，其售价实系代表收回本公司在华预投之资。至于本公司在中国所得之利益，实不啻抵补本公司投资之利息而已”。③ 公司还通过出口卷烟为中国创汇。1924 年海关报告第 135 页记载着“有价值 15342446 两或 2 千 4 百万的卷烟运到其他国家去了。这样一大笔墨洋 24000000 元的钱进入了中国人的口袋”④。因此英美烟公司不仅未从中国卷走金钱，还为中国带来巨大的海外收益。

7. 公司热心中国的慈善事业，捐助了大笔款项。因此英美烟公司劝说推销人员在和同行交谈时应该利用这种情况，“这将有助于他们去使中国人相

---

① 上海社会科学院经济研究所编：《英美烟公司在华企业资料汇编》第 4 册，中华书局 1983 年版，第 1427 页。

② 上海社会科学院经济研究所编：《英美烟公司在华企业资料汇编》第 4 册，中华书局 1983 年版，第 1428 页。

③ 上海社会科学院经济研究所编：《英美烟公司在华企业资料汇编》第 4 册，中华书局 1983 年版，第 1429 - 1430 页。

④ 上海社会科学院经济研究所编：《英美烟公司在华企业资料汇编》第 4 册，中华书局 1983 年版，第 1437 页。

信，对我们进行抵货是极不公正，也是极大错误”。[①]

8. 宣传其销售的产品是产自美国和中国，而不是英国制造的。永泰和由于假称它所销售的香烟是美国制造的而在抵货运动中销量有所增长。以下是永泰和公司印发的传单：[②]

大英牌（又名红锡包）香烟，现已由大美国驻沪总领事奉到大美国华盛顿外务部示，证明确系用美国烟丝制造，且完全在美国境内制造之货，为此布达。如各界有怀疑者，请询大美国驻沪总领事，当知所言之不缪也。

上海永泰和烟草股份有限公司

9. 宣传公司对中国机械工业发展的贡献。虽然早在1891年，老晋隆洋行（英亩贵公司前身之一美国烟草公司的输入代理商）就引进了第一台卷烟机，但此后停顿了好几年，直到1902年英美烟公司认识到把“中国当作一个制造活动的国家有极大的前途”。公司在上海浦东扩大了工厂，在汉口、天津、青岛、营口、沈阳、哈尔滨等地也陆续建立了工厂，引进了大批当时世界上最先进的卷烟机械。为配合卷烟工业的发展，英美烟公司还创办了一些附属工业。它建有印刷厂、电影制片厂和制箔厂，还建立了一个机械车间。到1925年8月，英美烟公司在各种工厂里雇佣的工人人数达到2万5千人，“这些工人被教会如何制造卷烟，教会印刷工艺和与此有关的美术工作，教会科学制造机器和制造机器零件以及用机器制造锡纸的高度专业工作。现在中国工人能像世界上其他地方的任何工人一样制造卷烟，他们的印刷品比得上其他国家的，他们的机器制品也是最好的，英美烟公司用这个方法对中国人民的机械发展大大的做出了贡献”。[③] 在英美烟公司工厂培训出来的技术工人遍及全国，把他们在工厂学到的技术传播给中国人。“因此英美烟公司是所谓‘中国为中国人’运动的先驱之一”。

（二）编写《英美烟公司有限公司在华事迹纪略》为公司辩护

英美烟公司出版了至少二万五千册的小册子，题目是《英美烟公司有限公司在华事迹纪略》，鼓吹英美烟公司对中国的贡献。英美烟公司把这些小册

① 上海社会科学院经济研究所编：《英美烟公司在华企业资料汇编》第4册，中华书局1983年版，第1429页。

② 上海社会科学院经济研究所编：《英美烟公司在华企业资料汇编》第4册，中华书局1983年版，第1431－1432页。

③ 上海社会科学院经济研究所编：《英美烟公司在华企业资料汇编》第4册，中华书局1983年版，第1435－1436页。

子发给“主要的商人、你们（英美烟公司营业部及下属各部经理）的工作人员、报纸编辑、主要政府官员和前任官员们、外国和中国商会的执行委员会、中国和外国大学的教员（包括各种教会学院以及各种纯粹是中国的教育机构和医学院）、学生和工人组织的负责人手中去”。“实际上，我们（英美烟公司）希望这一出版物能到达尽可能多的全国各地的著名的和有权势的中国人手中去”。①

小册子的宣传起到了一定的作用，“我们（英美烟公司）对现在收到的关于这一出版物的评价感到满意。许多有资格的中国人赞美了这本小册子中文部分的高昂调子和出色的文风，他们说这大大提高了它对作为其读者的那个阶级的人们的吸引力”。②

（三）利用报纸进行宣传，宣扬其产品的中国性，并假借工人、烟农的名义在报上呼吁停止抵制

虽然抵货运动是几乎中国所有阶层的抵制运动，但由于在运动进行中运动的受益者和运动代价的承担者并非一致，在运动给某些行业带来伤害的情况下，一些行业和个人就会对运动阳奉阴违。同时，由于英美烟公司与一些行业签有合同和协议，碍于法律，这些行业也不得不在运动中同英美烟公司合作。报纸行业就是一个典型的例子。五卅惨案发生后，与英美烟公司有契约的九种报纸——《新闻报》《申报》《时报》《时事新报》《神州日报》《中华新报》《新申报》《民国日报》《商报》因契约“未满期，未能即停”，拒绝了社会各界要求各报停登英美烟公司广告的要求。③

在华北区，天津英美烟公司经理克特珍想出一个通过与英美烟公司友好的报纸发表一些“表面看来是新闻报道一类的东西”来为英美烟公司辩护的策略。此外，他还通过北京的一些中国通讯社以报道新闻的形式发表一些类似的支持英美烟公司的论点。北京、天津的报纸，除《益事报》外，《北京天津时报》《远东时报》《北京导报》《北京日报》《北京之声报》等报纸都同

① 上海社会科学院经济研究所编：《英美烟公司在华企业资料汇编》第 4 册，中华书局 1983 年版，第 1437 页。

② 上海社会科学院经济研究所编：《英美烟公司在华企业资料汇编》第 4 册，中华书局 1983 年版，第 1438 页。

③ 上海社会科学院经济研究所编：《英美烟公司在华企业资料汇编》第 4 册，中华书局 1983 年版，第 1439 页。

意转载支持英美烟公司的新闻报道。[1] 其中在1925年10月间各报纸都刊登了英美烟公司的所谓广告:[2]

大前门——最先在中国制造之上等香烟

对于纸烟业，英美烟公司种种筹划其发展，不遗余力，故得臻至今日如此宏大之境况，凡当地可以发展之实业，公司无不尽力提倡之。

本公司曾费巨金，指导华人改良种烟法，借以增进中国烟叶之生产。现在上海、天津、汉口、哈尔滨等处，均建立烟厂，上海、天津、青岛三处，并建有印刷工厂。上海一处，更建有机器工厂与锡纸厂，并鼓励华人制造他种必要物料。

此种事业增进农地之财源甚巨，况雇佣华人已达数万。此数万人及其家庭，均得度其安乐之生活关。

英美烟公司通过宣称其产品在原料来源、生产工厂和工人方面的本土化，力图博得中国民众的理解和同情，从而放弃对英美烟公司的抵制。

（四）英美烟公司除借报纸自我辩护外，还假借英美烟公司工人和烟农的名义呼吁停止抵制

1925年6月汉口的英美烟香烟工厂中贴出了这样一则宣言:[3]

汉口英国香烟厂工友宣言

我们知道外间有一班人为存私见，而在散发传单，劝告各人勿吸哈德门香烟，是以我们香烟厂工友特为通告大家，这哈德门香烟是用最精美之物料制成的，并经本地千万人多年吸用，足以证明全无害处。更有告者，凡在中国任何工厂之工友，未有受我等如此之优待，及得此大工资的，我们本是不情愿罢工的，我们以前的罢工是受外间的压迫和恐吓酿成的。现在工厂已经开工，我们大家都欢天喜地地恢复工作了，你们若是抵制哈德门香烟，就是永远影响我们的职业，因为我们的生活，是完全靠着哈德门维持的。

汉口英国香烟厂全体工友同启

---

① 上海社会科学院经济研究所编:《英美烟公司在华企业资料汇编》第4册，中华书局1983年版，第1438-1439页。

② 上海社会科学院经济研究所编:《英美烟公司在华企业资料汇编》第4册，中华书局1983年版，第1440页。

③ 上海社会科学院经济研究所编:《英美烟公司在华企业资料汇编》第4册，中华书局1983年版，第1442页。

天津的克特珍还建议让山东、河南、安徽等地对烟叶种植有利害关系的人签名请愿书，大意是应该取消抵货，因为英美烟公司如果不购买烟叶，就意味着他们的破产。

四、改变卷烟牌号、更改公司名称

这是英美烟公司为避开中国民众抵制英货的矛头不得已想出的策略。1905 年抵制美货运动中改称“大英牌”的“红锡包”香烟，这次又改回“红锡包”。但由于其名称在中国民众中早已形成“大英牌”香烟是英国产的印象，所以英美烟公司专门把“10 支装的‘红锡包’换上只壳子，添上英文‘美国制造’一行小字，把它来作为广告，画两只手：一只手捏着一包‘红锡包’香烟，另一只手指着露出的烟壳底面‘美国制造’几个字，意思是告诉人：‘红锡包’不是英国货，你们不用抵制它”。①

1925 年 6 月 18 日，上海英美烟公司指示沈阳、天津等各地分公司的广告部，由于原来大多数外国报纸上对于“绞盘”和“三炮台”两个牌子都用“全部绞盘”和“全部三炮台卷烟系英国制造”的措辞，因此要把今后几个星期所打算用的雕刻版里删去以上措辞。

由于英美烟公司已有的品牌为民众所熟知，很难解释何为英国货何为美国货，因此，英美烟公司准备通过创设新牌来应对抵货运动，宣传这些品牌是在中国生产的。1925 年 6 月 23 日，上海英美烟公司董事裴磊指示沈阳、天津等各地分公司，“在中国现有的情况下，我们最好生产一系列完全崭新的货品。所以请你尽可能快地让我们得到关于新牌子的建议”。对于在英国进口的“三铃”牌香烟，伦敦英美烟公司指示上海英美烟公司“在北京以一个中国人的名义给‘三铃’商标注册，然后指定给英美烟公司用”。同时，伦敦英美烟公司还附上了两套商标样本，这些样本删去了制造者的名字和产地。伦敦英美烟公司给了生产“三铃”香烟的制造部明确的指示，要求在卷烟的包装材料上不出现制造商的名字或产地。英美烟公司试图使用这种瞒天过海的办法来避开国内抵制英货的浪潮，而试图给人们一种印象，即“三铃”牌香烟是一种在中国生产的香烟。

由于各地对英美烟公司最出名的哈德门香烟的抵制，英美烟公司决定生

---

① 上海社会科学院经济研究所编：《英美烟公司在华企业资料汇编》第 4 册，中华书局 1983 年版，第 1443 页。

产一种新的同哈德门一样级别和价格的牌子，香烟包装上不标明公司的名称。英美烟公司认为，当这个牌子准备好后，可以在不能恢复营业量的河南省大量出售这种新的香烟。同样对于因受到各地的抵制而销量减少的进口中级香烟老刀牌，公司也准备生产一种类似于老刀牌等级的进口香烟，包括大包和小包，可以在中国各地推销。1926 年 3 月 10 日，伦敦英美烟公司向上海英美烟公司提出创设“象牌”（色彩新颖）和“星牌”（红日商标）的建议，认为从广告宣传的角度讲，这两种商标是最引人注目的。对于在中国销售不佳的“大前门香烟”，伦敦英美烟公司希望生产一种新的牌子来代替它，并附上“棋”牌香烟的商标图案，这种牌子刚刚在印度和新加坡生产，公司希望在中国也可以生产它来代替“大前门”。

更改公司名称，并避免使用一个公司字样是英美烟公司在 1934 年采取的一个策略，这个策略是把英美烟公司改组成新的颐中烟草公司和颐中运销公司。英美烟公司董事在 1934 年 9 月 17 日致北平英美烟公司的信中表明了改组的原因，“我们组成这些新公司和两个满洲公司的主要目的之一是尽可能远离与反对外国人和外国公司的偏见和歧视有关的‘英国’和‘美国’字样”。所谓颐中的“颐”是保养、休养的意思，按照《礼·曲礼上》的记载，“百年曰期颐”。取名颐中，顺应了中国人颐养天年的心理。同时其烟叶公司也改名为振兴烟叶公司，印刷厂改名为首善印刷公司，“振兴”不用说，“首善”即是榜样、最好的意思。英美烟公司在宣传和货物清单上也不提英国公司的字样，“免除新公司在布告、广告、官方出版物、包裹单、装货清单、收据、货品目录册、商业通告、招贴和商业信纸上将相等于英国公司这样的词放在公司名称前面”。但在合同、契约、汇票、期票、背书、支票、定货单及信用状上还要著明是英国公司。①

第三节　对抵货运动中英美烟公司反抵制措施的评价

中国近代历史上风起云涌、连绵不绝的抵货运动是有其深刻的政治经济

① 上海社会科学院经济研究所编：《英美烟公司在华企业资料汇编》第 4 册，中华书局 1983 年版，第 1444 - 1446 页。

背景的。抵货运动是殖民地、半殖民地和经济不发达国家反对外国政治压迫、经济剥削和渗透的主要方式。这种以民间运动的方式，大致和平的手段对外来政治压迫和经济渗透的抵制，不会引起外国过多的干涉，不会引起强烈的军事和外交冲突，而且取得了一定的政治经济成果，在某种程度上促进了中国民族经济的发展。但抵货运动的作用有限，并没有取得运动参与者所希望达到的效果。这主要是因为以下几点：

第一，抵货运动主要是以经济手段取得政治目的，而并非追求民族经济的发展。

以对英美烟公司的历次抵制为例，1905 年的抵货运动其目的是希望通过抵制美货来达到使美国放弃对华歧视性法案的目的。1915 年和 1919 年因抵制日货连带引起的抵制英货运动，原是为反对袁世凯政府同日本签署廿一条和反对日本占领中国山东。1925 年五卅运动和省港大罢工中的抵制主要是反对英日枪杀中国民众。北伐时期的抵货运动主要是国民党左派和共产党领导的以收回利权为目的的运动。九一八事变以后，主要也是因为抵制日货附带抵制英货，目的也是为了反对日本侵略中国。以经济的手段取得政治的目的，在历史上虽不乏成功的例子，如印度甘地领导的“非暴力不合作运动”，但大部分并未取得预期的效果，目标和手段的错位使运动大多不了了之。

第二，运动往往只抵制同中国发生政治军事冲突的一两个国家，而对于其他国家的货物并不抵制。同时，由于中国不能生产同类的进口替代产品，这样往往并不能达到促进民族经济发展的目的。

1905 年是抵制美货，1915 年和 1919 年是抵制日货并抵制被民族卷烟厂家宣传为日货的英货，1925 年主要是抵制英货和日货，北伐战争中也主要是抵制英货。这种抵制只会使一个国家进口的产品和在中国生产的产品数量在一个时期内减少，但由于中国近代工业发展的现状使中国不能生产出大批进口替代产品，更不用说在质量和价格方面能够同外国产品媲美，所以在抵制一个国家货物的同期却会增加对其他国家同类产品的需求，而在运动结束后，对抵制国家相应货物的需求会大大增加，不能从根本上达到抵制的目的。这也是英美烟公司虽在历次抵货运动中销量减少，但减少不多，而且在运动结束后迅速恢复，需求量甚至超过了运动前的原因。对这一点，英美烟公司早有认识，“我们面对把我们作为掠夺中国的帝国主义分子的攻击，遭遇到了抵货运动、狂暴的煽动和凶恶的胁迫。尽管有这一切情况，人们还是需要我们的卷烟。考虑到全国各地存在的繁重的税收、匪徒和士兵的掠夺和运输方面的困难，我们还是出售了大量的商品。经理部门认为这一切大多是由于我们产品质量好的缘故。我们在一个段里曾运去一批假装是竞争者生产的货品，同行立刻就坚持说这是我们的产品，因为没有其他人能制造出这么好的货物。这一点固然使我们、你们和你们的全体工作人员都感到满意，而它又给了我们大家一个责任，即要留心使质量领先距离只能增加而绝不能缩小”。[①] 中国近代最大的民族卷烟厂家南洋兄弟烟草公司也对其产品质量不如英美烟公司有清醒的认识，在其同各地销售商和代理商的信函中多处提到这一点。

第三，抵货带来商品供应不足，物价上涨，给民众的生活带来一定影响。

虽然香烟并非是民众的日用必需品，但长期形成的对香烟的嗜好和依赖很难因为抵制运动而消失。抵货运动人为造成市场紧张，外货的消失自然使得国货供不应求，价格上涨。南洋兄弟烟草公司的香烟在五卅运动后供不应求，最后连原来存放的发霉的香烟都卖出去了。由于国货价高质次，人们只能在没有其他替代产品的情况下购吸，但一旦抵制结束，国货的销量迅速下降，原来抵制的外货销量迅速上升。

第四，抵货侵害了烟商的利益，使他们不能长久支持和配合抵货运动。

抵货运动中对商人货物、财产的剥夺，对人身的伤害和侮辱，基本都是触犯法律的行为，使运动合情不合法。抵货运动的代价必然需要一部分人来承担，而代价的承担者往往不是运动的受益者，这种错位也使得运动难以取得长久的支持。1905 年抵制美货运动，受益者是在美国的华人华侨，但受到损害的却是国内的商人以及普通民众。1915 年、1919 年、1925 年、1927 年左右的抵货运动同样如此。对英美烟公司香烟的抵制，受益者是国内的卷烟厂家，如南洋兄弟烟草公司和华成烟公司，受害者却是经销英美烟公司香烟的经销商和推销员，还有因价格上涨、产品质量下降而抱怨的普通烟民。这种利害冲突使这些商人不可能对运动长久支持，而一般的民众也不会长期囿于爱国热情而置自己的经济利益于不顾。

以上几点决定了运动不可能得到长久支持，也很难取得很大成效。

英美烟公司之所以能够经受住抵货运动的冲击，并不断发展壮大，是由于有治外法权的保护，但主要的是因为其雄厚的资金、技术实力，先进的管理模式和对抵货运动灵活的应对措施。

---

① 上海社会科学院经济研究所编：《英美烟公司在华企业资料汇编》第 1 册，中华书局 1983 年版，第 233 页。

英美烟公司作为一个外资企业在中国没有和抵货运动正面对抗，从其采取的反抵制措施上看，对外多进行辩解，宣扬公司对中国的贡献，宣扬其产品是来自美国和中国本土的，它力图寻求中国政府官员、地方有势力人士的支持，寻求中国民众的理解；对内则加强对经销商和公司职员的奖励力度，并通过“削价”“特酬”等方式来加强产品的促销来抵消抵货运动的影响。在广告宣传等方面，不再表明具体的生产地，以避开民众的抵制矛头。英美烟公司的这些措施在一定程度上抵消了抵货运动的影响，增加了产品的销量。

销售危机是每个企业都可能遇到的问题，然而一些企业在危机中消亡了，一些企业在危机中一蹶不振，而另一些企业则能正确对待危机，认识到危机中既有风险又有机遇，通过规避风险，利用机遇来使企业重新崛起，甚至发展壮大。英美烟公司就是能够正确对待危机，在危机中发展壮大的公司，它在以抵货运动为代表的销售危机中的表现为现代企业提供了许多借鉴。

第七章　英美烟公司销售本土化分析

所谓“本土化”实际上就是当事双方所寻求的一种战略协调模式。它有利于跨国公司降低海外派遣人员和跨国经营的高昂费用，与当地社会文化融合，减少当地社会对外来资本的危机情绪，有利于东道国经济安全、增加就业机会、管理变革、加速与国际接轨。本土化不仅是今天跨国公司所面临的问题，也是近代以来所有在华投资的西方企业所必然面对的问题。对于近代外国在华企业的本土化，还没有人进行系统的研究，本书以近代著名的跨国公司英美烟公司在华销售方面本土化为例，对这一问题进行探讨。

主持英美烟公司在华业务近20年的唐默思曾经说：“我一踏上中国的土地，就好像觉得有人抓住我的脚踵，将我提起来一下子扔进了太平洋。我必须游回岸边。这儿的一切就像大海似的势不可挡。这个国家有着四亿人民，他们对自己的文明无比忠诚。……尽管他们的行事方式与我的不同，但却值得我尊敬。

因此，我坚信我应该尽可能地按照他们的方式与他们做生意……我知道穷我毕生之力我也不可能教会他们其中的一小部分人按照我的方式行事；我必须适应他们的方式。这就是香烟一词或文明一词中所包含的启示——适应性。”①

由此可见，销售本土化是英美烟公司能够在华开展业务，取得卷烟销售市场的前提。下面主要就英美烟公司销售本土化的原因、表现等进行分析。

---

① 詹姆士·唐默思：《销售与文明》，［美］高家龙：《大公司与关系网——中国境内的西方、日本和华商大企业》，程麟荪译，上海社会科学院出版社2002年版，第8页。

第一节　销售本土化的原因

英美烟公司销售本土化主要有语言文化障碍和薪水差异悬殊两个原因，下面分别对其进行分析。

一、语言文化障碍

1902 年上海英美烟公司成立后，建立了由公司董事会、部、区、段、分段五级组成的一套庞大的推销机构。总计设计了 5 个部、17 个区、90 个段。它派出大批外籍人员在长江沿岸和华南进行市场调查，建立货栈，然后深入内地，巩固华北和东北市场，开拓边远地区的市场。[①] 1905 年任上海英美烟公司副督办、1915 年任公司总督办的柯伯思就曾在公司早期“在中国内地多所创设以振兴本公司之营业，……。往内地旅行，饱尝艰苦，忍受种种之不安适”。[②] 到 1912 年，“在（中国）18 省中所有大大小小的城市里，或许没有一个没有英美烟公司建造的这种货栈。”1905—1915 年任上海英美烟公司总督办的唐默思主要从美国南方种植烟草的北卡罗来纳和弗吉尼亚两州雇佣年轻的农民子弟来管理这些货栈的经销。同时他还对这些职员进行汉语培训，并对汉语学习好的职员进行奖励，凡通过公司半年一次语言考试的给予 500 美元的奖金。[③] 英美烟的某些西方代表可以流利地说不止一种中国的方言。[④] 张家口是“贫瘠之区，又无西人旅店，即华人旅店亦甚劣；电灯、东洋车尚未有设立，除骑马及坐驴车外，均要步行；马屎沙泥飞腾满天。如此之劣地，而常川西人。该西人操北语甚佳。‘空山’（南洋兄弟烟草公司对英美烟公司

---

① 程仁杰：《英美烟公司买办郑伯昭》，《20 世纪上海文史资料文库》，上海书店出版社 1999 年版，第 10 页。

② 《英美烟公司月报》1923 年第 9 期。

③ ［美］高家龙：《中国的大企业——烟草工业中的中外竞争（1890—1930）》，商务印书馆 2001 年版，第 27 页。

④ ［美］高家龙：《中国的大企业——烟草工业中的中外竞争（1890—1930）》，商务印书馆 2001 年版，第 59 页。

的称呼）人才之备，可以概见”。[①]

但英美烟公司这样的人才毕竟是少数，而大多数西方人把学汉语看作是一种折磨。同时，社会、文化、生活等方面的隔阂使外国人在中国很不适应，每5个人中只有2个人能在中国呆上一年以上。曾在华北和西北担任英美烟公司推销工作的一名美国人说：“我们被称为推销员。但实际上我们没有进行推销。公司的外籍人员大部分不能讲中国话，是翻译和经销商做了推销的工作。外籍人员实际上是检察员、监督和顾问。照我看来，我们做的仅仅是广告方面的工作。”英美烟公司负责销售的董事戴乐尔也认为“一个外籍人员，除……能监督公司的钱和货外，在内地是不大能做什么的”。在东北担任推销工作的另一个美国人认为“我不过是为公司装饰门面而已”，是中国助手在经管着所有的“业务活动”。[②] 因而虽然“英美烟公司最初也是从该公司的直接交易出发，叫欧美籍工作人员尽可能到中国内地去旅行，试图在各地设立同该公司直接交易的经销店。可是，这种方法不但不容易控制地方华商，其范围也极为有限”。[③] 1920年，东北沈阳总部的外籍推销员数量比15年前减少了一半，而中国职员的人数却增加了十几倍。总部只有11名英国人，3名俄国速记员，而中国职员却有300多人。[④]

二、工资差异

外籍人员和中国员工薪水和奖金的差异悬殊也是英美烟公司人才本土化的重要原因。英美烟公司的职员分为华籍和外籍两种，华籍职员中又分为一般、中级和高级职员。外籍职员分为A、B两级。[⑤]

---

① 上海社会科学院经济研究所编：《南洋兄弟烟草公司史料》，人民出版社1958年版，第59－60页。

② 上海社会科学院经济研究所编：《南洋兄弟烟草公司史料》，人民出版社1958年版，第17页；［美］高家龙：《中国的大企业——烟草工业中的中外竞争（1890—1930）》，商务印书馆2001年版，第59页。

③ 上海社会科学院经济研究所编：《英美烟公司在华企业资料汇编》第2册，中华书局1983年版，第526页。

④ ［美］高家龙：《中国的大企业——烟草工业中的中外竞争（1890—1930）》，樊书华、程麟荪译，商务印书馆2001年版，第259页。

⑤ 上海烟草志．第二章第一节，工资奖金津贴，见上海通网站：：http：//www. shtong. gov. cn/node2/node2245/node68143/node68154/node68261/node68270/userobject1ai65827. html.

表 7-1　1941 年 10-12 月上海英美烟公司各厂聘约外员与高级华员工资待遇表

单位：元（法币）

	工资待遇	1941 年 10 月	1941 年 11 月	1941 年 12 月
外籍	聘约外籍人员	127 人	127 人	127 人
	基本工资幅度	500 ~ 2100	500 ~ 2100	500 ~ 2100
	实际工资和津贴幅度	2428 ~ 10547	2578 ~ 10528	2347 ~ 11930
	工资总数	615675. 48	633689. 55	642464. 64
	平均工资	4847. 84	4989. 68	5058. 78
华籍	华籍人员	23 人	23 人	23 人
	基本工资幅度	225 ~ 600	225 ~ 600	225 ~ 600
	实际工资和津贴幅度	765 ~ 2016	765 ~ 1836	245 ~ 2130
	工资总数	24297. 12	28506. 72	30285. 90
	平均工资	1056. 40	1239. 42	1316. 78

资料来源：《上海烟草志》，第七篇职工第二章职工生活第一节工资奖金津贴，见：http：//www. shtong. gov. cn/node2/node2245/node68143/node68154/node68261/node68270/userobject1ai65827. html

由上表可见，英美烟公司外籍职员的平均工资是华籍职员的 4 倍。因此，实现人才本土化可以大大削减工资和奖金的开支，增加利润。

第二节　销售本土化的表现及效果

英美烟公司销售本土化主要表现在三个方面：销售机构的本土化、销售人才的本土化和促销手段的本土化。

一、销售机构的本土化

英美烟公司销售机构的本土化主要表现为督销制和 15 号甲级仓库制度的推行。

督销制主要表现在英美烟公司的两条销售系统上，一条是公司管理销售的行政系统；一条是经销商系统。①

其中经销商系统是以督销制为特征的，是英美烟公司机构本土化的最突出体现，是近代西方企业将西方在近代化过程中形成的企业科层管理制度与中国传统商业网络结合的典范。

英美烟公司在中国的前十年里虽曾努力拓展市场，“但由于中国的商业习惯、风俗、人情与欧美完全不同，再加商人之间微妙的行帮组织以及难于把握真相的各种社会的政治的情形，特别是以民国初年为中心的革命动乱和排外运动”，使英美烟公司认识到“与其自己直接承担营业上的风险从事销售，不如付出若干佣金委托华商代销，效率要高得多”。② 为此，英美烟公司与烟草商人郑伯昭合资成立了永泰和烟草公司，将红锡包、仙女牌、双马牌、第一牌等英国进口香烟货在中国制造的香烟运销全国。永泰和是英美烟公司“将一部分重要营业，付托华人公司经理之试验。其试验之成败，关系于外国制造家对于在华注册及华人管理之公司之态度，实非浅鲜。盖试验成功，则将来华人自立之公司于外商之付托营业者，有无限之希望。”③ “其结果取得了预想以上的好成绩”。④ 永泰和在华中和华南取得了远较英美烟公司以及后来的颐中运销公司为大的地盘。永泰和推销香烟的数量比英美烟公司的自销机构多，成本却低。到1930年，英美烟公司干脆裁撤了东方部和上海部，把这两个地区所有卷烟的推销和管理一概交给了永泰和。⑤ 根据1923—1941年的统计，永泰和销售额最高时竟达英美烟公司总销售额的38.2%，平均也达到29%左右。⑥

由于永泰和“试验”的成功，英美烟公司开始“到全国各地都去物色人选，担任推销工作，几乎每个省都有一个人负责，名为Distributor（督销），有的成立公司，有的设立号子，英美烟公司不投资，完全是华人经营。在督

① 上海社会科学院经济研究所编：《英美烟公司在华企业资料汇编》第2册，中华书局1983年版，第514页。

② 上海社会科学院经济研究所编：《英美烟公司在华企业资料汇编》第1册，中华书局1983年版，第36页。

③ 英美烟公司编：《英美烟公司在华事迹纪略》，英美烟公司内部资料，1925年版，第40页。

④ 上海社会科学院经济研究所编：《英美烟公司在华企业资料汇编》第2册，中华书局1983年版，第528页。

⑤ 程仁杰：《英美烟公司买办郑伯昭》，《20世纪上海文史资料文库》，上海书店出版社1999年版，第14页。

⑥ 陈曾年：《英美烟公司在中国的销售网》，《学术月刊》1981年第1期。

销设立之后，英美烟公司原来在各地的分段就不再直接销售，把原来的推销员归于督销管理使用。英美烟公司的分段缩小范围，单管与督销联系，运送货物给它，并搜集业务情报，从管理及销售兼办两项业务，缩减为只办管理了。”① 督销的主要任务和要求：推荐本地区大小经销商，设立或变更经销店；开拓本地区的市场；负责赔偿本地区大小经理的呆坏账和其他损失；本地区所需的货物数量、品种由督销汇总后制定销售计划上报，如发生呆滞，督销也要负责任；督销不能在本地区以外营业；不得销售其他牌号香烟；不得公司同意，售价不得与公司所定售价有差别；推荐货栈管栈人员，担负货栈除火险以外的其他危险的责任。

对督销，英美烟公司一般会派一名外籍人员担任顾问，担当监督检查的责任。“我们固然不打算对我们的经营失去控制，但我们愿采取一种尽可能让督销自由经营的政策，而我们的外员应该尽可能隐蔽在幕后。倘若那里的督销不正当地利用这个政策，同我们的外员顾问不协作、不配合，那就必须采取措施纠正此情况，但这些措施应提交上海决定。”② 开始时英美烟公司和督销的合同“也没什么具体的规定，而只是默契，相互了解。当公司选择督销时，必须考虑下列各条件，首先是同公司有相当长期间的种种接触，且对烟业具有相当的知识和经验，曾作为大经销店从事销售工作，还要有相当的资产和社会信用，或在政治上有重要地位乃至同要人和官厅有密切联系等，根本上就是该区的经济上、社会上、政治上处于有利于同统税当局及其他官厅折冲的地位，在社会上是有地位的人物即能替公司作宣传，这是做督销的基本条件。能兼有上述各种条件的人物，公司则委为督销。据说拒不接受的不但几乎没有，因为收入很大，许多人用尽一切手段运动获得这个督销”。③ 督销的收入每年在百万以上，“传说其中若干部分已入天津办事处经理和区经理的荷包，全部合起来那个数目的收入应该会有的。不知是否由于这个缘故，督销的期限大致虽为两年，但 18 年来，其地位完全没有改变”。④

---

① 上海社会科学院经济研究所编：《英美烟公司在华企业资料汇编》第 2 册，中华书局 1983 年版，第 516 页。

② 上海社会科学院经济研究所编：《英美烟公司在华企业资料汇编》第 2 册，中华书局 1983 年版，第 602 页。

③ 上海社会科学院经济研究所编：《英美烟公司在华企业资料汇编》第 2 册，中华书局 1983 年版，第 528 页。

④ 上海社会科学院经济研究所编：《英美烟公司在华企业资料汇编》第 2 册，中华书局 1983 年版，第 532 页。

中国传统的任人唯亲、唯乡党的观念在督销体制中非常典型。以永泰和为例，永泰和总公司和外地分公司共有200多个职员，除了替郑伯昭打开江浙销路的运输部主任冯锡藩外，基本上都是郑伯昭和他的妻弟黄以聪的亲属和广州同乡，有很多是从乡下招来的。[①] 郑伯昭对公司实行家长式管理，职员中稍有不如意的，郑伯昭立即就可以“停生意”，遣送回乡。[②] 郑伯昭歧视外省人，永泰和的一切重要事务，完全由他和妻弟黄以聪、长子郑公侠商量决定。其他督销在推荐经销商，安排职位时，“把自己的亲戚家族安置在有利的地位是极普通的事”，这样，“督销同经销店的关系，在人事上、经济上坚强地结合起来，督销的意见就是经销商的意见，经销商的意见就是督销的意见”。英美烟公司的目的只是为了增加销售额，所以“即使督销利用自己的势力来支配许多经销店，用种种方法，从中渔利，公司也不关痛痒，视若无睹”。[③] 曾任英美烟公司派去担任永泰和公司秘书实负监督之责的程仁杰向公司汇报郑伯昭任人唯亲，把永泰和变成了他的家族企业，虚设名额，浮报开支时，英美烟公司专门负责永泰和的董事反而认为只要郑伯昭的生意做得好，其他的不用去管。[④]

英美烟公司选择的经销商大多是当地豪绅，认为这些人殷实可靠，但他们本身有权有势，对推销卷烟不一定全力以赴，有些人没有业务经验，所以有时成绩不够理想。郑伯昭选择的大都是实际销烟的商人，不仅熟悉业务，而且容易受佣金的刺激，这就能够使永泰和同各地零售商店密切联系起来。在对经销商的掌握方面，郑伯昭充分利用中国传统商业注重信誉，讲求关系的特点，给经销商以方便。对经销商主要以推销成绩来考核，凡成为永泰和得力经销商的，如无特殊事故，决不更换。这就调动了这些经销商的积极性。英美烟公司规定成为经销商的要几万元资金，要有专营该公司卷烟的铺面，

---

① 程仁杰：《英美烟公司买办郑伯昭》，《20世纪上海文史资料文库》，上海书店出版社1999年版，第12页。

② 上海社会科学院经济研究所编：《英美烟公司在华企业资料汇编》第2册，中华书局1983年版，第629页。

③ 上海社会科学院经济研究所编：《英美烟公司在华企业资料汇编》第2册，中华书局1983年版，第529页。

④ 程仁杰：《英美烟公司买办郑伯昭》，《20世纪上海文史资料文库》，上海书店出版社1999年版，第15页。

赊销要两家铺保，而永泰和对这些放得很宽，有些经销商甚至可以做无本钱生意。①

督销可以向公司申请设立和变更经销店，因此对经销店能够绝对控制，并且多数就是经销店的股东，甚至也有直接经营的。经销店的销售利益即为督销的利润或股息。因此，督销必然尽其所能，力求增加销售数量。

督销制是驻华英美烟公司的销售机构的关键所在，是其销售创新的最主要表现。英美烟公司曾自豪地说："敝公司在中国是第一家直接与中国经销商建立业务关系的商行（代替旧的买办制度）。此项方法，经证实非常成功，不仅为本行业及其他行业的主要外商所仿效，并不止一次地受到公使馆的称许。"②

督销制能够使"督销和经销店彼此都能获得相当的利益，而以这点利益为诱饵，刺激他们，使之热心活动，因而公司企图获得最大销售额和利润的诡计可以得逞。这就是利用别人谋自己利益的极为巧妙的政策"。③ 永泰和公司的销售网，"虽交通不便，边陲之地，无论远近，而与颐中烟草运销公司之贩卖网更为唇齿相辅，紧密无间，同时英美托拉斯对永泰和不惜予以厚利，观乎斯点，彼等对华人驱使之技巧，可知其底蕴矣"。④

英美烟公司机构本土化的另一体现是15甲级仓库的设立。

英美烟公司作为外商企业，要受到条约和中国法令的限制，不得在内地经商或购置地产。⑤ 英美烟公司在中国内地设立货栈屡次遭到中国各地政府、商人和民众的抗议和反对。英国可以以最惠国待遇享有中日马关条约"在中国内地购买经工货件，若自生之物，或将进口商货运往内地之时，欲暂行存栈，除勿庸输纳税钞派征一切诸费外，得暂租栈房存货"。但如果从栈房根据

① 程仁杰：《英美烟公司买办郑伯昭》，《20世纪上海文史资料文库》，上海书店出版社1999年版，第11－12页。

② 上海社会科学院经济研究所编：《英美烟公司在华企业资料汇编》第2册，中华书局1983年版，第565－566页。

③ 上海社会科学院经济研究所编：《英美烟公司在华企业资料汇编》第2册，中华书局1983年版，第529页。

④ 陈真等编：《中国工业史资料》第2册，科学出版社1962年版，第119页。

⑤ 根据1863年中荷天津条约（第三款）；1876年中英烟台条约（第三端第四条）；1895年中马关条约（六款第三条）；1896年中通商行船条约（第四款）的规定，外人不得在内地（即条约通商口岸以外地区）设行经商、设厂制造和购置房地产。汪熙：《从英美烟公司看帝国主义的经济侵略》，《历史研究》1976年第4期。

仓库定货单出售货物，“是不包括在上述条约第6款第三节的范围内的”[①]。

为改变这种局面，英美烟公司设计了15号甲级仓库制度，和当地的商人通常是英美烟公司的大经销商签订15甲级合同，规定商人提供一两间房屋储存香烟，房间无固定租金，按储存的香烟每箱付0.75元。[②] 签订合同前，要把仓库所在地和大小绘成图样，填在公司的146号格式上。仓库由当地商人具体看管，但仓库货物的运销和保管，仍由英美烟公司的段经理进行监督。[③] 货物保险由公司承保。货物价值一般相当于签订合同商人抵押品价值三分之二。[④] 通过这种途径，英美烟公司获得了在中国内地用于货物存储的仓库。1924年时，天津部就有15甲级仓库49个，汉口部共有58个，香港部共有25个，上海部共有69个，满洲部共有55个。[⑤]

15甲级仓库制度是英美烟运销系统的核心。通过在全国各地建立由当地商人看管、公司监督的制度，英美烟公司巧妙地绕开了条约和中国法律的限制，为其由上到下层层铺货，顺畅物流打下了基础。

二、销售人才的本土化

人才本土化是跨国公司本土化的核心。人才本土化是最根本、最深刻的本土化。通常跨国企业在海外进行投资，就必须雇用相当一部分的当地职员，这主要是因为当地雇员熟悉当地的风俗习惯、市场动态以及政府方面的各项法规，而且和当地的消费者容易达成共识，雇用当地雇员无疑方便了跨国企业在当地拓展市场、站稳脚跟。人才“本土化”有利于跨国公司降低海外派遣人员和跨国经营的高昂费用，与当地社会文化融合，减少当地社会对外来资本的危机情绪。

英美烟公司董事唐默思创设了英美烟在华公司的主要组织，取得了很大成就，这固然是因为他卓越的商业眼光和经营才能，也是因为他有“一种特

---

① 上海社会科学院经济研究所编：《英美烟公司在华企业资料汇编》第2册，中华书局1983年版，第558－562页。

② “该公司称之为fifteen a class dealers”，因为在合同的第15条规定了商人的权利和义务。陈真等编：《中国工业史资料》第2册，科学出版社1962年版，第110页。

③ 上海社会科学院经济研究所编：《英美烟公司在华企业资料汇编》第2册，中华书局1983年版，第554页。

④ 上海社会科学院经济研究所编：《英美烟公司在华企业资料汇编》第2册，中华书局1983年版，第558－550页。

⑤ 上海社会科学院经济研究所编：《英美烟公司在华企业资料汇编》第2册，中华书局1983年版，第540－542页。

异之才干"，"即君善能以公平之道礼遇华人，且洞悉华人之特性是也。惟君有此特长，故能使华洋人员同心同德，忠于其事"。①

（一）英美烟公司的人才本土化首先表现为督销人员的本土化

英美烟公司任命的督销都是当地的名门望族、富商、官僚等。表7－2是1937年担任英美烟公司督销的人员。

表7－2　1937年颐中运销烟草公司督销

区	督销（总经销）	佣金	资历
河南	赵仲陶	售价（除去回扣和奖金）的1%	
北方	同益烟行（王者香、赵卓甫、陈伯耽）	1%净收入超过400万部分，佣金加1%	王者香：出身名门，1924年任北方区首任督销，1931年任北京市纸烟公会主席，1935年任北京市商会监察委员 赵卓甫：留学英美，曾任南开大学英语教授、交通部唐山总务局长、唐山大学教授，1929年任督销 陈伯耽：出身名门，留学英美，1932年任督销
湖南	义记公司（涂山、周苍柏）	1%净收入超过300万部分，佣金加1%	涂山：英商亚细亚煤油公司汉口买办 周苍柏：上海银行行长
南京	久大烟公司（童楚江、张乃扬）	1%净收入超过900万部分，佣金加1%	
芦汉	崔尊三、陈绍文等	2%	崔尊三：少年经商，推销英美烟成绩卓著，和龚和轩被公司派往欧美考察烟草工业和销售情况，回来任督销

① 上海社会科学院经济研究所编：《英美烟公司在华企业资料汇编》第1册，中华书局1983年版，第123页。

（续表）

区	督销（总经销）	佣金	资历
汉口	义记公司	2%	
山西及老河口	义记公司	1%净收入超过250万部分，佣金加1%	
四川	南耀公司	2%	
边疆	戈竹轩、徐卓亭	2%	
贵州	慧中烟公司	1%	
北海段及海口段（包括整个海南岛）	劳冕农	0.75%～1%净收入超过10万元部分，佣金加0.25%	
香港段	劳冕农	0.35%	

资料来源：上海社会科学院经济研究所编：《英美烟公司在华企业资料汇编》第2册，中华书局1983年版，第581－582页。

公司管理销售的行政系统主要由西方人控制。1924年督销制度真正建立前，连各段办事处皆用欧美籍职员，但以后段一级及以下组织的负责人大部分改委派华人担任。①

（二）其他经销商的本土化

英美烟公司的经销商除督销外按其来源主要有以下几种：

一是经营中国传统商号商铺的商人。如英美烟公司北京经理尤少增，经营公合生铺，“世业商于京津”，光绪二十七年，即开始由天津自运孔雀、品海、自行车等烟，到京批售。曾任英美烟公司北京孝顺胡同公事房大经理，北通州栈房经理，海淀栈房经理，京南采育栈房经理。其营业之盛，组织之善，在北京首屈一指。

天津的杨君，在津开设顺记洋广杂货铺，“自英美烟公司在津设立驻津分公司，即任之为经售处销售各处纸烟，营业更见发达，乃扩充销路于胜芳镇设立烟栈，且于苏家桥、王家口、杨柳青各城镇分设代理处，迄今20年矣”。

① 上海社会科学院经济研究所编：《英美烟公司在华企业资料汇编》第2册，中华书局1983年版，第529页。

江苏彭城的吴克斋于前清光绪年间在彭城兴隆街设立永裕和广货绸缎庄。为推销香烟，“奔走四乡及徐属八县劝购，不畏劳苦，北而山东临城、枣庄，南而蚌埠、南宿等处，足迹殆遍，口讲指导，绝未懈怠，费无穷之精神，耗几许之心血，始克使徐地之纸烟销路日见起色”①

江苏沭阳经理王季安“仅经营恒益泰南货一业，孰不足以展其抱负。于是兼为欧美行商之代理人。……沭阳为清江浦英美烟公司营业范围的之一。本公司袁主任玉书，屡以该地销售浅薄为忧，闻君之名，因以经理委托焉。君感其知遇，不辞劳瘁，多方经营，卒能使本公司各种纸烟销于沭境”。②

江苏邳县瑶湾祥记的经理尹占鳌，“世居瑶湾，经商有年。自受本公司委托创销各牌香烟，设经理于瑶湾，设小经理于乡镇，推销邳县全境。盖因地处僻隅，民俗未开，……是以营业之始，不甚发达。嗣由尹君苦苦经营，竭力提倡，不惜巨资，屡次送烟开彩，为推销之方法，致各购户欢欣鼓舞，以故不数年间，每月销路大增”。③

云南昆明马君廷，“开设鸿庆字号烟钱庄于（昆明）南门外三世街西廊，推销英美烟公司各牌香烟，已历20余年，颇称得力，嗣遂经英美烟公司任为大经理”。④

宁波丁忠茂，“系本公司之大经理，……，自幼习商于洋广货业，精明强干，……未几任为经理。自1895年始，经理本公司各种香烟，迄今20余年。丁君办事认真，故生意蒸蒸日上”。

辽宁利顺合德总经理刘金声，“于光绪三十二年即西历1905年，本公司委托刘君经售各种香烟。其时辽阳地处偏僻，风气未开，吸纸烟者寥若晨星，开设创办，实非容易。刘君昼夜筹划，竭力提倡，雇佣小儿沿街叫卖，乡间小贩寄顿出售等等进行方法，不遗余力，嗣后销路渐见畅旺”。

东北哈尔滨经理徐乐亭，曾在俄国人商店做伙计，后转入中国杂货店，后为哈尔滨经理，“徐君在北满营业已甚发达，每月销烟甚多”。

山东周村经理人管耀庭，18岁经商，在光绪三十一年任周村丽正号栈房经理，专销英美烟公司香烟。“创办伊始，管君设种种方法提倡，派员四处推

① 《英美烟公司月报》1923年第9期。
② 《英美烟公司月报》1923年第12期。
③ 《英美烟公司月报》1923年第8期。
④ 《英美烟公司月报》1923年第9期。

销……，此后营业日渐发达，销路日见增加”。①

石家庄郁宝真烟栈经理申升高“向在正定府经营杂货生理”，在石家庄开设烟栈后，“销路遂渐见发达”。②

安庆海洞春，“创自前清光绪二十九年孟秋，初设西餐馆，兼理各种洋商营业。该号经理人刘君松泉，……自光绪三十一年始，经理本公司纸烟，用种种方法，进行推销。经理伊始，销售极微，所销为球牌、电车牌。其时皖省风气未开，吸纸烟者为数甚寡。其后民国成立，销售逐年增加，销售至今已倍蓰于当年矣”。③

二是地方官僚绅士。广东公益行总理兼全权总代理发行事宜的江孔殷，是前清翰林院编修，“历充钦派南洋、英、荷、法属地及槟角等处劝业专使”。辛亥革命后，“方督办广东清乡，节制调遣水陆军警防营兵舰”。“革命后绝意政治，不涉党派，办理地方事业”。英美烟公司董事魏思法“承前总班柯伯思命，亲莅广州，聘任为广州全权总代理，江君慨然肩任”。“次年总董事左福赍、唐默思两君偕同柯伯思总班来华，与江君商另辟公益行一所，于广州西堤二马路，总理本公司发行事宜，江君充行经理，前后六载有奇，与历任西人行班和衷共事，与现任广州行班裴吉意君尤相得。广州英美烟公司香烟近日销行，非常发达，为向日所未有，君为公司庆得人”。

王者香“于清末叶曾在政界供职有年，革命军兴，……入石家庄英美烟公司充任翻译。……君曾游历中国北部各省，创销各牌香烟，成绩甚著，大为本公司诸总办所重视”。

云南昆明的陈同泰，“幼习举业，壮入武痒，后罢科举，转入武备学堂”，“曾经商于燕赵诸省，嗣回滇，在二途街开设同泰本号钱庄，兼管各种烟茶事务。西历1907年，英美烟公司朗富能、伊文士两君来滇创设公司。彼时该号即代售英美烟公司各种香烟，但当日铁道未开，交通不便，烟由粤省运来，颇感困难。且滇处边隅，风气锢蔽，人多守旧，斯时之销路欲其流行，诚不易易。该号惟日孜孜，竭力提倡，未几即形活动，逐渐销行。嗣被推举为云南府大代理之职，因原铺狭隘，遂在城内大街马市口，典得门面二间，从新建筑，今已焕然一新，门庭若市矣”。④

① 《英美烟公司月报》1923年第9期。
② 《英美烟公司月报》1923年第5期。
③ 《英美烟公司月报》1923年第9期。
④ 《英美烟公司月报》1923年第9期。

重庆南耀公司，表面由屠馨斋、杜振华经理，但其后台是国民党高级将领唐生智。[①]

三是专门从事英美烟销售的商人。

天津华美烟行总经理王泽朴君，年 49 岁，世居津门。自 1900 年开始销售卷烟，二十几年如一日。是英美烟公司天津大经理。

天津法租界汉增德总经理刘镇芳君，系盐山县人，是天津英美烟公司小经理，推销香烟到 1923 年已 17 年。

“义逢永乃英美烟公司之老经理也，资金充足，生意兴隆，对于英美烟极表热忱。经理贾君子安，忠厚信实，堪称生意界之魁首，是以该县之纸烟外牌甚少。”

蒋国涛，“曾任本公司大经理 17 年。1907 年任信阳州首创英美烟公司栈房大经理。初创办时，乡人风气未开，嗜纸烟者少，……。1911 年秋季，民军起义，大军云集于信阳境界，蒋君乘机竭力提倡，于是每日顾客，大有应接不暇之势。民国成立，人民逐渐开通，香烟销路亦因之而蒸蒸日上，以迄今日，蒋君兼任信阳、光州两大经理，营业日见发达云”。[②]

（三）广告人员的本土化

广告是行销策略中改善企业形象、宣传产品、培育市场、争取公众对本企业理解和认识的一个极其重要的组成部分。而广告的本土化是产品销售本土化的一个极其重要的部分，它是消除公司和产品与所在国客户之间文化和心理隔阂，融入当地社会，使广告真正发挥作用的根本途径。

英美烟公司对中国的广告市场经过长期调查和研究后，认为“应当找到能宣传适宜中国胃口的新颖思想的讲究实际的广告员。为了达到这个目的，我们应将中国分成若干个广告地区，从中国工作人员中委任一个对广告宣传有地区倾向的人，让他全部负责那个地区的广告宣传。所谓广告宣传，我认为应使广告牌保持良好的状况，到处招贴，在商店陈列，在庙会做广告宣传，帮助进行样品的赠送，分发传单，在剧场、浴室和旅馆做广告宣传等等，假如他是百分之百地从事广告宣传的话，他的思想就会专心致志于这一方面去。

① 上海社会科学院经济研究所编：《英美烟公司在华企业资料汇编》第 2 册，中华书局 1983 年版，第 581－598 页。

② 《英美烟公司月报》1923 年第 9 期。

我们就会得到适合他的人民的新颖思想了”。[①] 在拍摄电影用于广告宣传时，认为要在影片高潮时穿插“生动的广告——要使广告深入人心而又适合中国人的口味”，要考虑的重点是如何使中国人发生兴趣，如何取得最佳的广告效果。[②] 为此，英美烟公司在广告的绘制人员和广告的内容上都实现了本土化。

英美烟公司的广告部中国人占绝大部分，具体负责广告的绘制和张贴事宜。从1924年上海英美烟公司广告部备忘录中可以看到：

“部级广告部由外籍人主管，中国籍首席助理和办事人员照料广告牌记录、报纸、广告库存品（中央部由一个外籍人监督绘画。北方和满洲各有一个中国人负责绘画工作）”。“区级广告部除了满洲外这些部的工作人员都是中国人”，段级广告部和负责分段广告宣传的更都是中国人。负责分段广告的推销员“几乎将他所在地区的广告宣传工作全都包管下来，报纸和画广告除外，但他帮助画广告的人员获取挂广告的场所”。[③]

从广告的绘制人员来看，英美烟公司基本上都是重金聘请中国画家为它制作广告画。在英美烟公司的广告部里，中国绘图人员多至一二十人。著名海派画家胡郯卿之子，中国近代广告画家的代表人物胡伯翔是英美烟公司广告部挑大梁的人物。1917年，21岁的胡伯翔因其高超的画技以每月500银元高薪受聘于英美烟公司，为公司绘制广告画和月份牌画。中国漫画界装饰画派的开山人张光宇自1925年起在英美烟草公司广告部任职达7年之久，为英美烟公司绘制黑白广告、香烟画片、巨型招贴广告等。中国近代广告画家、20世纪初传统礼教题材广告的代表人物周柏生，大部分作品是以二十四孝和礼教的内容为题材，也曾为英美烟草公司创作过月份牌广告画。梁鼎铭进入上海英美烟草公司任美术工作，人物画得以娴熟精练，其广告画作品多产生于这一时期，20世纪20—30年代是他广告画创作的高峰期，其主要作品是为英美烟公司和老巴夺父子烟公司的品牌创作的。倪耕野曾任职于英美烟公司广告部，为英美烟公司设计“哈德门”等香烟广告画，同时也为英美烟公司在华分公司启东烟草公司等绘制月份牌广告画。其广告画创作多以古代、现

---

① 上海社会科学院经济研究所编：《英美烟公司在华企业资料汇编》第2册，中华书局1983年版，第704页。

② 上海社会科学院经济研究所编：《英美烟公司在华企业资料汇编》第2册，中华书局1983年版，第640－641页。

③ 上海社会科学院经济研究所编：《英美烟公司在华企业资料汇编》第2册，中华书局1983年版，第703页。

代女性为主，也有古代题材如四大名著等。月份牌画的三代领军人物周慕桥、郑曼陀、杭稚英也都为英美烟公司创作过广告画。20世纪20年代，杭稚英甚至曾以其夫人为模特为哈德门做过广告画。为了在广告战中取得长期优势，英美烟公司还专设了绘制广告的美术家，并于1925年在上海浦东开设了美术学校，专门培养月份牌画的绘制、设计、制版和印刷人才。①

电影广告是英美烟公司区别于其他外国在华公司的一大特色。虽然“上海的电影院在放映舶来无声电影（默片）时代，即有为外商宣传商品的电影广告”。② 但像英美烟公司这样大规模、成系统的绝无仅有。1923年，英美烟公司广告部看到中国人对电影的兴趣很大，于是投资50万元成立了影片部，1926年并入英美烟公司的附属机构中国红印影片公司。在该公司中设有中国董事部，王钝根、王西神、徐卓呆、汪优游等中国人在其中担任重要职务。公司从上海电影传习所招收了一批中国演员，还从广州、香港等地聘请一批比较有名气的中国演员，如杨爱立、李曼丽等。著名电影制作人郑正秋等也和英美烟公司有过合作。③

三、促销手段的本土化

英美烟公司的促销手段本土化包括广告本土化、利用中国传统节日促销、品牌本土化和慈善捐助等。

（一）广告本土化

广告人才的本土化是广告内容本土化的基础，广告内容本土化才能真正获得消费者的认同，促进产品的销售，改善公司形象。英美烟公司的广告本土化主要是报纸广告、烟标、年历、年画、月份牌等的本土化。

1. 报纸广告的本土化

英美烟公司做了大量的报纸杂志广告，当时国内有名的报纸和杂志如《大公报》《申报》《民国日报》《东方杂志》《国闻周报》等都曾长期为其做过广告。英美烟草公司1921年在天津建厂投产后，公司曾设立50余人的广告部，广告费支出就占办公费的80%左右。1936年5月，天津英美烟草公司仅支付中外报纸的广告费就相当于当时30万支中档烟的售价。

① 郑广荣：《漫话香烟广告》，《东方烟草报》2004年7月8日。

② 刘家林：《新编中外广告通史》，暨南大学出版社2004年版，第126页。

③ 程季华主编：《中国电影发展史（初稿）》，中国电影出版社1980年版，第122－125页。

英美烟公司的报纸广告也有一个本土化的过程。以其在天津《大公报》刊登的广告为例，1916—1922年，其广告主要强调产品的质量及其特色。从1923年开始，英美烟公司的香烟广告虽也强调其品质优良，但更多地融入了中国文化，以期拉近和顾客的距离，使顾客产生认同。如利用中国传统的名著、诗歌、书法、谚语做广告。大前门香烟的广告由苏州闾口钱起八根据唐代著名诗人杜牧的《清明》改编而成，"作文时节神昏昏，眼暗心疲欲断魂。借问名烟何处有，画僮笑指大前门"。改编的浑然一体，借琅琅上口的中国古诗加深了读者对大前门的印象。[①] 大炮台香烟的广告根据孟子《梁惠王上》中的"鱼我所欲也，熊掌亦我所欲也"改编为"鱼我所欲也，大炮台亦我所欲也"。还让画家周尔复画了"得利图"，一个中国老渔翁手捧一尾大鲤鱼，旁边是各种包装的大炮台。[②] 英美烟公司利用中国传统文化做广告更绝的是竟然从大内藏本的王羲之书法中"选集数字成一语句以助阅者清兴——大前门香烟优美异常，名不虚传"，利用中国古典艺术为其巧妙宣传。[③] 大炮台香烟还用中国古典名著《红楼梦》来为其做宣传，广告的名字叫红楼谐梦。"贾宝玉向林黛玉说：'妹妹，好好的怎么又生气了，这里有比玉还洁比菊还香的大炮台香烟，吸着解解闷罢。'"画面是贾宝玉躬身向在床上愁眉不展的林黛玉送上一罐大炮台香烟。下写"大炮台是解闷的佳品"。[④] 大炮台还多次借中国传统的山水画来宣传香烟具有和风景一样引人入胜的功效。[⑤] 司令牌香烟借中国古代民族英雄岳飞来宣传"将帅之统率大军也，所向靡不当前，司令牌香烟亦犹是出人头地"。画面上一个大大的岳字，画得是岳飞赶杀金兵的故事。[⑥]《申报》为英美烟公司的纽约牌香烟做的广告多用中国谚语，如"用心计较般般易，退步思量事事难。任意吸取种种好，仔细试尝良烟少"，说明对香烟要仔细挑选，纽约牌香烟是最好选择；"茫茫人海人无算，哪个男人识丈夫。芸芸众生多嗜好，哪个精明识此烟"，说明纽约牌香烟是别种香烟不可替代的。此外还有"凡人不可貌相，海水不可斗量""君之一言，快马一鞭。君吸一烟，快活一天""德胜才为君子，才胜德为小人""少年不知勤学早，白头方

① 《大公报》(天津)，1923年10月1日。
② 《大公报》(天津)，1929年4月7日。
③ 《大公报》(天津)，1923年11月5日。
④ 《大公报》(天津)，1924年8月1日。
⑤ 《大公报》(天津)，1924年7月25日，8月25日，1933年9月7日，1936年5月29日。
⑥ 《大公报》(天津)，1925年1月1日。

悔读书迟。今日不知选烟吸，他时方悔枉费钱”“能读书则庶民之子为公卿，不读书则公卿之子为庶民。吸好烟则所费之钱为有用，吸劣烟则有用之钱为耗费”“古今之事理无穷，一人之知识有限，世界之香烟繁多，上好之出品罕见”“响豁朗朗，下雨只半场。越是香烟良，广告之半张”“近朱者赤，近墨者黑。好烟既吸，场面便润”“做鞋子，看好样，买香烟，看内行”“砍得没有车得圆，做烟兼有正误之分”等。这些谚语都是用来说明纽约牌香烟质量超凡，是吸烟者的最好选择。①

英美烟公司还利用中国的节日如元旦、春节、中秋等做广告，知道这时是中国人大量消费的时候，利用这种时节宣传其产品的礼品功能。1925 年元旦时，英美烟公司为大前门香烟做的广告是：“百枝锦包，装潢华丽，新年馈赠，最为适宜”。广告上是中国的一副年画，两旁各两个童子放鞭炮，中间四个人并排走入大门，门上有步步高升四个字，既表达了跨入新的一年人们步步高升的愿望，又宣传了“大前门”，只要吸大前门，就能步步高升。② 1931 年元旦，英美烟公司用一首诗表达了大前门是送礼佳品，“一见大前门，莫不笑嘻嘻。诸君送年礼，用之最相宜。”1931 年 1 月 1 日天津《大公报》，还是这年元旦期间，大炮台香烟的广告是一个青年女子手捧中国象征吉祥的玉如意，下面许多人纷纷伸手想得到。再下面是一行文字，“新年中吸大炮台香烟，万事如意”。③

利用地方方言俗语做广告也是英美烟公司拉近和当地顾客感情的一种方式。如在一则大前门的广告里面，用上海话编写了一首“大前门广告歌”：大前门，大前门，烟叶好，烟味清，装潢来得格鲜明。戏迷吸了唱唱小东人，喉咙越唱越起劲；文豪吸了做做新言情，头脑越想越清灵；倌人吸了唱唱小热昏，曼声一曲真醉人。大前门，前门大，中国制造的香烟大阿哥，请问谁人及得我。④

2. 烟标、月份牌、年画和招贴画的本土化

烟标（附在香烟盒里的画片，又名香烟牌子，毛片）、月份牌、年画和招贴画是英美烟公司报纸广告外的四种主要形式。

① 《申报》，1919 年 5 月 1 日，5 月 24 日.

② 《大公报》（天津），1925 年 1 月 17 日.

③ 《大公报》（天津），1931 年 1 月 9 日.

④ 由国庆编著：《再见老广告》，百花文艺出版社 2004 年版，第 195 页。

以烟标为例，英美烟公司的烟标广告的内容非常广泛，包括古典文学里面的人物、现代摩登女郎、风景名胜、花鸟虫鱼、戏剧电影、军事武器等。英美烟公司的烟标，除开始时使用金发碧眼的外国人物（尤其是西洋美女）和国外风景外，以后基本实现了本土化。有以中国古典的四大名著、《说唐》、《说岳》、《封神演义》、《西厢记》、《济公传》、《儿女英雄传》等几乎所有中国有名的古典文学作品创作的成套的人物烟标。① 老刀牌香烟出过中国古代人物系列，品海牌香烟绘制的是梁山一百单八将，大前门绘的是中国成语故事，哈德门香烟绘的是中国江南的景物，红锡包香烟绘的是中国工笔禽鸟，顶球牌香烟绘的是清末民初中国的三百六十行。这些烟标绘制精美，对中国传统文化见解独到，甚至成了一些艺术家创作的源泉。②

英美烟公司还非常注意消费者对烟标喜好的城乡差别。“大多数消费者各有其不同的眼光。根据我们的经验，‘中国交际花’这套画片极为大城市的消费者所欢迎，而‘古代’的成套画片则为乡镇人民所喜爱”。同时，英美烟公司还注重画片的新颖性，曾经“极其受欢迎——包装在‘大司太飞’及 20 支装的‘小香草牌’烟包中的画片已长期没有变化了。‘摩登女郎图样’画片包装在‘小哈德门’的烟包中，它在过去是非常受欢迎的，但是，现在消费者对这种方式多少也有些吃饱了”，因此，应当改用几套新的画片，如中国当代民族英雄、赢得中国人民尊敬的马占山将军和蔡廷锴将军的照片、中国电影明星的照片、中国戏剧照等。③

烟标有四个特点：一是成套推出；二是在烟标的背面印有烟标成套的目录，有利于搜集；三是可以兑换赠品。英美烟公司规定收集若干烟标即可兑换香烟、香皂、毛巾等日用品，使得更多的人参与购买香烟，收藏烟标，促进了香烟的销售。

英美烟公司的月份牌广告主要以中国画家绘制的仕女图和现代女性为主。月份牌画的三代领军人物周慕桥、郑曼陀、杭稚英都为英美烟公司创作过月份牌画。中国古代侍女、清纯的现代女学生、摩登女郎、养尊处优的少妇都

---

① 萧祝文：《天津英美烟公司》，天津文史资料委员会：《天津的洋行和买办》，天津人民出版社 1987 年版。

② 罗澍伟：《文化人与“毛片”》，郭长久主编：《天津烟草百年》，百花文艺出版社 2004 年版，第 111 - 112 页。

③ 上海社会科学院经济研究所编：《英美烟公司在华企业资料汇编》第 2 册，中华书局 1983 年版，第 717 - 719 页。

成了月份牌画的题材。由于月份牌画广告“以宣传商品为主题，加上富有创新意识、生动活泼的画面和出奇制胜的文字，并且印制得十分精致，色彩又十分瑰丽，给欣赏者极大的视觉冲击，从而使人耳目一新，牢牢地记住商品”。[①] 英美烟公司的月份牌成了“每年一项轰动性的广告”，英美烟公司把它雇佣的中国画家绘制的月份牌图案分发给全国各地的中国经销商，由他们选出最喜欢的图案，然后再用这些图案绘制月份牌，分发到全国各地。[②]

年画广告和招贴画的题材和绘制与烟标和月份牌画大致相同。

3. 作为促销手段的电影内容本土化

单纯拍摄电影本身对于英美烟公司来说，当然是“浪费钱财”，“除非我们由此得到广告的利益”，因此要拍摄精彩的能够吸引中国民众的电影，这样才能够在“情节最有趣的地方，有精心设计的广告短语。这种广告插入既引起中国人的注意而且适合他们的口味”。[③]

英美烟公司除在上海设有电影部外，在天津、汉口、香港等地分设电影部，属于广告部内。英美烟公司拥有“除美国之外当时世界上任何地方所能找到的最先进、最好的电影制片厂之一。”[④] 它“最为出色之点，即系摄制‘每周新闻’之影片，专摄各地方之新闻趣事”，成绩斐然。“中国各地电影公司，向本公司订租此种影片者，络绎不绝”，天津部由电影专家岳赛主持摄影，“摄取华北各项富有趣味之新闻及中国各项之典礼”。除每周新闻外，英美烟公司还拍摄了各地风景名胜，如“西湖胜景”“沪上风光”“蒙古真相”“苏杭风景”“北京张家口古景”“上海浦东工厂”等；离奇的故事片，如“临城大劫案”“赵成虎聊斋志异”“半文钱”“欧战”“欧美奇案”等，大部分都是拍摄的中国的风景、事件和传统故事，[⑤] 甚至还在1923年时就在上海成立了动画片绘制所，绘制了“武松打虎”等动画片，为公司做动画片

---

① 郑广荣：《漫话香烟广告》，《东方烟草报》，2004年7月8日。

② ［美］高家龙：《中国的大企业——烟草工业中的中外竞争（1890—1930）》，樊书华，程麟荪译，商务印书馆2001年版，第59页。

③ 上海社会科学院经济研究所编：《英美烟公司在华企业资料汇编》第2册，中华书局1983年版，第641页。

④ ［美］高家龙：《中国的大企业——烟草工业中的中外竞争（1890—1930）》，樊书华，程麟荪译，商务印书馆2001年版，第203页。

⑤ 上海社会科学院经济研究所编：《英美烟公司在华企业资料汇编》第2册，中华书局1983年版，第708－709页。

广告。①

此外，英美烟公司还收买和投资兴建电影院。到1925年4月，在上海就拥有“闸北”“大英”“新芳”“宝兴”“自由”5家电影院，在天津也成立了三家以其香烟“三炮台”命名的电影院。这些影院为英美烟公司的电影广告宣传提供了阵地。它在天津“三炮台”电影院放映其摄制的“天津赛马”时，观众极为踊跃，“后至者竟无座位”。“前大总统黎宋卿（黎元洪）及其眷属，亦惠然光临”。公司对顾客按其购票的价格赠送公司产的纸烟，“3角钱送三炮台一盒，2角钱送哈德门或黄狮子一盒”。“顾客既观优美之影片，复吸香甜之香烟，对于本公司之感情，日益融洽，自不待言”。

祁阳的英美烟公司借财神殿放映“欧美人物”“苏杭风景”等电影，每晚卖出1000多张电影票，祁阳的百姓“莫不争以先睹为快。有如梅兰芳偶临沪汉，大有叫座之能力。二香烟销售，亦有一日千里之势矣”。

公司电影在烟台上映时，观众“颇行踊跃，争先恐后，啧啧称赞，更莫不手持香烟一支，借助雅趣”。同时按其购票价格赠送香烟，一等票送欢迎牌香烟一包，二等票送大中国牌香烟一包，三等票送蟋蟀牌香烟一包。

公司电影在东北新民府、沈阳、铁岭等地放映了4个月之久，也采取按票等级赠烟的纷纷进行促销，“到处无不欢迎，人民莫不以先睹为快，观者昼夜络绎不绝，真乃创［销］烟之良法也”。②

4. 品牌本土化

同样出于迎合中国消费者，拉近与消费者的距离，促进销售的需要，英美烟公司在香烟品牌上做了本土化的努力。“大前门”和“哈德门”这两种香烟就是其品牌本土化最突出的代表，“大前门”和“哈德门”在中国都有80多年的历史，至今仍是全国著名的香烟品牌。“前门”是指天安门广场南端的“正阳门”。建于明永乐19年（1421年）的城楼，是明清两代北京内城的正门。民国5年（1916年）开始在青岛、天津、上海三地生产，产品遍及全国各地。民国时期“大前门”就家喻户晓。曾有一条广告语：“大人物吸‘大前门’落落大方”。1925年10月英美烟公司在上海各大报纸的广告中称“大前门”是“最先在中国制造之上等香烟”，英美烟公司教导中国农民种植烟草，在上海、天津、青岛设立烟厂和印刷厂，在上海设立机器工厂和锡纸

① 刘家林：《新编中外广告通史》，暨南大学出版社2004年版，第126页。

② 上海社会科学院经济研究所编：《英美烟公司在华企业资料汇编》第2册，中华书局1983年版，第708－710页。

厂的各项事业，可以“增进农地之财源甚巨，况雇用华人已达数万。此数万人及其家庭，均得度其安乐之生活关”。[①] “哈德门”最初注册于1919年。1923年英美烟草公司在青岛设立分厂，开始生产“哈德门”香烟。“哈德门”是北京内城九座城门之一的崇文门的俗称。哈德门“完完全全是中国制造的，它是由中国工人用中国各地特别种植的烟草制成的，‘哈德门’是真正的中国产品，而且是商业上的一大成就”。[②]

英美烟公司看到当时华成烟公司的“美丽牌”香烟的牌子是用女演员吕美玉演出“失足恨”时的剧照，成效显著，“美丽牌”销量大增。于是也以有名的女演员潘雪艳的照片做牌子，出了“华芳牌”香烟。[③] 英美烟公司生产的“大婴孩”香烟，是收买的上海大世界的创办人黄楚九的“小囡牌”，是以中国传统年画上胖乎乎的穿肚兜，扎朝天辫的童子为牌子。“紫金山”香烟则以南京一处风景名胜为名。“寿星牌香烟”以中国象征多福多寿的老寿星为商标。

5. 利用中国传统节日促销

由于英美烟公司的销售人员都是中国人，他们了解本国人的消费心理，懂得利用中国传统的节日、庙会等进行宣传促销，有力地推动了卷烟的销售，提高了产品知名度，打开了销路。

端午节赛龙舟是中国特别是中国南方省份为纪念大诗人屈原而形成的民族习俗。湖南祁阳的英美烟公司就利用赛龙舟的机会，进行哈德门香烟促销。英美烟公司特地在浯水组织了一只大哈德门船，两旁悬挂中英国旗，中间悬挂万国旗帜，全船满贴各种广告，用各种烟壳嵌成“哈德门船”“大哈德门”“英美烟公司”“良辰美景”“赏心乐事”暨联语等字样。船上还设有售烟处、抽彩处，兑彩都是有价值的赠品。竞赛开始后，游江的人们把“哈德门号”重重围住，购烟抽彩者拥挤异常。天津南乡峰山庙会，公司派职员万保年带领售烟小孩和贴报工人若干，前往促销大孩、百灵、地图、古印、哈德门灯香烟并赠送画片，“所售之烟甚多”。奉天省安东区大孤山段的段长苏志贵和大代理商义盛恒的人员在当地阴历四月18日和28日两次庙会时，派人张贴

---

① 上海社会科学院经济研究所编：《英美烟公司在华企业资料汇编》第2册，中华书局1983年版，第1440页。

② 上海社会科学院经济研究所编：《英美烟公司在华企业资料汇编》第2册，中华书局1983年版，第1426页。

③ 陈子谦、平襟亚：《英美烟公司盛衰上海滩》，《纵横》1994年第5期。

哈德门广告，推销哈德门香烟并送赠品。“买主特别踊跃，奋力争购”。在浙江安徽交界处的威坪镇，英美烟公司的职员派人在该地三十年一次的迎神演戏时前往布置广告，推销喜鹊牌香烟。夜间悬挂大哈德门灯四盏，并大放焰火，以至于“观者人山人海”。河北安国（古称祁州）县是全国药商云集之地，公司派王吉祥摆摊推销大地图香烟，“所得成效颇佳”。广东潮阳每年借游神佳会时机，不惜耗费巨资，准备锣鼓旗帜，“间以寓意谐剧随同神像四处出游，……借以推广本公司之业务”。1925 年，潮阳段段长亲自带领人员参与出游，沿途分发香烟和赠券。“凡得券之人，摩肩接踵，大有山阴道上，应接不暇之势。”由于举办这种促销活动，英美烟公司在潮阳的业务“蒸蒸日上”。①

① 上海社会科学院经济研究所编：《英美烟公司在华企业资料汇编》第 2 册，中华书局 1983 年版，第 711 - 713 页。

第八章　英美烟公司在华企业销售数量和利润分析

销售数量、市场占有率、销售利润、销售利润率是企业经营优劣的几个主要指标。

英美烟公司在中国长达50年的销售中，通过严格的销售管理，通过宣传促销、大做广告，通过应对中国抵货运动带来的不利影响，通过在销售方面国际化与本土化的结合，在中国销售了大量的卷烟和其他烟制品，占领了中国一半以上的烟草市场，取得了惊人的利润和利润率。下面分别就其销售数量、市场占有率、销售利润和销售利润率做出分析。

第一节　英美烟公司在华企业烟制品销售数量

英美烟公司在华销售的烟制品不仅包括卷烟，还包括板烟、嚼烟块烟、鼻烟、雪茄烟等，表8－1所示是其历年来的销售数量。

表8－1　1902—1952年英美（颐中）烟公司卷烟销售数量表

单位：箱

年份	销售数量	年份	销售数量	年份	销售数量	年份	销售数量
1902	12682	1921	355610	1932	797146	1943	173055
1909	80353	1922	405610	1933	791953	1944	108408
1910	105548	1923	509478	1934	708162	1945	157772
1911	129933	1924	634624	1935	752777	1946	142639

(续表)

年份	销售数量	年份	销售数量	年份	销售数量	年份	销售数量
1912	142933	1925	587950	1936	877376	1947	322834
1914	187969	1926	580413	1937	1118616	1948	301221
1915	179127	1927	562690	1938	901939	1949	183862
1916	192975	1928	516419	1939	871943	1950	95937
1918	267202	1929	820431	1940	885518	1951	79759
1919	309028	1930	877905	1941	894909	1952	9129
1920	340419	1931	823764	1942	75706		

资料来源:《上海烟草志》编纂委员会编:《上海烟草志》,上海社会科学院 出版社1998年版,第235页。

由表8-1可以看出,英美烟公司的卷烟销售到1941年前大致处于上升趋势,1925—1928年因五卅运动爆发,销量略有下降,由1924年的63.5万箱,下降到1925年的58.5万箱,1928年更是下降到51.6万箱。1929年随着国民党政权在南京建立,国内局势渐趋平静,放松了对英美烟公司香烟的抵制,英美烟公司的卷烟销售量迅速上升到82万箱。这和抵货运动压制了人们对英美烟公司香烟的消费欲望,随着抵货运动的解除,人们对英美烟公司香烟的需求迅速增加有关。九一八事变后,日本占领东三省,国内掀起抵制日货运动,因传言英美烟公司的几个香烟牌子是日本货,使其香烟销售受到影响。同时,日本占领东北,也不利于英美烟公司香烟在东北的销售。英美烟公司香烟在1932—1935年间再未恢复到80万箱的水平。1937年日本全面侵华后,中国的民族卷烟厂有的被日本没收,有的内迁至重庆、香港等地,失去了中国内地的原料来源和绝大部分销售市场。而英美烟公司直到1941年日本偷袭珍珠港才成为日本统制的对象,在1937—1941年这段时间,英美烟公司和日本卷烟株式会社进行合作,瓜分了中国国内的卷烟原料产地和消费市场,英美烟公司在这一时期的销量取得了超出战前的成绩,1937年竟然达到111.6万箱,突破了百万箱大关。太平洋战争爆发后,英美烟公司的全部在华资产被日本没收,公司职员被投进监狱。工厂在日本的军事管制下从事军用香烟的生产,因而销售量大为下降,销量一般在十几万箱左右。日本投降后,国民党把从日本军队那儿接管的英美烟公司的资产移交给英美烟公司,生产得以恢复,产销量比抗战期间有所上升,1947年达到32.3万箱。但由于中国国内发生内战，英美烟公司采取了限制生产，向国外转移资产的政策，使卷烟销量迅速下降，1949 年跌到 18.4 万箱。1952 年，公司资产被中华人民共和国收归国有，英美烟公司结束了在华长达 50 年的历史。

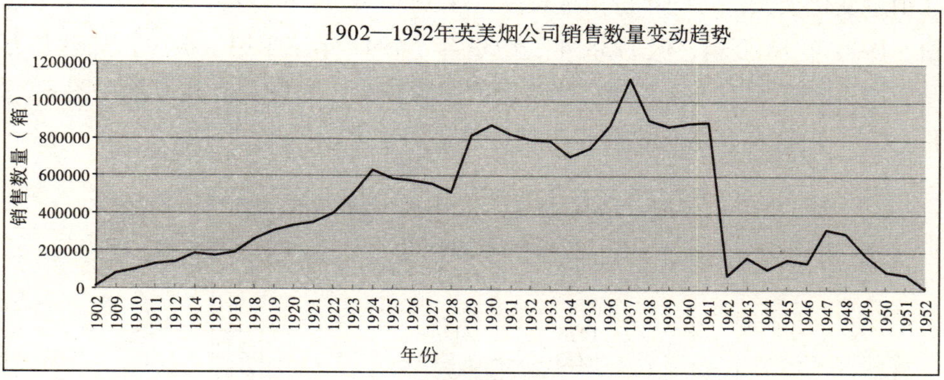

图 8－1　1902—1952 年英美烟公司销售数量变动趋势

英美烟公司在各个地区的销售是不均衡的，这种不均衡受各区所辖人口、经济、政治、军事、交通等多方面的影响。

表 8－2　1936—1949 年英美烟公司产品在各地区销售量

单位：千箱，每箱 5 万支装

年度（截至 9 月 30 日止）	上海	南京	汉口	天津	华南	东北	总计
1936	178	108	156	192	43	186	863
1937	195	147	224	242	66	231	1105
1938	208	14	162	201	70	234	889
1939	230	52	50	254	77	195	858
1940	150	160	47	269	37	194	857
1941	206	95	56	280	47	176	860
1941（10 月 1 日至 12 月 8 日）	23	17	6	12	7	14	79
1947	76	61	54	61	15	6	273
1948	79	62	54	24	33	4	256
1949	69	48	17	25	25		184

资料来源：上海社会科学院经济研究所编：《英美烟公司在华企业资料汇编》第 4 册，中华书局 1983 年版，第 1643-1644 页。

由表8-2可知，英美烟公司在上海、天津、东北三区相差不多，销量较大，在1936—1941年间大致在20万箱左右波动，汉口在1936—1938年的销量和以上三个区相差不大，但1939年后，销量迅速下降到5万箱左右。南京区销量变化极大，有些年份销量较高，如1936年10.8万箱，1937年14.7万箱，1940年16万箱，但1938年、1939年、1941年三年销量极少，只有几万箱，1938年更只有1.4万箱。华南区的销量较少，一般只有几万箱。图8-2是1936—1941年间各区销售量占销售总量的比重。

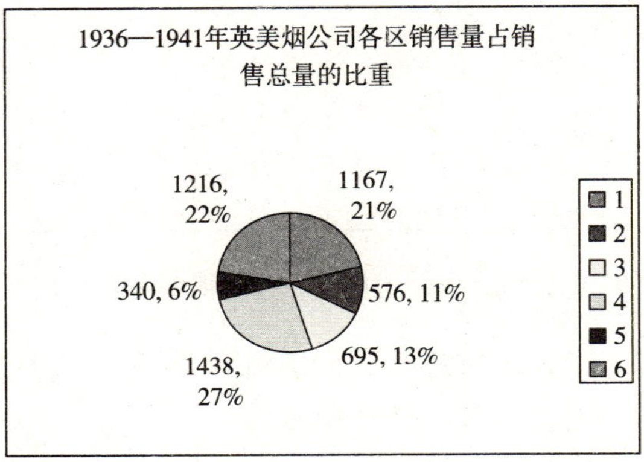

（1：上海；2：南京；3：汉口；4：天津；5：华南；6：东北）

图8-2　1936—1941年英美烟公司各区销售量占销售总额的比重

由图8-2可以看出，天津区销量最大，占总销量的27%，其次为东北区，占22%，其后依次是上海区占21%，汉口区占13%，南京区占11%，华南区占6%。天津、上海、东北三区占总销量的70%左右，另外三个区只占30%左右。

第二节　英美烟公司在华企业与非英美烟公司市场占有率比较

英美烟公司作为一个大型的外资企业，在中国具有原料、技术设备、成本、人才、管理、税收、市场网络、资本、产品质量、促销等多方面的优势，因而一般市场占有率在50%以上。

表 8-3 1923—1941 年英美烟公司与非英美烟公司在中国的销售量

年份	英美烟销售量		非英美烟销售量		共计
	（千箱：每箱5万支装）	%	（千箱，每箱5万支装）	%	
1923	509	79.3	133	20.7	642
1924	635	82.0	139	18.0	774
1925	588	77.1	175	22.9	763
1926	580	70.4	244	29.6	824
1927	563	67.7	268	32.3	831
1928	516	61.1	328	38.9	844
1929	820	68.4	379	31.6	1199
1930	878	65.3	467	34.7	1345
1931	824	60.1	546	39.9	1370
1932	797	62.3	483	37.7	1280
1933	792	59.9	530	40.1	1322
1934	708	54.9	581	45.1	1289
1935	753	57.0	569	43.0	1322
1936	877	63.2	510	36.8	1387
1937	1119	67.2	546	32.8	1665
1938	902	73.0	334	27.0	1236
1939	872	64.1	488	35.9	1360
1940	886	58.6	627	41.4	1513
1941	895	59.7	603	40.3	1489

资料来源：上海社会科学院经济研究所编：《英美烟公司在华企业资料汇编》第 4 册，中华书局 1983 年版，第 1643 页。

由表 8-3 可见，1923—1941 年 19 年间，英美烟公司有 6 年市场占有率接近 60%，有 8 年在 60% 以上，有 4 年为 70% 以上，有 1 年超过 80%。由此可见英美烟公司在市场上的垄断地位。

图 8-3、图 8-4 分别对 1923—1941 年英美烟公司与非英美烟公司销售量和市场占有率进行比较。

由图 8-3、图 8-4 可知，1923—1941 年间英美烟公司市场占有率始终超过其他所有非英美烟公司的市场占有率总和，但英美烟公司的市场占有率相对非英美烟公司波动幅度较大，非英美烟公司市场占有率基本呈缓慢上升的状态。1935—1937 年英美烟公司和非英美烟公司的市场占有率差距呈迅速扩大状态，1938 年后二者市场占有率差距又逐步缩小。

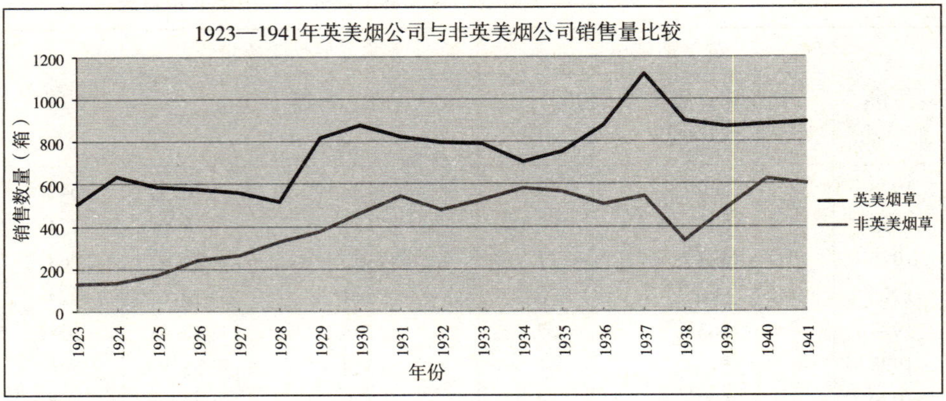

图 8－3　1923--1941 年英美烟公司与非英美烟公司销售量比较

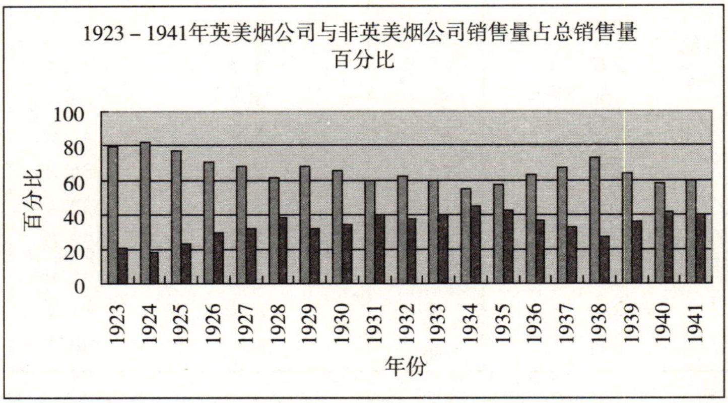

图 8－4　1923—1941 年间英美烟公司市场占有率

（左：英美烟公司；右：非英美烟公司）

第三节　英美烟公司在华企业利润和利润率

英美烟公司在华期间，获取了巨额利润，其销售利润率也远远高于一般民族卷烟厂家。

一、英美烟公司在华企业历年实际利润估计

英美烟公司为减少税收，转移资产，其账面利润和实际利润往往差别很

大。其手法在1930年前主要是：提高机器和原材料价格，设置高薪等，占账面利润的20%；夸大折旧率，设立各种准备金等，占账面利润的20%；隐蔽利润约为账面利润的40%。1930年后增加了"商标专用金"等项目，约占账面利润的10%，隐蔽利润共为账面利润的50%。1936—1941年隐蔽利润中汇兑盈亏及各项准备金等大量增加，隐蔽利润估计占账面利润的100%。实际利润等于账面利润加上隐蔽利润。

表8－4　英美烟公司在华机构历年实际利润估计（1902—1941）

年份	账面利润（千元）	隐蔽利润（千元）	实际利润（千元）	实际利润折合美元（千元）	实际利润折合英镑（千镑）
1902—1905	1500	600	2100	907	184
1906—1910	5500	2200	7700	3624	744
1911—1915	29100	11640	40740	18718	3303
1916—1920	46000	18400	64400	45600	10400
1921—1925	118340	35536	153876	82777	18748
1926—1930	127262	50905	178167	75186	15144
1931—1935	125000	62500	187500	52397	11775
1936—1941	425542	425542	851084	98764	22392
合计	878244	607323	1485567	377973	82690

资料来源：上海社会科学院经济研究所编：《英美烟公司在华企业资料汇编》第4册，中华书局1983年版，第1536-1537页。

由表8－4可见，英美烟公司利润增长很快，1906—1910年是1902—1905年的3.7倍；1911—1915年是1906—1910年的5.3倍；1916—1920年是1911—1915年的1.6倍；1921—1925年是1916—1920年的2.4倍；1926—1930年和1931—1935年增加较少；1936—1941年由于法币通货膨胀的原因，数字增加较多，但无法和以前进行比较，现按美元进行比较，月增加1.9倍。可见其利润的增加幅度是很大的。

二、英美烟公司在华企业销售利润率估计

销售利润率为利润总额与产品销售净收入的比值。其中产品销售净收入是指扣除销售折让、销售折扣和销售退回之后的销售净额。销售利润率反映企业销售收入的获利水平，是企业一定时期产品销售利润与产品销售净收入的比率，即：

销售利润率=产品销售利润÷产品销售净收入×100%。

英美烟公司的销售利润率是惊人的，这也是其取得高额利润的主要原因。一般来讲，销售利润率和市场占有率是呈反比的，要提高市场占有率，就要降低价格水平进行促销，这样销售利润率就要下降；提高销售利润率，产品的价格上升，市场占有率一般也会下降。这是价值规律的作用。但也不尽然，如果公司的产品质量高，缺乏替代品，那么较高的市场占有率和较高的销售利润率便会并存，也即是获得垄断利润。英美烟公司的产品质量和降低成本的措施使其获得了高的市场占有率和销售利润率。

表8-5　1902—1941年英美烟公司销售利润率

年份	销售金额（千元）	实际利润占销售金额的比重（%）	实际利润（千元）	实际利润折合美元（千元）	实际利润折合英镑（千镑）
1902—1905	7961	30	2388	1032	209
1906—1910	52694	30	15808	7440	1527
1911—1915	110312	30	33094	15205	2683
1916—1920	266399	30	79920	56593	12907
1921—1925	488075	30	146423	78806	17840
1926—1930	541515	30	162455	68558	13808
1931—1935	542938	40	217175	60691	13639
1936—1941	1702600	50	851300	98789	22398
合计	3712494		1508563	387114	85011

资料来源：上海社会科学院经济研究所编：《英美烟公司在华企业资料汇编》第4册，中华书局1983年版，第1536页。

由表8-5可以看出，英美烟公司在华取得了很高的利润率，一般年份在30%以上，有些年份甚至达到50%。这是中国的民族卷烟厂所无法取得的，也是其在本国所难以达到的。表8-6是南洋兄弟烟草公司销售额和利润。

表8-6　南洋兄弟烟草公司销售额和利润（1912—1940）

单位：1912—1936年为元，1937—1940年为法币

年份	销售额（千元）	利润（千元）	利润占销售金额的比重（%）
1912	433031	52000	12
1913		117000	

（续表）

年份	销售额（千元）	利润（千元）	利润占销售金额的比重（%）
1914		175000	
1915		324000	
1916	3494463	1152000	33
1917		1491000	
1918	14000000	1994000	14
1919			
1920	25013000	4858000	19
1921	28012000	4042000	14
1922	28235000	4085000	14
1923	31919000	3095000	10
1924	2511000	480000	2
1925	36456000	1220000	5
1926	28721000	2301000	8
1927	27728000	287000	1
1928	17543000	2247000	13
1929	1347000	3202000	24
1930	14150000	306000	2
1931	23780000	762000	3
1932	28533000	1055000	4
1933	30254000	1360000	4
1934	28650000	1205000	4
1935	26572000	601000	2
1936	27828000	302000	1
1937	24547000	1032000	4
1938	24783000	2726000	11
1939	22728000	2315000	10
1940	30567000	5090000	17

资料来源：［美］高家龙：《中国的大企业——烟草工业中的中外竞争（1890—

1930)》，樊书华、程麟荪译，商务印书馆2001年版，第357页。

从表8－6可以看出，南洋的销售利润率和英美烟公司相比差距很大，除1916年较高，达到33%外，其他年份有几年在10%到20%之间，有几年在1%到10%之间，1928—1930年甚至是负数，南洋出现了严重的亏损。总体来看，南洋的销售利润率低，变化幅度大，英美烟公司的利润则具有一定的稳定性，这是英美烟公司资金雄厚，技术设备先进，实行供产销相结合的产销战略，建立起全国范围的销售网，产品质量过硬等因素共同取得的。

第九章　结　论

本书全面分析了英美烟公司的销售环境、市场调查、销售组合、销售渠道、抵货运动中的销售、销售本土化、销售数量和利润及市场占有率和销售利润率。可以得出如下结论：

第一，优良的企业制度是英美烟公司在华50年持续增长，并垄断中国卷烟业的保障。

英美烟公司在华建立起了严密的企业制度，在生产、供应、销售各个方面都有严密的条文约束。就销售制度而言，英美烟公司的销售制度是中央集权的销售制度。为适应中国地域辽阔、各地政治经济状况，便于对销售区域进行层层节制、集中管理，英美烟公司建立了一套同中国行政区域基本一致的销售管理体系，设立了"部""区""段""分段"四级销售组织。"部"管辖相当于几个省的区域，"区"管辖相等于省一级的业务，"段"办事处管辖相等于专区一级的业务，"分段"管辖相等于县一级的业务。通过这种销售体系，英美烟公司牢牢地控制了在中国的销售市场，大大提高了产品的销售数量和促销效果。在人员管理上，英美烟公司销售部门的公司职员和经销商都要和英美烟公司签订服务合同。合同详尽地规定了签约双方的权利和义务。在物流管理上，英美烟公司创立了三种货栈制度。其中15号甲级仓库制度为英美烟公司在内地设立仓库提供了新的制度资源。通过这种制度，英美烟公司避开了条约的束缚，为内地的商品销售和流通打下了基础。督销制度使英美烟公司把英美国家的层级管理体制和中国传统的商业网络结合起来，通过和督销签订合同对其进行激励和约束，节约了英美烟公司的销售成本，提高了销售效率。在市场调查方面，英美烟公司制定了每周和每月报告制度，并设计了每周报告表和每月报告表、163号单（即贸易统计表）、第15号单（即保单）、第16号单（即本公司与烟商订立之储货发货契约）、销售数量日报表112-A和93号销售月报表等。此外，到各地旅行的推销员还要提供调查报告。通过这种调查制度，英美烟公司可以及时了解中国全国的政治、经济、军事情况；了解各地农业收成的丰歉，自然灾害以及其他特殊情况；了解地方人口数；了解本牌烟销路，数量价格，购买者对烟的评价；了解敌牌烟销路、牌名、数量、某字号经理推销方法、吸者评价等情况。调查制度的设立为英美烟公司及时恰当地制定全国范围的销售措施提供了必要的制度保障。

第二，销售全球化和本土化的结合是英美烟公司在华销售取得成功的前提。

销售的全球化和本土化并不是近些年才开始的，它是随着近代欧美资本主义的发展壮大，向外争夺销售市场而发生的。随着欧美资本主义向外扩张，市场的全球化就形成了，市场的全球化必然带来销售的全球化。由于各个国家和地区语言、风俗习惯、人口、教育水平甚至地理环境等方面的差异，使跨国公司在实行跨国销售时遇到难以克服的障碍。为在东道国顺利开展销售，大部分跨国公司采取了不同程度的本土化战略。

近代欧美各国资本主义企业在中国销售开始都是通过中国的买办来完成的，这也是其销售本土化的一种形式。其原因除了中国条约束缚外，更主要的是因为其不了解中国的社会文化和风俗习惯，不了解一般中国民众的消费心理。《马关条约》签订后，外国掀起了向中国输出资本的高潮，纷纷来华设厂，在中国本地进行生产和销售。由于买办佣金重，经常欺蒙外国人，逐渐为外资企业所不能容忍。同时，外国企业在同中国做了几十年生意后，对中国的社会风俗也有所了解，因此，许多外国企业开始引进其本国的销售制度到中国，加强对产品销售过程的控制。这是产品销售中全球化的一种表现。

英美烟公司于1902年进入中国，此时《马关条约》和《辛丑条约》已经签订，中国对外开放达到空前的程度。因此，英美烟公司的销售可按其本国模式在中国运作，英美烟公司力图在华推行全球化的层级销售模式，虽然其雇用了很多中国职员，但这些职员不是买办，他们的报酬是薪金而不是佣金。这些中国雇员被纳入了英美烟公司的管理体系。由于英美烟公司的产品销量在初期增长到一定程度后增长缓慢，英美烟公司渐渐认识到本土化的重要性，在产供销和原料供应方面都实现了本土化。其销售本土化的主要标志就是建立了两条销售系统：行政系统和经销商系统。以督销制为特征的经销商系统是中国传统的商业网络。行政系统则是其全球化在中国的表现。正是这两部分的结合，也就是经销商系统和行政系统的结合，使英美烟公司的全球化和本土化相结合的战略得以实行。经销商系统的本土化使英美烟公司可以迅速地通过熟悉中国风俗习惯的中国商人销售产品，设立货栈，在抵货运动中可以通过其中国关系网削弱运动的影响，增加销售量，这使英美烟公司的销售在华初期增长减缓后再次取得了较快的增长。

在人员的本土化方面，英美烟公司除了公司上层外，其他职员和工人都是中国人，到英美烟公司在华销售的后期，中国人也可以充当段主任这一中层职务，而以前这一职务必须由外国人担任。在英美烟公司任职的中国人有原政府官员、大学校长、教授、官僚世家、豪绅等。英美烟公司极力网罗一切在中国有影响力，能够对英美烟公司的发展做贡献的中国人。

第三，市场调查是英美烟公司做出销售决策，实现销售目标的前提。

英美烟公司的市场调查，在很多方面不逊于今天的市场调查。其进行调查的途径开始主要通过外籍旅行推销员到中国各地旅行，这些人员边推销香烟边向上海总部汇报各地的一切情报。唐默思制定各种调查表格后，由各地推销员记录当地的产品销售及其他各种情况，由段主任汇总后向上海总部汇报。正是由于英美烟公司扎实细致的调查工作，才使其能够制定切实可行的销售计划和目标，制定开拓和占领市场的措施，缓解抵货运动的影响。

第四，密集型、立体交叉的广告策略是英美烟公司产品销售的开路先锋，持续不断的促销活动对英美烟公司销售目标的完成起了重要的促进作用。

近代烟草广告和药品广告是中国广告的两个主要组成部分。烟草广告则以英美烟公司为主。除了抵货运动时期，英美烟公司的广告遍及中国各地，甚至穷乡僻壤。英美烟公司在广告的设计、制作、费用等方面做出了巨大努力，使国人淹没在英美烟公司广告的海洋里，耳濡目染，从而对英美烟公司的香烟产生了需求。英美烟公司的广告种类多样，方法出新，代表了中国近代广告的最高水平。

第五，重视产品质量、降低产品成本是英美烟公司取得超过半数的销售数量和巨额利润的基础。

产品质量是企业的根本。英美烟公司通过采用当时世界上最先进的卷烟机，最先进的印刷设备，采用美国弗吉尼亚州的优质烟叶和在中国培育优良的美种烟叶，通过严格的企业管理，使生产出的产品无一因质量问题受到消费者的指责。这在其在华长达50年的销售史上是个奇迹。通过采取先进的技术设备，在中国本土生产美种烟叶，英美烟公司降低了产品成本，这为其扩大产品利润率，通过较低的价格占领市场打下了基础。

第六，对以中国政府、官员和地方势力为主要对象的公共关系，英美烟公司付出了巨大的努力，也获得了巨大的回报。

英美烟公司在其进入的每一个国家都力图同当地政府搞好关系，把基于当时中国政府官员的公关活动当作重中之重。英美烟公司有专项的公关经费用于结交各级各地政府官员，通过宴请、送礼、行贿、慈善捐助等多种方式力图同各种官员搞好关系。英美烟公司为有效地进行公关，专门招聘了能同各级官员打交道的邬挺生、出身官僚世家的沈昆三、曾任职北洋政府参议的王世征、曾任英国驻华外交官的娄斯等担任公司的高级职员，力图借助他们的影响同中国的政府官员打交道。英美烟公司的公关活动在交纳烟税、开设货栈、商标诉讼、抵制抵货运动时都起到了良好的效果，得到了中国官员的帮助。日本投降后，沈昆三充当了国民党的接收官员，把英美烟公司被日本征用的工厂和其他资产交还，起到了他人不可替代的巨大作用。

第七，英美烟公司对针对其公司的抵货运动采取了多种方式进行抵制和化解，增加了产品销售，减轻了公司的损失。

近代中国连续不断的抵货运动是中国近代民族主义的反映，其主要特点是力图以经济的手段达到政治的目的。抵货运动并非中国所独有，但像中国这么频繁、广泛的在世界经济史上并不多见。对抵货运动的评价，一直只停留在褒扬其反对帝国主义侵略上或是分析抵货运动中中国社会各阶层的表现上，对抵货运动的真正性质和其负面作用则研究较少。事实上，抵货运动在很大程度上破坏了正常的社会经济秩序，扰乱了市场，对经济的发展起了破坏作用。虽然其抵制在一定程度、一段时期内促进了中国民族工业的发展，但也使得民族工业在技术设备、产品质量的提高上不下功夫，例如南洋兄弟烟草公司在抵货运动中竟然把发霉的卷烟拿到市场上出售。抵货运动虽然在短期内增加了民族厂家的销售量和销售利润，但企业的核心竞争力并未得到真正的提高，抵货运动一结束，在技术设备和产品质量、价格等方面都处于劣势的民族厂家又迅速被外资企业挤垮。抵货运动迫使中国民众购买价高物差的产品，是对消费者的一种变相剥削，除了有钱人，一般中国民众不可能长期花大价钱购买这些质量差的产品，这也是抵货运动中外国商品仍有需求的主要原因。抵货运动往往是抵制一国或两国，对其他国家不加抵制，这也使得抵货运动不会取得预期的效果。抵货运动从好的一方面讲是对中国民族工业的一种保护。近代中国关税自主权、领事裁判权、内河航运等权利的丧失使得政府对民族工业的保护失去了从法律和制度上进行保护的可能。中国近代政府的不作为也使得其不会向日本一样走国办然后民营的道路，不会集一国一行业的力量同外国竞争。抵货运动从这个方面来讲起到了对民族工业的贸易保护作用，把政府丧失的职能由民间来执行。由于抵货运动的缺乏组织、缺乏制度支持，而只是随着民族情绪和各阶层现实利益之间的博弈而起伏，因此注定其过程是短暂的，其作用是一时的。

参考文献

一、资料

［1］上海社会科学院经济研究所．英美烟公司在华企业资料汇编［M］．北京：中华书局，1983.

［2］上海社会科学院经济研究所．南洋兄弟烟草公司史料［M］．上海：上海人民出版社，1958.

［3］杨国安．中国烟业史汇典［M］．北京：光明日报出版社，2002.

［4］上海市工商局．上海卷烟工业历史资料汇编［M］．上海：上海市工商局，1959.

［5］上海国营中华烟草公司．上海卷烟工业概况［M］．上海：上海国营中华烟草公司，1950.

［6］上海通社．上海研究资料［M］．北京：中华书局，1939.

［7］中国近代经济史丛书编委会．中国近代经济史研究资料：第五、六、八辑［M］．上海：上海社会科学院出版社，1986，1987，1989.

［8］孙毓棠．中国近代史工业史资料［M］．台湾：台湾文海出版社，1983.

［9］汪敬虞．中国近代工业史资料［M］．北京：科学出版社，1957.

［10］陈真，等．中国近代工业史资料［M］．北京：三联书店，1958.

［11］天津市档案馆，天津社会科学院历史研究所，天津市工商业联合会．天津商会档案：第二、三册［M］．天津：天津人民出版社，1992，1996.

［12］北京大学历史系近代史教研室．盛宣怀未刊信稿［M］．北京：中华书局，1960.

[13] 武汉市工商联. 卷烟工业资料汇抄 [M]. 武汉: 武汉市工商联, 1957.

[14] 英美烟公司. 英美烟有限公司在华事迹纪略 [M]. 英美烟公司, 1925.

[15] 上海区中国工业访问社. 中国工业访问录: 第1集 [M]. 北京: 中国工业访问社出版社, 1937.

[16] 刘大钧. 中国工业调查报告 [M]. 南京: 南京经济统计研究所, 1937.

[17] 中国经济情报社. 中国经济年报 [M]. 北京: 生活书店, 1936.

[18] 实业部中国经济年鉴编撰委员会. 中国经济年鉴 [M]. 北京: 商务印书馆, 1934.

[19] 中国第二历史档案馆. 中华民国史档案资料汇编 (第三辑: 农商) [M]. 南京: 江苏古籍出版社, 1991.

[20] 中国第二历史档案馆. 中华民国史档案资料汇编 (第五辑: 经济财政) [M]. 南京: 江苏古籍出版社, 1994.

[21] 张梓生, 等. 申报年鉴 [M]. 上海: 上海申报馆特种发行部, 1933.

[22] 张梓生, 等. 申报年鉴 [M]. 上海: 上海申报馆特种发行部, 1935.

[23] 张梓生, 等. 申报年鉴 [M]. 上海: 上海申报馆集书科发行, 1936.

[24] 民众烟公司. 民众烟公司等二十四家联请政府改善益洋害华烟税案 [M]. 民众烟公司, 1934.

[25] 杨端六, 侯厚培, 等. 六十五年来中国国际贸易统计 [M]. 北京: 中央研究院社会科学研究所, 1931.

[26] 张肖梅. 中外经济年报: 第二回 [M]. 上海: 世界书局, 1940.

[27] 张肖梅. 中外经济年报: 第三回续编 [M]. 上海: 世界书局, 1941.

[28] 英美烟公司月报 (1921—1927) [M]. 英美烟公司内部出版.

[29] 中国人民政治协商会议全国委员会文史资料研究委员会. 工商经济史料丛刊 [M]. 北京: 文史资料出版社, 1983, 1984.

[30] 实业部国际贸易司. 中国实业志 (山东省) [M]. 台北: 宗青图书

公司，1980.

［31］全国政协文史资料委员会．中华文史资料文库·经济工商编［M］．北京：中国文史出版社，1995.

［32］中国民主建国会天津市委员会，天津市工商业联合会文史资料委员会编．天津工商史料丛刊［M］．天津：天津工商业联合会，1983.

二、著作

［1］马克思，恩格斯．马克思恩格斯全集：卷24［M］．北京：人民出版社，1973.

［2］张东刚．总需求的变动趋势与近代中国经济发展［M］．北京：高等教育出版社，1997.

［3］张东刚．消费需求的变动与近代中日经济增长［M］．北京：人民出版社，2001.

［4］刘佛丁，王玉茹，于建玮．近代中国的经济发展［M］．济南：山东人民出版社，1997.

［5］刘佛丁，王玉茹．中国近代的市场发育与经济增长［M］．北京：高等教育出版社，1996.

［6］刘佛丁．中国近代经济发展史［M］．北京：高等教育出版社，1999.

［7］吴承明，江泰新．中国企业史（近代卷）［M］．北京：企业管理出版社，2004.

［8］许涤新，吴承明．中国资本主义发展史［M］．北京：人民出版社，2005.

［9］吴承明．中国资本主义与国内市场［M］．北京：中国社会科学出版社，1985.

［10］宓汝成．中华民国铁路史资料（1912—1949）［M］．北京：社会科学文献出版社，2002.

［11］李国祁．中国早期的铁路经营［M］．北京：中央研究院近代史研究所，1976.

［12］航运史话编写组．航运史话［M］．上海：科学技术出版社，1978.

［13］樊百川．中国轮船航运业的兴起［M］．成都：四川人民出版社，1985.

[14] 刘葆儒．广告学 [M]．北京：中华书局，1930.

[15] 王贡三．广告学 [M]．北京：世界书局，1933.

[16] 李权时，等．中外经济关系 [M]．北京：正中书局，1936.

[17] 萨尔地．电影与中国 [M]．彭百川，张培荣，译．北京：中国教育电影协会，1933.

[18] 徐公美．电影发达史（影印本）[M]．上海：上海书店，1989.

[19] 国民外交业书社编辑．外国在华之经济侵略 [M]．北京：中华书局，1929.

[20] 徐刚编．外国在华投资之研究 [M]．工商部统计处，1948.

[21] 陈冷．近十年中国之广告事业 [M]．上海华商广告公司，1936.

[22] 国货汇编 [M]．上海：上海特别市政府社会局，1928.

[23] 戈公振．中国报学史 [M]．北京：三联书店，1955.

[24] 孙晓村．英美资本战 [M]．上海：上海水沫书店，1929.

[25] [美] 高家龙．中国的大企业——烟草工业中的中外竞争（1890—1930）[M]．樊书华，程麟荪，译．北京：商务印书馆，2001.

[26] [美] 高家龙．大企业与关系网——中国境内的西方日本和华上大企业 [M]．程麟荪，译．上海：上海社会科学院出版社，2002.

[27] [美] 霍华德·考克斯．全球烟草：英美烟公司的起源和发展 1880—1945 [M]．伦敦：牛津大学出版社，2000.

[28] [美] 郝延平．十九世纪的中国买办——东西间桥梁 [M]．李荣昌，译．上海：上海社会科学院出版社，1988.

[29] [美] 郝延平．中国近代商业革命 [M]．陈潮，陈任，译．上海：上海人民出版社，1991.

[30] 程季华，李少白，邢祖文．中国电影发展史 [M]．北京：中国电影出版社，1963.

[31] 祝慈寿．中国近代工业史 [M]．重庆：重庆出版社，1989.

[32] 祝慈寿．中国现代工业史 [M]．重庆：重庆出版社，1990.

[33] 黄汉民，陆兴龙．近代上海工业企业发展史论 [M]．上海：上海财经大学出版社，2000.

[34] 徐新吾，黄汉民．上海近代工业史 [M]．上海：上海社会科学院出版社，1998.

[35] 严国海．中国近代国货名牌的创立 [M]．上海：立信会计出版

社，2000.

［36］王忍之，张海鹏．百年中国史话：第二辑［M］．北京：社会科学文献出版社，2000.

［37］王翔，等．老商标的故事［M］．北京：民主与建设出版社，2004.

［38］［美］B. 塞利格曼．美国企业史［M］．复旦大学资本主义国家经济研究所译，上海：上海人民出版社，1975.

［39］沈宗洲．瑰丽的海——中国民族工商业发源地［M］．北京：北京出版社，2004.

［40］由月东．上海日用工业品商业志［M］．上海：上海社会科学院出版社，1999.

［41］上海社会科学院经济研究所．上海近代五金商业史［M］．上海：上海社会科学院出版社，1990.

［42］［英］威廉斯．世界商业史［M］．陈耀昆，译．北京：中国商业出版社，1989.

［43］天津市政协文史资料研究委员会．天津的洋行与买办［M］．天津：天津人民出版社，1987.

［44］王渭泉，吴征原，张英恩．外商史［M］．北京：中国财政经济出版社，1996.

［45］王相钦，吴太昌．中国近代商业史论［M］．北京：中国财政经济出版社，1999.

［46］郑友揆．中国的对外贸易和工业发展1840—1948年：史实的综合分析［M］．程麟荪，译．上海：上海社会科学院出版社，1984.

［47］黄勇．中外广告简史［M］．成都：四川大学出版社，2003.

［48］郭长久，李钢成．天津烟草百年［M］．北京：百花文艺出版社，2001.

［49］沈祖炜．近代中国企业：制度和发展［M］．上海：上海人民出版社，1999.

［50］杨湘海．中外成功的企业家［M］．武汉：湖北人民出版社，1985.

［51］白光．中外早期广告珍藏与评析［M］．北京：中国广播电视出版社，2003.

［52］张金海．20世纪广告传播理论研究［M］．武汉：武汉大学出版社，2002.

[53] 朱英. 近代中国商人与社会 [M]. 武汉: 湖北教育出版社, 2002.

[54] 张仲礼, 陈曾年. 沙逊集团在旧中国 [M]. 北京: 人民出版社, 1985.

[55] 周朝琦, 侯龙文, 邢红平. 品牌文化——商品文化意蕴、哲学理念与表现 [M]. 北京: 经济管理出版社, 2002.

[56] 穆藕初. 穆藕初文集 [M]. 北京: 北京大学出版社, 1995.

[57] 陈翰笙. 帝国主义工业资本与中国农民 [M]. 陈绛, 译. 上海: 复旦大学出版社, 1984.

[58] 近代天津知名企业经营管理 (1860—1949) [M]. 内部资料, 1995.

[59] 孙健. 中国经济史论文集 [M]. 北京: 中国人民大学出版社, 1987.

[60] 孙大千. 天津经济史话 [M]. 天津: 天津社会科学出版社, 1989.

[61] 潘君祥. 中国近代国货运动 [M]. 上海: 上海社会科学院出版社, 1998.

[62] 潘君祥. 近代中国国货运动研究 [M]. 上海: 上海社会科学院出版社, 1998.

[63] 樊卫国. 激活与生长——上海现代经济兴起之分析 (1870—1941) [M]. 上海: 上海人民出版社, 2002.

[64] 天津市政协文史资料研究委员会. 天津的洋行和买办 [M]. 天津: 天津人民出版社, 1987.

[65] 张仲礼. 中国近代经济史论著选译 [M]. 上海: 上海社会科学院出版社, 1987.

[66] 郭庠林, 张立英. 近代中国市场经济研究 [M]. 上海: 上海财经大学出版社, 1999.

[67] 全国政协文史资料委员会. 淘金旧梦——在华洋商纪实 [M]. 北京: 中国文史出版社, 2001.

[68] 武汉市轻工业管理局. 武汉卷烟工业的发生、发展与改造 [M]. 武汉: 武汉市轻工业管理局, 1960.

[69] [美] 菲利普·科特勒, 凯文·莱恩·凯勒. 营销管理 (第 13 版) [M]. 王永贵, 于洪彦, 何佳讯, 陈荣, 译. 上海: 格致出版社, 上海人民出版社, 2009.

[70] [美] 苏比哈什·C·贾殷. 国际市场营销 [M]. 吕一林, 雷丽

华，译．北京：中国人民大学出版社，2004.

［71］杨婕，宋红超．本土化生存——跨国公司在华经营管理成败启示［M］．北京：中国经济出版社，2004.

［72］［美］W. Ronald Lane，J. Thomas Russell. 广告学［M］．宋学宝，翟艳玲，译．北京：清华大学出版社，2003.

［73］［美］西摩·萨德曼，爱德华·布莱尔．营销调研［M］．宋学宝，译，北京：华夏出版社 2004.

［74］［美］肯特·B·门罗．定价：创造利润的决策［M］．孙忠，译．北京：中国财政经济出版社，2005.

［75］［美］Thomas T. Nagle，Reed K. Holden. 定价策略与技巧［M］．应斌，吴英娜，译．清华大学出版社，2003.

［76］杨达伟．国际营销环境分析［M］．北京：中国大百科全书出版社，1995.

［77］［英］朱利安·柯明斯．促销［M］．陈然，译．北京：北京大学出版社，2003.

［78］劳伦斯·G·弗里德曼，蒂莫西·R·弗瑞．创建销售渠道优势［M］．何剑云，译．北京：中国标准出版社，2000.

［79］［澳］约翰·R·罗西特，［美］拉里·珀西．广告沟通与促销管理［M］．康蓉，译．北京：中国人民大学出版社，2004.

［80］［美］熊彼特．经济发展理论——对于利润、资本、信贷、利息和经济周期的考察［M］．何畏，等，译．北京：商务印书馆，1990.

［81］陈友新，王敦明．产品销售艺术［M］．武汉：武汉大学出版社，1999.

［82］［美］劳伦斯·G·弗里德曼，蒂莫西·R·弗瑞．创建销售渠道优势［M］．何剑云，译．北京：中国标准出版社，2000.

［83］［美］哈罗德·J·诺维克．代理商销售［M］．黄嘉宇，译．上海：上海人民出版社，2003.

［84］［美］西罗．P. 帕多莱基亚．发展中世界的销售学［M］．李森，等，译．北京：中国对外翻译出版公司，1984.

［85］［美］罗伯特·E·海特，韦斯利·J·约翰斯顿．管理销售人员 P：一种关系管理方法［M］．张永伟，刘彦平，高雪莲，译．北京：中信出版社，2003.

[86] [美] GerardTellis. 广告与销售战略 [M]. 张红霞, 王晨, 译. 昆明: 云南大学出版社, 2001.

[87] [英] 杰夫金斯. 市场销售·广告·公共关系 [M]. 邵林铭, 等, 译. 北京: 新华出版社, 1992.

[88] 温孝卿, 史有春. 消费心理学 [M]. 天津: 天津大学出版社, 2004.

[89] [美] 德尔·I·霍金斯, 罗格·J·贝斯特, 肯尼思·A·科尼. 消费者行为学 [M]. 符国群, 等, 译. 北京: 机械工业出版社, 2003.

[90] 经史英. 英美烟公司的掠夺活动 [M] //上海的故事. 上海: 上海人民出版社, 1979.

[91] 希超. 英美烟公司对于中国国民经济的侵蚀 [M] //中国经济论文集. 上海: 生活书店, 1935.

[92] 萧祝文. 天津英美烟公司的经济掠夺 [M]. 天津文史资料选辑第三辑. 天津: 天津人民出版社, 1979.

[93] 中国人民政治协商会议全国委员会文史资料委员会. 文史资料选辑(第一辑) [M]. 北京: 中国文史出版社, 1978.

[94] [英] 霍华德·考克斯. 学会在中国做生意: 英美烟公司香烟经销网的演变, 1902—1941 [M]. 《近代中国》第十八辑. 皇甫秋实, 译. 上海: 社会科学院出版社, 2008.

[95] 杜振华. 重庆卷烟市场与英美烟公司 [M]. 中华文史资料文库·经济工商编. 北京: 中国文史出版社, 1995.

三、论文

[1] 张东刚. 消费需求变动与近代中国经济增长 [J]. 北京大学学报, 2004 (3).

[2] 张东刚. 近代中国消费需求结构变动的宏观分析 [J]. 中国经济史研究, 2001 (1).

[3] 张东刚. 近代中国消费者行为的宏观分析 [J]. 南开学报, 1996 (3).

[4] 仝群旺. 近代外国在华企业促销本土化分析——以英美烟公司为例 [J]. 历史教学, 2007 (1).

[5] 仝群旺. 近代外国在华企业销售人才本土化分析——以英美烟公司

为例［J］．历史教学，2008（1）．

［6］汪熙．从英美烟公司看帝国主义的经济侵略［J］．历史研究，1976（4）．

［7］阿英．帝国主义在旧中国的香烟市场之争［N］．人民日报，1960-12-09.

［8］陈子谦．英美烟公司在旧中国的掠夺［N］．光明日报，1963-10-29.

［9］史济今．英美烟公司在旧中国干了些什么？［N］．解放日报，1963-05-03.

［11］施良．在华英美烟草托拉斯之研究［N］．中央日报，1947-06-02.

［12］唐垂裕．从烟业看帝国主义对华的经济侵略［J］．历史教学，1957（12）．

［14］陈曾年．英美烟公司的销售网［J］．学术月刊，1981（1）．

［15］徐有礼，朱兰兰．“五卅”前后英美烟公司在河南的活动及影响［J］．商丘师范学院学报，2004（3）．

［16］马爱东．英美烟公司的经营活动及其对山东的影响［D］．青岛：中国海洋大学，2008.

［17］张晓辉．近代西方大公司的华南销售网——以石油、烟草业为例［J］．广东社会科学，2011（5）．

［18］吴翎君．珍珠港事件前美国企业在华北的投资活动——以大来和英美烟公司为例，1939—1941［J］．社会科学研究，2012（2）．

［19］王强．近代外国在华企业商业情报活动初探——以英美烟公司为中心的考察［J］．社会科学辑刊，2013（1）．

［20］李冠杰．英美烟公司在华后期经营状况之考察（1937—1949 年）［D］．上海：东华大学 2007.

［21］吴明菊．英美烟公司在华的销售制度［D］．芜湖：安徽师范大学，2007.

［22］张洁．市场内部化的历史启示——从英美烟公司在近代中国的经销方式看现代企业制度［J］．南开经济研究，2001（5）．

［23］经盛鸿．民国年间香烟市场的广告战［J］．民国春秋，1998（5）．

［24］张小莉．英美烟公司在华促销策略初探［J］．北京师范大学学报，2001（2）．

［25］崔海霞．英美烟公司在近代中国的广告营销［J］．安庆师范学院学

报，2003（6）.

[26] 樊卫国．近代上海的市场竞争与工业企业的生存成展［J］．档案与史学，1998（3）.

[27] 王海虹．近代中外卷烟业商家广告竞争述论［J］．株洲师范高等专科学校学报，2004（1）.

[28] 李惠芬．20 世纪 20 年代中后期英美烟反抵制销售策略研究［J］．商丘师范学院学报，2003（6）.

[29] 陈艳球．近代上海外资企业的广告经营策略——以英美烟公司为例［J］．装饰，2006（11）.

[30] 姚爱强．英美烟公司广告设计教育经验（1902—1937）［J］．装饰，2015（2）.

[31] 黄德泉．驻华英美烟公司影片部考略［J］．当代电影，2014（3）.

[32] 王安珠．简氏兄弟“实业救国”——记南洋兄弟烟草公司与英美烟公司的斗争［J］．民国春秋，1995（3）.

[33] 周哲民．南洋兄弟与英美烟草的香烟大战［J］．商业文化．1996（1）.

[34] 茂清．南洋兄弟大战英美洋商［J］．文史精华，1996（1）.

[35] 刘野．20 世纪初南洋兄弟烟草公司与英美烟草公司的广告竞争［D］．长春：东北师范大学，2006.

[36] 杨玉洁．近代中外企业竞争对中国民族企业的促进——以英美烟公司与南洋兄弟烟草公司竞争为例［D］．成都：四川师范大学，2007.

[37] 秦其文．近代中外卷烟企业间的广告竞争——以英美烟公司和南洋兄弟烟草公司为例［J］．怀化学院学报，2006（1）.

[38] 王强．近代外国在华企业本土化研究——以英美烟公司为中心的考察［D］．上海：复旦大学，2008.

[39] 王强．近代英美烟公司在皖北烟叶收购活动述论［J］．安庆师范学院学报，2011（3）.

[40] 皇甫秋实．中国近代卷烟市场研究（1927—1937）——以企业发展、消费文化、经济危机为中心［D］．上海：复旦大学，2012.

[41] 宋少白．武汉英美烟公司概述［J］．武汉文史资料，2006（1）.

[42] 刘立诚．汉口英美烟公司经营片断［J］．武汉文史资料，2006（5）.

[43] 陈琳. 英美烟草（中国）公司东北市场发展战略研究（1904—1931）[D]. 哈尔滨：哈尔滨师范大学，2015.

[44] 陈琳. 浅析英美烟草公司在哈尔滨发展之背景 [J]. 黑龙江史志，2014（21）.

[45] 陈琳. 浅析英美烟草公司在哈与日俄烟厂商之竞争 [J]. 黑龙江史志，2014（23）.

[46] 陈琳. 浅析英美烟草公司在哈尔滨之广告宣传 [J]. 黑龙江史志，2015（1）.

[47] 辽宁省档案馆档案开放鉴定处. 奉天英美烟草公司 [J]. 兰台世界，2016（20）.

[48] 谭贯. 为帝国主义服务的买办商人 [N]. 大公报，1961-09-19.

[49] 刘金源. “洋烟销售大王”郑伯昭 [J]. 民国春秋，1998（5）.

[50] 王永宏. 买办与英美烟公司在华企业 [J]. 生产力研究，2013（2）.

[51] 李鹏程. 买办在英美烟公司中的作用 [D]. 广西：广西师范大学，2014.

[52] 朱兰兰. 20 世纪初至 30 年代英美烟公司与河南烟草业 [D]. 郑州：郑州大学，2004.

[53] 张红峰. 1912—1937 年的河南烟草业 [D]. 郑州：河南大学，2007.

[54] 颜英利. “公司+基地+农户”生产模式的历史思考——以英美烟公司在华建立的原料基地为例 [J]. 江苏工业学院学报，2008（2）.

[55] 王洪刚，刘静. 文明冲突视野下的近代皖北烟草业之演进——以门台孜烤烟厂为例 [J]. 阜阳师范学院学报，2016（1）.

[56] 马爱东. 英美烟公司的经营活动及其对山东的影响 [D]. 青岛：中国海洋大学，2008.

[57] 马爱东. 英美烟公司与山东烤烟产销体系的形成——以 20 世纪 20、30 年代为中心 [J]. 中国海洋大学学报，2008（2）.

[58] 孙会. 近代英美烟草公司在华广告本土化战略初探 [J]. 河北建筑科技学院学报，2006（4）.

[59] 李彩，景兴武. 许昌英美烟公司旧址 [J]. 中国文化遗产，2011（1）.

[60] 王海梅. 近代山东烟草业研究 [D]. 合肥：安徽大学，2014.

[61] 赵娟霞. 从英美烟公司对民族烟厂的侵权案件看近代中国知识产权制度的失效 [J]. 江西财经大学学报, 2004 (1).

[62] 李惠芬. 英美烟公司对南洋兄弟烟草公司的商标侵权 [J]. 中华商标, 2001 (10).

[63] 王志军. 论英美烟公司与旧中国的"协定烟税" [J]. 许昌学院学报, 2006 (3).

[64] 吴明菊. 烟税特权与英美烟公司在华优势地位的形成 [J]. 成都教育学院学报, 2006 (12).

[65] 李金铮. 问题、结构与阐释:《中国的大企业》的方法论意义 [J]. 中国社会经济史研究, 2015 (1).

四、英文参考资料

[1] Adams, W.. The Structure of American Industry [M]. New York: Prentice Hall, 1955.

[2] Alford. B. W. E. W. D. &H. O.. Wills and the Development of the U. K. Tobacco Industry 1786-1965 [M]. London: Methuen, 1973.

[3] British Enterprise in Shanghai: V British Cigarette Company, Limited [J]. British Chamber of Commerce Journal, 1919, 14 (10).

[4] Allen. G. C. & Donniththome A. G.. Western Enterprise in Far Eastern Economic Development [M]. London: Routledge, 1954.

[5] Hauser, Ernest O. Shanghai: City for Sale [M]. New York: Harcourt, Brace and Company, 1940.

[6] Crow, Maurice. Foreign Devil in the Flowery Kingdom [M]. London: Earnshaw Books, 1941.

[7] Men of Shanghai and North China [M]. Shanghai: The Oriental Press, 1933.

[8] The Tobacco Industry [M]. Chas. D. Barney & Co, 1934.

[9] Wright, Amold. Twentieth Century Impressions of Hong Kong, Shanghai and other Treaty Ports of China [M]. London: Lloyd's Greater Britain Pub., 1980.

[10] Thomas, James A.. A Pioneer Tobacco Merchant in the Orient [M]. Durham, North Carolina: Duke University Press, 1928.

后　记

时光如白驹过隙，回首前尘，博士生涯宛在昨日，历十载而弥新。本书是在博士论文的基础上修改完成的，是笔者致力于中国近代营销史研究的一次尝试。拙作自知十分浅陋，唯期抛砖引玉，引起学界对中国营销史的研究兴趣。

博士导师张东刚教授作为经济史知名专家，学识渊博，治学严谨，指导学生一丝不苟，能有幸投于张老师门下，是我一生的荣幸。论文从选题、立意、基本框架、写作、修改到最后定稿，每个环节都凝结着导师的心血和汗水。博士三年，经过导师的言传身教，对何为学问，如何治学有了更深刻的理解。导师任职学部，工作繁忙，但每周末必不辞劳顿，往返京津之间，来校授课。导师对工作尽职、对学生尽责的精神深深感动了每一位同学，是我工作学习的楷模。毕业工作后，导师和师母王老师依然对我十分关心，无论工作抑或生活，有一点成绩都是和导师的提携指导分不开的。

硕士导师江沛教授作为近现代史专家是我从事学术研究的启蒙者，在学业、生活和工作方面对我关心良多，其研究方法和治学品格使我受益终生。

华南理工大学的周云教授是我本科班主任，也是我学业的导航者，在考研和学术方面给予我极大的帮助。

赴美访学期间，密歇根大学文理学院的张春树先生以八十几岁高龄接纳我并给予指导，老先生究天人之际通古今之变的治学目标和对中华文化的深沉热爱深深地感动了我。

在南开就学期间，南开大学经济学院的王玉茹老师、赵津老师、张丽老师，历史学院的李喜所老师几年来给予很多教诲，他们的学术思想和治学方法给了我很多启迪。众多师兄弟和同学生活上相互关心，学业上相互砥砺，陪伴我走过艰苦的读博岁月。

感谢我的爱人王素君女士，十几年我们甘苦与共，在事业和生活上相互扶持。感谢我的儿子仝正浩小朋友，使我时时有“有子万事足”的想法，使我的人生虽平淡而有意义。

感谢合肥工业大学出版社副社长朱移山博士和编辑张慧女士在本书出版方面所付出的辛勤劳动，同时感谢我工作的单位江苏理工学院为本书的出版提供了部分资助。

仝群旺

丁酉年辛亥月辛亥日

图书在版编目（CIP）数据

英美烟公司在华销售研究：1902—1952/仝群旺著．—合肥：合肥工业大学出版社，2017.10

ISBN 978-7-5650-3579-1

Ⅰ.①英…　Ⅱ.①仝…　Ⅲ.①英美烟草公司—产品销售—研究—中国—1902—1952　Ⅳ.①F456.168②F755.618.2③F755.616.582.9

中国版本图书馆CIP数据核字（2017）第242625号

英美烟公司在华销售研究（1902—1952）

仝群旺　著　　　　责任编辑　张　慧

出　版	合肥工业大学出版社	版　次	2017年10月第1版
地　址	合肥市屯溪路193号	印　次	2017年11月第1次印刷
邮　编	230009	开　本	710毫米×1010毫米　1/16
电　话	人文编辑部：0551-62903205	印　张	14
	市场营销部：0551-62903198	字　数	226千字
网　址	www.hfutpress.com.cn	印　刷	安徽昶颉包装印务有限责任公司
E-mail	hfutpress@163.com	发　行	全国新华书店

ISBN 978-7-5650-3579-1　　　　定价：38.00元